三浦有史

脱「中国依存」は可能か

中国経済の虚実

中公選書

はじめに

重さと不安

中国経済は往時の勢いを失い、インドやベトナムの成長率を下回るようになってきた。それでも世界経済における中国の重みは着実に増している。国際通貨基金（IMF）は、2022年4月に発表した「世界経済見通し」（World Economic Outlook：WEO）で、中国の経済規模が2027年には29兆ドルと、米国の94・1％に達すると予想した。米中逆転は時間の問題である。

中国は対外経済関係においても米国に比肩する存在となっている。輸出と輸入を合わせた貿易額（通関ベース）は2012年に米国を上回り、その後、両国の差は広がる一方である。対外融資はもっと鮮烈である。中国の低所得国向け融資は2020年で2040億ドルと、先進7カ国（G7）合計の488億ドルの4倍である。

対内直接投資も同様である。国連貿易開発会議（UNCTAD）によれば、中国の2020年の対内直接投資（国際収支ベース）は1630億ドルと、米国を抜いて初めて世界一となった。20

２１年は首位の座を米国に明け渡すこととなったものの、投資額は前年比９・８％増と堅調である。企業は「世界の工場」であり、「世界の市場」としても存在感を強める中国に引き寄せられている。中国の２０２１年の自動車販売台数は２６２７万台と米国の１・７倍だ。

日本の中国依存も深まっている。輸出と輸入を合わせた対中貿易（通関ベース）は２００７年に対米貿易を上回り、中国が最大の貿易相手国となった。対中貿易は、対米貿易が横ばいで推移する一方で、順調に増えつづけたため、２０２１年には対米貿易の１・７倍の規模となった。貿易相手としての存在感にはもはや比べるべくもない差がある。

個別品目でみても、日本の中国依存は顕著である。日本貿易振興機構（ＪＥＴＲＯ）によれば、輸入額の多い上位１００品目のうち、中国が最大の輸入先となっている品目は36品目に及び、米国の16品目を大幅に上回る（日本貿易振興機構［2022］）。しかも、中国からの輸入が５割を超える品目は29品目に達する。輸出についても、中国が最大の輸出先となっているのは45品目で、やはり米国の30品目を上回る。

その一方、深まる一方の中国依存に対する不安も急速に高まっており、脱「中国依存」の必要性が説かれている。

この問題が広く認識されるようになったのは、米国のトランプ前政権による中国からの輸入品に対する追加関税の導入である。中国企業はもちろん、中国に生産拠点を置き、そこから米国に製品を輸出している日本企業、そして、米国企業も価格競争力が低下することとなり、生産拠点を母国に戻すリショアリング（reshoring）や中国以外の第三国に移すシナリオが検討されるようになった。

中国依存に対する不安は、その後も高まる一方である。トランプ前政権は、米国の安全保障を脅かすとして、中国の通信機器大手の華為技術（ファーウェイ）を米商務省産業安全保障局（ＢＩＳ）が定めるエンティティリスト（Entity List：ＥＬ）に加えた。これにより、米国企業だけでなく、日本企業も同社との貿易取引が制限されることとなった。バイデン政権も中国企業をＥＬに加えるなど、取引が制限される中国企業は増える一方である。中国企業、特にハイテク分野の企業はリスクの高い取引先となった。

米中対立の争点が通商問題から政治問題に広がってきたことも、不安を増幅する。米国は中国による南沙諸島の人工島の建設に強く抗議してきたが、香港の自治を約束した「一国二制度」の破棄や新疆ウイグル自治区の人権侵害など、容易には決着をみない問題が次々に起こった。これは決して米中二国間の問題ではなく、日本の外交はもちろん、企業にも影響を与えている。ユニクロは、新疆ウイグル自治区の強制労働に反対する輸入禁止措置に違反するとして、米税関によって綿製シャツの輸入が差し止められた。

米国で中国が自らの覇権を脅かす存在とする見方が広がる一方、中国は自らを米国と対等の力を持つ国と位置付けるようになったことから、両国の対立はますます先鋭化すると見込まれる。ロシアのウクライナ侵攻は民主主義国と権威主義国との対立に発展した。台湾統一に対する武力行使を否定しない中国と、民主主義という価値を共有する台湾への支援を強化する米国との対立は、不測の事態が起こる危険性を孕《はら》む。

中国経済に対する先行き不安も脱「中国依存」を促す要因となっている。

新型コロナウイルスの感染拡大とそれを都市封鎖（ロックダウン）によって抑え込もうとするゼロコロナ政策は、中国はもちろん世界経済の下押し要因となっている。そして、中国市場に依存する日本企業の業績にも悪影響を与える。また、ゼロコロナ政策による生産・物流機能の低下はサプライチェーン（供給網）を通じて世界各国の製造業に波及し、工場の操業停止を引き起こした。サプライチェーン上に中国が含まれることのリスクが強く意識されるようになったのである。

　サプライチェーンとは直接関係しないものの、中国は不動産バブル崩壊や企業の過剰債務など、金融セクターに波及し、経済全体をフリーズさせる深刻な問題を抱える。中国経済を巡るリスクと不確実性はかつて経験したことがない水準に高まっている。中国経済の重みが増した結果、その影響は中国国内にとどまらず、世界、そして、日本経済に波及する。中国とビジネスをしているか否か、中国株に投資しているか否かにかかわらず、我々は中国経済の浮沈に巻き込まれる。

　中国とどのように付き合っていくのか。どの程度の距離をたもつべきか。この問題は、政治的に中国と折り合えない問題を抱える一方で、経済的な相互依存関係が深い全ての国が直面する問題である。中国経済を取り込むことでベネフィットはできるだけ受け取りたいが、コストやリスクは最小化したい。これが望ましいのは言うまでもないが、実現するのは至難の業《わざ》である。どのような解を導くにしても中国経済に対する冷静な分析が欠かせない。脱「中国依存」を手がかりにこの問題に向き合おう、というのが本書の出発点である。

本書の目的

中国が世界経済における重みを増し、日本との相互依存関係が深まるのに伴い、中国経済に関する情報量は飛躍的に増えた。仕事柄、毎朝日本と欧米のメディアを中心にニュースをチェックしているが、情報の意味を考える時間的な余裕はなく、とりあえず事実を記憶にとどめるだけで精一杯だ。本書を手に取った読者のなかに同じ思いを抱いている方々は多いのではないだろうか。

困ったことに中国にかかわる情報は、政治はもちろん経済についても書き手のスタンスによってかなりの温度差がある。アマゾンで「中国経済」を検索すると、中国経済を厳しく採点し、「崩壊論」を説く書籍、それとは反対に中国経済の持続可能性が高いとする書籍、そして、中国経済について解説した学術書の3種類が表示される。前者の2つは結論が全く異なり、両方を手にした読者は戸惑うばかりである。

新聞や雑誌の記事をみても、同様のストレスを感じることが少なくない。例えば、①米国との通商摩擦や新型コロナウイルスの感染拡大に伴うロックダウンにより、サプライチェーンの再編が不可避である、②所得格差の是正を謳《うた》う「共同富裕」は「文化大革命」（文革）の再来であり、IT産業の成長期は終わった、③住宅価格の下落により、バブル崩壊は必至である、という主張をよく目にする。しかし、それらはどのくらい的を射ているのか。

本書の目的のひとつは、そうした主張の当否を判断する分析枠組みを提供することにある。サプライチェーンの再編はグローバル・バリュー・チェーン（Global Value Chains：GVC）における中国の役割をどのように評価するか、共同富裕については中国共産党（以下、共産党とする）がIT産業をどのように捉えているのか、そして、住宅バブルについては住宅価格がどのように推移すると市民がみているのか、がポイントとなる。筆者は、②については首肯できる部分が多いが、それ以外は分析が一面的と考える。

GVCとは、直接投資を通じた生産拠点の海外移転（オフショアリング）によってグローバルに配置された生産工程の分業に基づく付加価値の連鎖を意味する。捉えているものはサプライチェーンと同じであるが、前者が付加価値の配分や相互の連関という点からグローバル化の深化を学術的に捉えようとするものであるのに対し、後者は自然災害や疫病などの不測の事態への対応という点から望ましい分業のあり方を考えようとするもの、といえる。付加価値の配分かリスクの管理か。注目するところが異なるだけである。

本書のもうひとつの目的は、習近平政権下の経済および経済政策を評価し、それぞれについて今後を展望することである。後者には、中国とどのように向き合うべきかという課題も含まれる。サプライチェーンを巡るリスクをどのように管理するか。サプライチェーン・マネジメントは、日本はもちろん世界の製造業にとって喫緊の課題となっている。事業継続計画（Business Continuity Plan：BCP）の策定など採るべき基本的な対策は、すでに経営コンサルタントや会計事務所がネット上で提供しており、本書で重ねて紹介することはしない。

本書は、そこではほとんど議論されない中国経済およびGVCにおける中国の役割をどのように評価するかという問題に焦点を当てる。この問題に対する議論を尽くしておかなければ、脱「中国依存」を巡る議論はいつまでも宙に浮いたままで着地しない、と考えるからである。世界経済に占める中国の割合が上昇し、中国依存が深まる一方で、米中対立が激化するとともに中国経済の不確実性が高まるのは間違いない。今のうちに、地に足のついた議論を始めなければならない。

どのようなサプライチェーンを描くにしても、GVCにおける中国の地位や役割を客観的に理解することがサプライチェーン・リスク・マネジメントの出発点でなければならない。現在のGVCを踏まえれば、日本が中国を排除したサプライチェーンを構築するというのは非現実的である。このことは米国にも当てはまる。そして、「世界の工場」である中国といえども日米を排除したサプライチェーンを構築することはできない。米中対立が先鋭化しても、サプライチェーンの再編は半導体などごく限られた分野で友好国との連携、つまり、「フレンドショアリング」というかたちでしか進まないというのが、筆者がイメージするサプライチェーンの姿である。

執筆の動機

中国に限らず、経済問題は裏付けとなるデータを慎重に精査することによって、原因と結果を推測し、採るべき政策が提言されるべきものである。しかし、日本における中国を巡る議論では、時にこの作業が省略されてしまう。背景には、一向に改善しない対中感情がある。

内閣府が2022年1月に公表した「外交に関する世論調査」では、中国に「親しみを感じない」とする人が79・0%に達する。この割合は、1990年代に中国が尖閣諸島の領有権を主張しはじめたこと、2000年代に中国が小泉首相（当時）の靖国神社参拝に猛反発し、反日デモに紛れた暴徒が日系企業を襲撃したことなどを受け、「高止まり」の状態が続いている。

中国の対日外交はもっぱら領有権を正当化する圧力をいかに強めるかに集中しており、対中感情の改善は見込めそうにない。中国海警局に所属する船舶の尖閣諸島領海への侵入は2012年から急増し、10年間にわたり執拗に繰り返されている。また、中国は、2022年6月、東シナ海の日中中間線の中国側に新たな海洋プラットフォームを設置した。中国はこの地域におけるガス田開発を一方的に進め、2005年に中間線から4キロメートルの位置で生産を開始している。日本は国際司法裁判所や国際海洋法裁判所に付託するよう要請しているが、中国はこれに応じることなく、既成事実を積み上げている。

中国は、南沙諸島における人工島の建設、香港の自治を約束した「一国二制度」の破棄、新疆ウイグル自治区の人権問題など、看過できない問題をいたるところで引き起こしている。対中感情が悪化するのに伴い、中国の否定的な部分に焦点を当てる報道が増えるのは当然である。問題はそれに伴い中国に対する見方が画一的なものになりつつあることである。分析対象に対する憤りを分析そのものに持ち込むと、対象を客観的に捉えることが難しくなる。その憤りは、分析の客観性を高めるエネルギーに変換されなければならない。

中国が抱える経済問題は山積しており、しかも、一朝一夕に解決できないものが多いため、経済成長を維持するための政策の難易度は飛躍的に高まった。中国経済にかかわるリスクは確実に高くなり、その種類も増えた。その一方で、日本の製造業の対中直接投資の収益は2021年に1兆4346億円と、米国の9742億円、欧州の9077億円を上回り、アジア諸国との比較でみても、タイ（5795億円）の2・5倍と突出している。中国経済は崩壊が必至で、直ちに縁を切るべきだといったとしても、日本企業の多くは中国市場から撤退するわけにはいかないほど、中国に対する依存を強めている。

日本は中国の隣から引っ越すことができず、相互依存関係はますます強まる。であれば、好きか嫌いかという感情をいったん脇に置いて、中国経済に向き合う必要がある、というのが本書を執筆するに至った動機である。

目次

図表作製／明昌堂

脱「中国依存」は可能か

中国経済の虚実

序章　中国依存から出発する中国経済の見方

コロナ禍では多くの日本人が不織布《ふしょくふ》マスク（以下、マスクとする）の確保に翻弄された。マスクはどこから来ているのか。この問題は、中国経済についてよく知らない人が、日々の生活が中国とは切り離せないことを理解するのに役立つ。以下では、多くの読者も体験したであろうマスク不足問題を手がかりに、中国との付き合い方、そして、中国経済の見方について考えてみたい。

1　マスク不足と中国

２０２０年からの新型コロナウイルスの感染拡大を受け、マスクは日常生活に欠かせない必需品のひとつになった。日本衛生材料工業連合会によれば、２０２１年の国内生産と輸入を合わせたマスク生産・在庫数量は国民１人当たり１００枚を超える水準にある。安価で品質の高いマスクがいつでも調達できるようになったことで、我々はマスク不足の不安から解放された。

要因のひとつとして、国内生産能力の拡大を挙げることができる。政府は深刻なマスク不足に対処するため、補助金給付による国内生産能力の増強を図った。新型コロナウイルスの感染拡大が第1波から第2波、第3波と続くことで、マスクは国民の健康を守る公共財としての性格を有するようになった。マスク生産の経験がない企業が参入したこともあり、2019年に15億枚であった国内生産は2020年に2・3倍の35億枚、2021年も37億枚と、生産能力は飛躍的に高まった。

しかし、爆発的に増加するマスク需要に供給が追い付かない非常事態が終わったのは、国内生産能力を引き上げることができたから、というわけではない。37億枚の国内生産は、2021年の輸入を含むマスク生産・在庫数量の22・7％を占めるにすぎない。統計的には国内の流通・在庫品の5枚のうち4枚は輸入品である。

日本衛生材料工業連合会によれば、2019年に55億枚であった輸入を含むマスクの生産・在庫数量は、2020年に前年比101・2％増の130億枚、2021年に同25・5％増の163億枚となったものの、それぞれに占める輸入の割合は77・0％、72・9％、77・2％とほとんど変わっていない。輸入がなければ日本がマスク不足の不安から解放されることはなかったのである。

マスクはどこから輸入されているのか。日本の貿易統計でマスクだけを抽出することはできないが、マスクが含まれる貿易品目（HS6307.90.029）の輸入先をみると、中国の割合が2020年に89・8％と前年の77・0％から急速に上昇し、2021年も78・4％と高水準で推移しており、中国がマスク不足解消に多大な貢献をしたことがわかる。

もちろん、これは日本を救おうという友誼《ゆうぎ》に基づくものではなく、商業ベース、つまり、利益があるからにほかならない。中国は2021年の世界のマスク輸出の6割を占めるマスク生産・輸出国である。マスクの生産には、素材となる不織布（ポリエステル）を生産する石油化学プラントと、包装や箱詰めなどの作業を担う安価な労働力が欠かせない。中国はこのふたつを備え、マスク生産に適しているのである。

このことは、中国とどのように付き合っていくべきかという問題に重要な示唆を与える。自らの正当性だけを主張する外交姿勢や非民主的な政治体制に親しみを感じない、あるいは、中国経済を巡るリスクが高まっており、適切な距離を保つべきだ、と考える人が多いのは十分に理解できる。しかし、だからといって中国との関係を断ち切るべきだとするのは、日中の相互依存関係を無視した暴論である。

読者のなかには、補助金を増やし、国内生産能力をもっと強化すべきだと考える人がいるかもしれない。しかし、コロナ禍がいつ終息するかが見通せないなかで、安価な輸入品との競争に負けないよう、どのくらいの補助金を、いつまで給付すればいいのか、その補助金給付に国民の理解は得られるのかなど、問題が多いことはおわかりいただけると思う。もちろん、国内産業保護のためマスクの輸入を禁止するのは世界貿易機関（WTO）違反である。

ならば、中国以外の国からの輸入を増やせばいい、と考える人もいるであろう。しかし、中国を代替しうる国はなかなか見当たらない。ベトナムは日本との関係が良好で、労働力も安価であるため、中国に代わるマスクの生産・輸出国になる可能性がある。しかし、石油化学産業の規模と競争力、そして、安価な労働力の大量調達という点で中国に見劣りする。日本にとりベトナムは中国に次ぐマスクの輸入先であるが、輸入に占める割合は2021年で9・3%と低く、2019年の7・3%からほとんど変化していない。ベトナムも日本と同様に2020年にマスク輸入額が倍増したが、その半分は中国からの輸入である。

貿易はその国との取引が最もコストが低く、かつ、質量ともに安定的であるなど、経済合理性に基づいてなされる。親しみが持てないという感情論によってそれが覆されることはまずない。もちろん、中国依存は変わらないのだから現状のままでいいではないか、と主張したいわけではない。中国に限らず、必需品を特定の国に極端に依存するのはリスクが大きいため、依存度を引き下げ、多元化を進めるのが、サプライチェーン・リスク・マネジメントの基本である。

マスク不足が示しているのは、どのようなサプライチェーンを構築するにせよ、中国はもちろん、日本、アジア諸国、そして、世界を視野に入れた製造業の供給能力と制約要因を検証することなしには、脱「中国依存」は進まないことである。脱「中国依存」は日本だけでなく、世界の製造業にとって重要な問題であるが、我々はなぜここまで中国に依存するようになったかを理解するところから議論を始めなければならない。

2　中国依存の広さと深さ

中国とどのように付き合っていくべきか。本書の意義を一言で説明するなら、この質問に経済的な観点から答えようとした点にある。

中国は米国に匹敵する経済規模を有し、日本との経済的相互依存関係も濃密である。この関係は改革開放政策が本格化した1990年代から、日本企業が直接投資を通じて積み上げることにより地道に構築してきたもので、日本の製造業のサプライチェーンおよび収益を支える大動脈となっている。

その一方、米中通商摩擦が収まりそうにない、ゼロコロナ政策が転換される見通しがない、住宅価格の低下や過剰債務問題等の不確実性が増しているなど、中国経済を巡るリスクは多様化し、それらの影響が以前より深刻なものになっているのも確かである。それでも日本企業にとって中国は欠くことのできない存在であり、グローバルに拠点を展開する企業に中国を生産拠点および消費市場から外すという選択肢はない。

外務省の「海外進出日系企業拠点数調査」（2021年）によれば、世界には7万7551の日本企業の拠点がある。拠点とは、①日本企業の海外支店、②日本企業が100％出資した現地法人およびその支店、③合弁企業（日本企業による直接・間接の出資比率が10％以上の現地法人）およびその支店、④日本人が海外に渡って起こした企業（日本人の出資比率10％以上）を指す。

このうち中国国内にある拠点は3万1047と、実に全体の40・0％を占める。これは8874拠点がある米国の3・5倍である。中国日本商工会によれば、各地域に商工会（クラブ）・日本人会などの名称を冠した独立した商会組織が40ある。それぞれの組織に加入するメンバーが日夜奮闘することで、所属する社員とその家族、企業、そして、日本経済を支えている。

中国依存度の高さは、食品、衣類、家電、パソコン、スマートフォンなど、身の回りの製品がどこで生産されたかをみるだけで簡単に確認できる。また、薬の原料である化学物質といった目にみえない部分でも中国の存在感は非常に大きい。インドは、ジェネリック（後発）医薬品の世界的な生産・輸出国として擡頭したものの、原料の多くを中国からの輸入に依存している。「中国依存」は日本だけでなく、世界各国に当てはまり、思わぬところから影響が及ぶ広さと深さを持つ。

3　中国経済を知る——本書で扱うテーマ

中国依存は漸進的に見直すことしかできない、つまり、相互依存関係が続くという前提に立つならば、好きか嫌いかにかかわらず、いや、嫌いな相手だからこそ、中国について知る必要がある。政治は意思決定過程がブラックボックスで外部からうかがい知れない部分が多いが、経済、そして、その運営を担う習近平政権の経済政策については、統計を駆使してアプローチすることが可能である。

もちろん、理解を深めたからといって、相手がこちらの言い分や要望に耳を傾け、関係が良好になるとは限らない。しかし、相手をよく理解することで、起こりうるリスクを予想する、あるいは、リスクに備えることは可能である。交渉を有利に進めることもできよう。こうした受動的な姿勢は、日本が依然として世界第3位の経済大国であることを自負する人からすれば、いささか卑屈に映るかもしれない。

しかし、グローバル化によって多くの企業が複数国にまたがるサプライチェーンを利用して製品を製造し、相互依存関係が深まった今日、相手国との依存関係を全く忖度《そんたく》することなしに、独善的に振る舞うことができる国はどこにもない。ドルが基軸通貨になっているという点で米国は特殊な存在といえるが、その米国でさえ脱「中国依存」はほとんど進んでいない。

なぜ脱「中国依存」は進まないのか。中国は成長率を鈍化させながらも、今後も順調に経済成長を続けることができるのか。習近平政権は中国を名実ともに米国を凌駕する大国に導くことができるのか。米中対立の先鋭化により経済ブロック化が進み、対立はやがて戦争へと発展するのか。日本は米国を中心とする世界秩序と世界経済の攪乱要因となる中国にどのように向き合うべきか。

これらの疑問に答えるためには、GVCにおける中国の役割、そして、習近平政権が抱える経済課題とそれに対する政策の妥当性を検証する作業が欠かせない。

本書は4部構成からなり、第1部（第1〜4章）で脱「中国依存」と米中対立の行方を展望する。第1章では、米中貿易摩擦と脱「中国依存」を取り上げる。両国のサプライチェーン戦略を踏まえたうえで、米国の脱「中国依存」が一向に進んでいないことを明らかにする。製造業の集積はアジアにあり、中国が中心的な役割を果たしているためである。むしろ、集積が新たな集積を呼ぶ「ロックイン効果」が働くことで、中国に生産拠点を置く蓋然性が高まっている。

第2章では、貿易依存度が急速に低下したことに着目し、中国が輸入に依存していた中間財を国内で生産できるようになった、つまり、内製化が進んだことを紹介する。背景には、中国の経済規模と成長性への期待がある。中国は人件費が上昇するなかでも労働集約的産業を維持する一方、電機・電子産業の集積も厚くなっているため、「世界の工場」としての地位を守っている。この結果、企業は以前にも増して中国を震源とするサプライチェーン寸断のリスクに晒《さら》されるようになった。

第3章では、中国はなぜ米国との対立を厭わないのか、その理由を探る。今日の米中対立の起源は中国を米国に伍する「強国」にするという理想を掲げた習近平政権の誕生に求めることができる。同政権が目指す「強国」とはなにか、なぜ「強国」を志向するようになったのか、そして、中国包囲網が広がるなかでも、「強国」路線が見直されることはないのか、について検討する。

第4章では、米中対立がどのように展開するかを展望する。習近平政権は欧米諸国で進む脱「中国依存」に揺るがない経済を意味する「自立自強」を目指す。「自立自強」は可能か。知的財産権等使用料の収支に注目し、その可能性を評価する。そして、世界経済は米中陣営に分かれ、ブロック化するのか、そして、両国は擡頭する新興国の夢と挑戦を受ける覇権国の不安が戦争へと発展する「トゥキディデスの罠《わな》」に陥るのか、について考える。

第2部（第5〜7章）は、中国国内経済に焦点を当てる。

第5章では、不動産バブル崩壊の可能性を検証する。右肩上がりで上昇を続けてきた住宅価格は、2021年秋から下落が続いており、〝バブル崩壊は間近〟とする主張が勢いを増している。不動産開発業は関連産業を含めるとGDPの3割を占め、銀行融資に占める不動産関連融資の割合も高いため、バブルが崩壊すれば中国経済は容易には立ち直れない痛手を負う。住宅価格だけでなく、価格に対する期待や人口減少などを踏まえ、住宅市場の先行きを展望する。

第6章では、過剰債務問題を取り上げる。中国企業が抱える債務はコロナ禍を機に増加に転じ、経済規模との対比でみた債務残高は過去に債務危機が表面化したどの国をも上回る。借入に依存し、積極的に投資するレバレッジを効かせた経営手法はいたるところで行き詰まっている。にもかかわらず、政府資本の入った企業に「追い貸し」が行われているため、過剰債務が解決に向かう見通しは立たない。過剰債務は不動産バブルと同じ時限爆弾である。

第7章のテーマは、格差是正に向けた取り組みと位置付けられる「共同富裕」である。中国の所得格差は世界的にみても非常に大きい部類に入る。将来に希望が持てる高成長時代、国民は格差に寛容であった。しかし、経済成長率の鈍化や先行き不安の高まりを受け、寛容さは失われつつある。習近平政権は格差を是正することで共同富裕に近づくことができるか。その成否は共産党に対する信認、つまり、政治および社会の安定性を左右する。

国内経済運営という点からは、経済と社会の安定性を保ちながら投資主導経済から消費主導経済への移行を進める、というのが習近平政権の課題である。住宅バブル崩壊の回避、過剰債務体質の改善、格差是正の3つは経済、社会、政治の安定性を左右する重要課題であり、同政権の思惑どおりに進むか否かが中国経済の焦点である。中国経済を巡ってはこのほかにも検討すべき課題が多いが、家計債務、人口減少、デジタル化、ゼロコロナ政策などについては各章に織り込むかたちでふれていく。

第3部（第8章）では、対外経済にかかわる部分で、中国の国際的な影響力を拡大するための手段となっている対外融資を取り上げる。中国は対外融資残高がG7の合計を大幅に上回り、世界最大の債権国となった。これにより中国は開発途上国の盟主としての地位を高めたが、債権国として未成熟であったため、コロナ禍に伴い表面化した低所得国の債務危機に対し主導役を果たすことができなかった。融資額の大きさで相手国に影響力を行使する「札束外交」は転換点を迎えている。

第4部（終章）では、脱「中国依存」の問題に戻り、日本の製造業が進むべき方向と日本政府が取り組むべき課題について考える。〝日本はもはや貿易大国ではない〟という製造業衰退論の妥当性を対外直接投資の収益率と国際収支発展段階説から検証し、日本はアジア向け直接投資が製造業を支える基盤となる「成熟債権国」の段階にあることを明らかにする。そして、脱「中国依存」を実効性のあるものにしていくためには、東南アジア諸国連合（ASEAN）と関係を一段と深化させる必要があることを主張する。

第1章　米中通商摩擦——脱「中国依存」の行方

米国との通商摩擦は、中国経済を脅かす最も深刻なリスクのひとつである。以下では、習近平政権は強硬姿勢を強める米国にどのように対峙しようとしているのか。米国の脱「中国依存」はどの程度進んだのかを検証する。そして、脱「中国依存」を妨げる要因はなにかをGVCの観点から考える。

1　習近平政権のサプライチェーン戦略

バイデン政権のサプライチェーン戦略

バイデン大統領は、中国からの輸入品に対する追加関税を「直ちに見直すことはしない」とする一方、トランプ前政権の「米国第一主義」により冷え込んだ同盟国・友好国との関係を修復し、包囲網を形成することで中国と対峙する姿勢を鮮明にしており、習近平政権にとってトランプ前政権より厄介な存在となっている。

バイデン大統領は、就任直後の2021年2月、サプライチェーンの強靭化を命じる大統領令に署名し、6月にはそれに基づく最初の報告書「弾力性のあるサプライチェーンの構築、米国製造業の復活、幅広い分野での成長の促進」が公開された。同報告書は、①半導体は商務省、②大容量バッテリーはエネルギー省、③重要鉱物・素材は国防総省、④医薬品・同有効成分は保健福祉省が担当するかたちで執筆された。

米国では、中国との技術覇権争いが激化するなかで、新型コロナウイルスの感染拡大に伴い医薬品不足に対する懸念が高まると同時に、半導体不足により自動車メーカーが生産調整を余儀なくされるなど、サプライチェーンの脆弱性が相次いで露呈した。経済、軍事、医療など、脆弱性が表面化しそうな産業のサプライチェーンの見直しに取り急ぎ着手する、というのが同政権のサプライチェーン戦略の特徴のひとつである。

もうひとつの特徴は、「米国はサプライチェーンの脆弱性に単独で対処することはできない」として、同盟国・友好国との協力を前提に脆弱性を克服する「フレンドショアリング」(friend-shoring)を志向した点である。国・地域名として報告書に頻出するのは日本、台湾、韓国、インドであり、地域や多国間の協力枠組みとしてはEU、G7、そして、日本、米国、オーストラリア、インドの4カ国による外交・安全保障の協力体制「クアッド」(Quad)などが挙げられている。

報告書はサプライチェーンを強化するだけでなく、産業基盤の再構築を進めるために6つの提案をした。具体的には、①半導体の生産能力と研究開発（R&D）への資金提供（最低500億ドル）、②電気自動車（EV）普及のためのインセンティブの拡大（200億ドル）、③先進的なバッテリー生産を支援するための資金提供、④新しいサプライチェーン回復力（resilience）プログラムの作成（500億ドル）、⑤国防生産法に基づく重要物資の生産能力増強、⑥次世代バッテリーの開発投資である。

半導体の生産能力増強では、台湾積体電路製造（TSMC）、サムスン電子、インテルが米国に工場を新設する意向を表明しており、一定の成果がみられる。しかし、全ての分野で投入する補助金や投融資枠が示されたわけではなく、補助金の給付には議会の承認が必要で、その調整に時間がかかること、また、脆弱性を克服するためのロードマップがみえないものが少なくないことから、報告書は迫力に欠ける。

例えば、リチウムイオン電池はほとんどを輸入しているとしながらも、調達とリサイクルへの投資により、国内生産能力を増強する、としかされなかった。医薬品・同有効成分も9割が輸入としながらも、より強靭なサプライチェーンを確保するために新しいアプローチが必要と指摘するにとどまった。また、報告書が未完成であることも明らかになった。ネオジム磁石はEVモーターや防衛産業において重要としながらも、外国依存が国家安全保障を損なうかどうかは商務省が今後判断する、とされた。

2022年2月、米政府は大統領令署名から1年を迎えたことを受け、経過報告書を公表した。そこでは、中国が世界市場の9割を握るネオジム磁石市場において米国の供給能力が高まる、あるいは、廃棄された鉱物からレアアースや重要鉱物を再生するプロジェクトや、EVおよび蓄電池向けの先端電池開発プロジェクトが始動するといった、具体的な成果が強調された。

しかし、米地質調査研究所によれば、レアアースの世界埋蔵量の6割を中国が占め、米国の割合は1・5%にすぎない。商務省・国土安全保障省は、情報通信技術（ICT）機器に不可欠なプリント基板の生産能力は中国が世界の5割を占め、米国は1割に満たないとしている。経過報告は、対中感情が悪化するなかで（第3章図表3-1参照）、脱「中国依存」を明確にイメージできない米国の苦悩を映し出している。

サプライチェーン・リスクとは

グローバルなサプライチェーンに繋がっている企業は、サプライチェーン上にあるたったひとつの工場が機能不全に陥っただけで業績が見通せなくなる可能性があることから、サプライチェーンに起因するリスクに敏感にならざるを得ない。少し脇道に逸れるが、サプライチェーンにかかわるリスクにはどのようなものがあるのかについて概観しておこう。

世界経済フォーラム（WEF）は、400人の経営者を対象にサプライチェーンを巡るリスクについて調査している。調査が実施されたのが2011年であるため、サイバー攻撃のような近年重視されるリスクを含んでいないという問題はあるものの、リスクの全体像を網羅するとともに、企業が何を重視しているのか、そして、それぞれの管理可能性をどのように考えているかがわかる（図表1-1）。

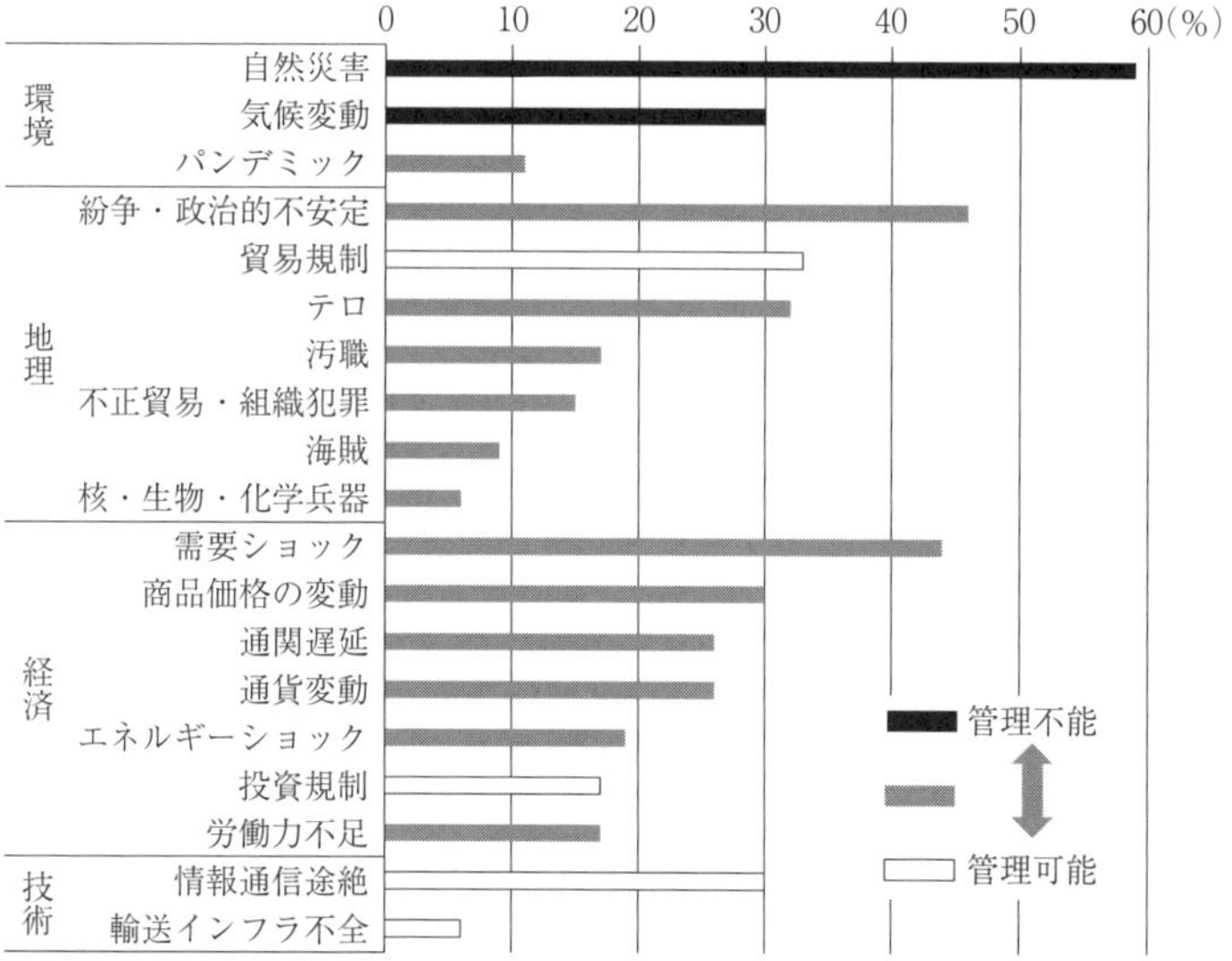

図表1－1　サプライチェーンを巡るリスク
（資料）World Economic Forum［2020］より作成.

調査時点では、新型コロナウイルスの感染拡大が起きていなかったことから、感染症の爆発的広がりを意味するパンデミックはそれほど重視されていない。新型コロナウイルスの出現を受け、パンデミックのリスクは飛躍的に高まったと考えられる。米調査会社ガートナーが２０２０年３月に実施した調査によれば、サプライチェーンにかかわるリスクのなかで「重大」とされたのは、「感染症」が43％と最も多く、「サイバー・セキュリティ」（28％）、「貿易戦争」（25％）、「戦争・テロ・社会不安」（14％）、「規制変更」（12％）、「自然災害」（12％）を上回った。

リスクは発生頻度と影響の大きさの組み合わせからも分類することができる。新型コロナウイルスは頻度は低いものの影響が大きい「ブラックスワン」に、金融危機は

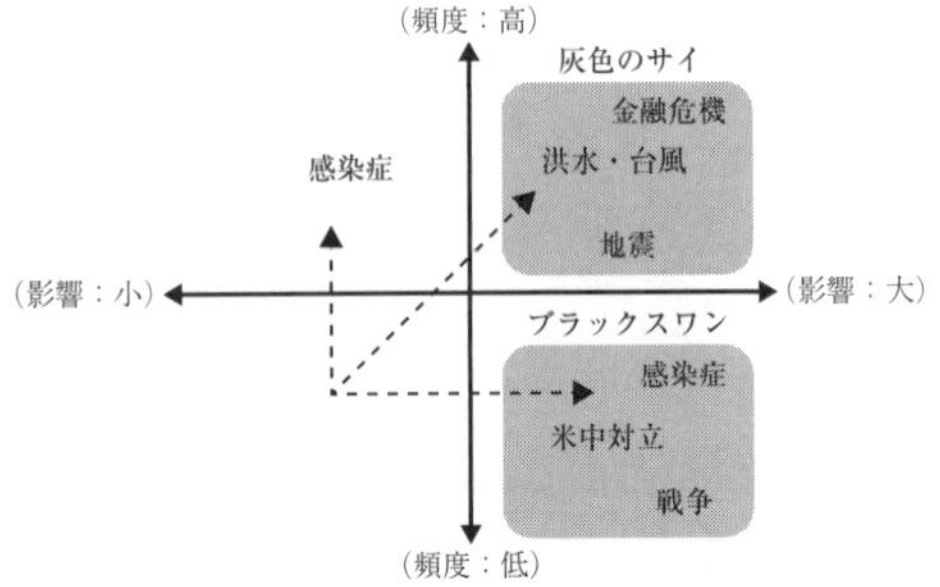

図表1－2　影響と頻度によるリスク分類
（資料）DeAngelis［2018］を一部加筆して作成．

頻度が高いうえ影響も大きい「灰色のサイ」に分類できる。注目すべきは、一部のリスクは明らかに頻度が変化していると考えられる点である。気候変動により洪水・台風の頻度が高まっているように、感染症についても乱開発や人の移動の増加を受け、やはり頻度が高くなっている（図表1－2）。

頻度が高まれば総量としての影響も大きくなるため、洪水・台風と感染症は必然的にリスクマネジメント上の重要課題に浮上する。マッキンゼーはサプライチェーンを脅かした最近のリスクの頻度と影響を分析し、サプライチェーンを1～2週間程度機能不全にするリスクは2年ごと、2～4週間程度の機能不全は2・8年ごと、1～2カ月程度は3・7年ごと、2カ月以上は4・9年ごとに発現するとした（Lund et al.［2020］）。

習近平政権の対応

米中通商摩擦に戻ろう。習近平政権は米国にどのように対峙しようとしているのか。それを知る手がかりは少ない。中国外交部は、バイデン政権がサプライチェーンを見直す大統領令を発表した際に、「政治力によって産業を移転させようというのは非現実的であり、米国が市場経済と自由貿易のルールを誠実に尊重し、世界のサプライチェーンの安全性、信頼性、安定性を維持することを望む」と冷静に論評してみせた。

ただし、ここには今後本格化すると見込まれる脱「中国依存」の動きに中国がどのように対峙するかという本音は含まれていない。この問題を知る手がかりになるのが、２０２０年4月に開催された共産党中央財経委員会における習近平総書記の講話である。そこでは、「産業安全保障と国家安全保障を確保するために、独立した、制御可能で、安全かつ信頼できるサプライチェーンを構築し、重要な製品と供給チャネルについては少なくともひとつの代替ソースを確保する」とし、サプライチェーンの独立性強化と複線化を説いた。

また、習近平総書記は、「優良産業の国際的リーダーシップを強化するとともに、いくつかの〝キラー技術〟を確立し、高速鉄道、電力設備、新エネルギー、通信機器などのサプライチェーン全体の優位性を強化し、中国に対する依存関係を強化し、外部からの人為的な供給遮断に対する強力な反撃力と抑止力を形成する」とした。重要産業における〝キラー技術〟を掌握すれば、各国の「中国依存」は深まり、中国は対立する国による供給遮断に対し供給遮断で対抗する「反撃力」と、供給遮断を思いとどまらせる「抑止力」を獲得できる、と考えたのである。これは「フレンドショアリング」を想定する米国と対照的だ。

〝キラー技術〟（中国語「殺手鐧技術」）とは、特許などの知的財産権が取得できる独自技術を指す。現在、世界で普及が進む通信規格5Gにかかわる技術はその代表例である。中国は5Gにかかわる標準必須特許の22・8％を保有しており、国・地域別にみると世界最大である。標準必須特許は標準規格に準拠する製品の製造に不可欠な基幹的な特許を指し、いずれの国も中国企業が保有する特許なしには、5Gを普及させることが難しい。

中国は無線通信基地局建設のための設備を安価に提供することにも強みを有し、基地局設置実績ではスウェーデン（エリクソン）とフィンランド（ノキア）を抑えて世界最大規模を誇る。トランプ前政権は情報が漏洩《ろうえい》するバックドアを懸念し、同盟国や友好国に中国の通信機器最大手ファーウェイの5G市場への参入を認めないよう要請したが、コスト面から同社の排除にはかなりの時間がかかる。その一方、開発途上国のほとんどはファーウェイを採用している。

サプライチェーンにおける中国の優位性が際立つのがレアアース（希土類《きどるい》）である。2010年9月、中国政府は、尖閣諸島沖で巡視船に体当たりした中国漁船の船長を海上保安庁が逮捕したことに反発し、レアアースの輸出を実質的に制限することによって日本産業界を混乱に陥れた。日本の中国依存度は若干低下したものの、中国はレアアースの埋蔵量はもちろん、生産量でも突出しており、代替する国は見当たらない。レアアースの輸出規制は代替素材の開発を促す側面があるため、安易に発動することはできないが、中国だけが行使できる「反撃力」といえる。

科学技術の「自立自強」

米国との対立が激化するなかで、米国に依存しない頑強なサプライチェーンを構築できるか否かが技術覇権の帰趨を左右すると習近平政権が考えていることは、2021年3月に開催された全国人民代表大会（全人代）で採択された「第14次5カ年計画」（2021~25年）からも読み取ることができる。前5カ年計画との比較から指摘できる特徴は次の4点である。

第1は、科学技術の「自立自強」を進めるとした点である。「自立自強」は他国の追随を許さない独創的なイノベーションを促すことで、競争力を高め、欧米諸国で進む脱「中国依存」に揺るがない自立的な経済発展を遂げることを意味する。イノベーション重視は前5カ年計画でも示されているが、サプライチェーンにおける優劣を意識した「自立自強」が盛り込まれたのは今回が初めてで、「第14次5カ年計画」を象徴するスローガンとされている。

第2は、イノベーションにおける政府の役割を重視するとした点である。「第14次5カ年計画」では、量子情報、光微細加工、ネットワーク通信、人工知能、生物医学、新エネルギーシステムなどの主要分野において、戦略的科学技術力の構築を加速し、合理的かつ効率的な研究システムを形成するとされた。また、中央政府管轄化の大規模国有企業（央企）のR&D支出の伸び率が全体の伸び率を下回らないとし、イノベーションにおける政府の役割が強調された。その一方、前5カ年計画で注目を集めた「大衆創業・万衆創新」（大衆による起業・万人によるイノベーション）というスローガンが消えた。

第3は、基礎研究の重視である。「第14次5カ年計画」では、企業の基礎研究に税制上の優遇措置を与えるほか、R&Dの8%以上を基礎研究に充てるとした。基礎研究の重要性は前5カ年計画でも指摘されていたが、税制面の支援や数値目標を打ち出したのは新しい動きだ。背景には、市場に与えるインパクトが大きく、新規性を備えた技術を生み出すには基礎研究の拡充が必要、という認識が高まったことがある。

R&Dはその性格に応じて、①技術を資産として積み重ねる基礎研究、②基礎研究の成果を実用

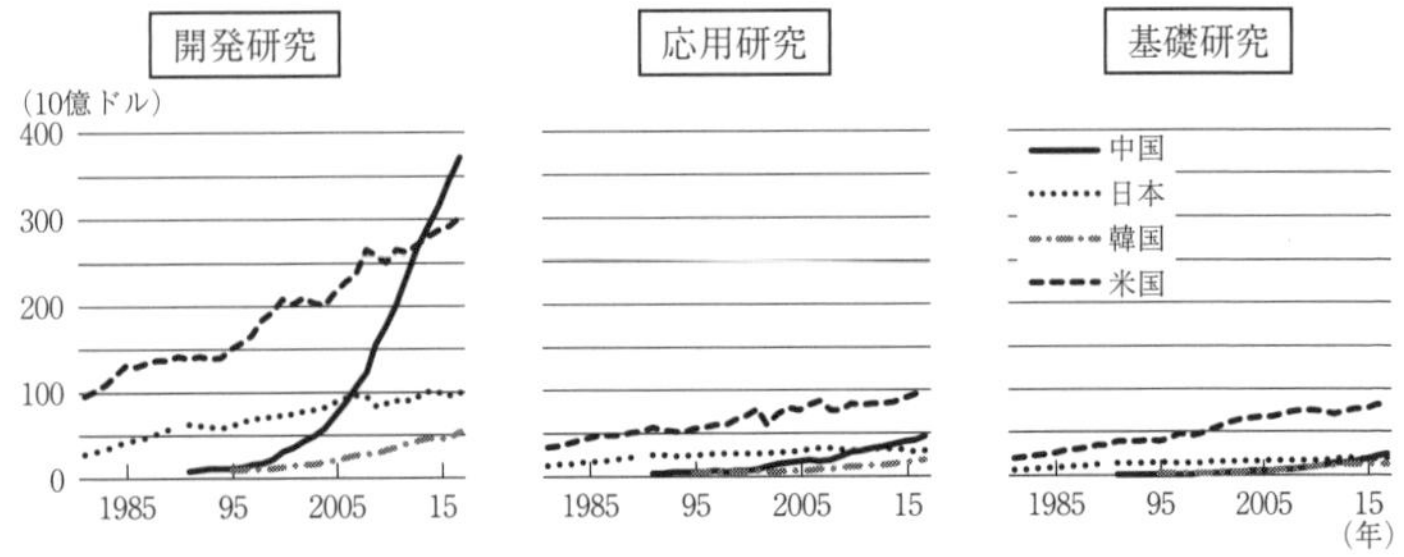

図表1－3　R&D支出の国際比較
(注) 購買力平価 (2010年) ベース.
(資料) National Science Foundation 資料より作成.

可能な技術に転換する応用研究、③最終的な商品として開発することを念頭に置いた開発研究に分けられるが、中国は短期間で収益が期待できる開発研究への偏りが顕著である（図表1－3）。これを是正することで、イノベーションのスピードを引き上げようというのが習近平政権の目論見である。

第4は、「製造強国」とサプライチェーンの重視である。「第14次5カ年計画」では、「製造強国」を盛り込んだ現代産業システムについての記述が第3編に置かれ、前計画の第5編から繰り上げられた。また、「サプライチェーン」について22回も言及しており、前計画の10回から倍増した。なかでも、「自立制御可能」（中国語「自主可控」）なサプライチェーンの構築を明示した点が注目される。「自立制御可能」がサプライチェーンを巡る米国との攻防を強く意識したものであることは言うまでもない。

2　米国の脱「中国依存」

減らない対中輸入

トランプ前大統領は、対中貿易赤字を問題視し、中国製品に対する関税率を引き上げ、追加関税を課した。具体的には、①2018年7月に産業機械や電子部品など818品目を対象に25%の追加関税を課す第1弾（年間輸入額340億ドルに相当）、②2018年8月に半導体や化学品など279品目を対象に25%の追加関税を課す第2弾（同160億ドル）、③2018年9月に食料品、家電、家具など5733品目を対象に25%の追加関税を課す第3弾（同2000億ドル）、④2019年9月にテレビ、衣料品、寝具など3243品目を対象に15%の追加関税（同1100億ドル）を、12月にスマートフォン、ノートパソコン、ゲーム機など555品目を対象に15%の追加関税を課す第4弾（同1600億ドル）である。

米中両政府は、2020年1月、中国が米国からの輸入を1・5倍に増やすことや、知的財産権の保護などを約束する「第1段階の合意」に達したため、第4弾の12月実施予定分が発動されることはなかったが、関税率の引き上げは米国の輸入に大きな影響を与え、中国からの輸入が減少する一方で、ベトナムからの輸入が増えるといった変化が起きた。しかし、対中輸入が断続的に減少したわけではない。このことは、「世界の工場」としての中国の優位性が高く、脱「中国依存」が容易には進まないことを示している。

この問題をもう少し詳しく見ていこう。米国の対中輸入には、関税率が引き上げられた2018年9月から常に下押し圧力がかかっている。実際、第1弾が発動された同年11月から対中輸入の伸び率は輸入全体の伸び率を下回るようになった（図表1-4）。この下押し圧力はいくつかの要因が

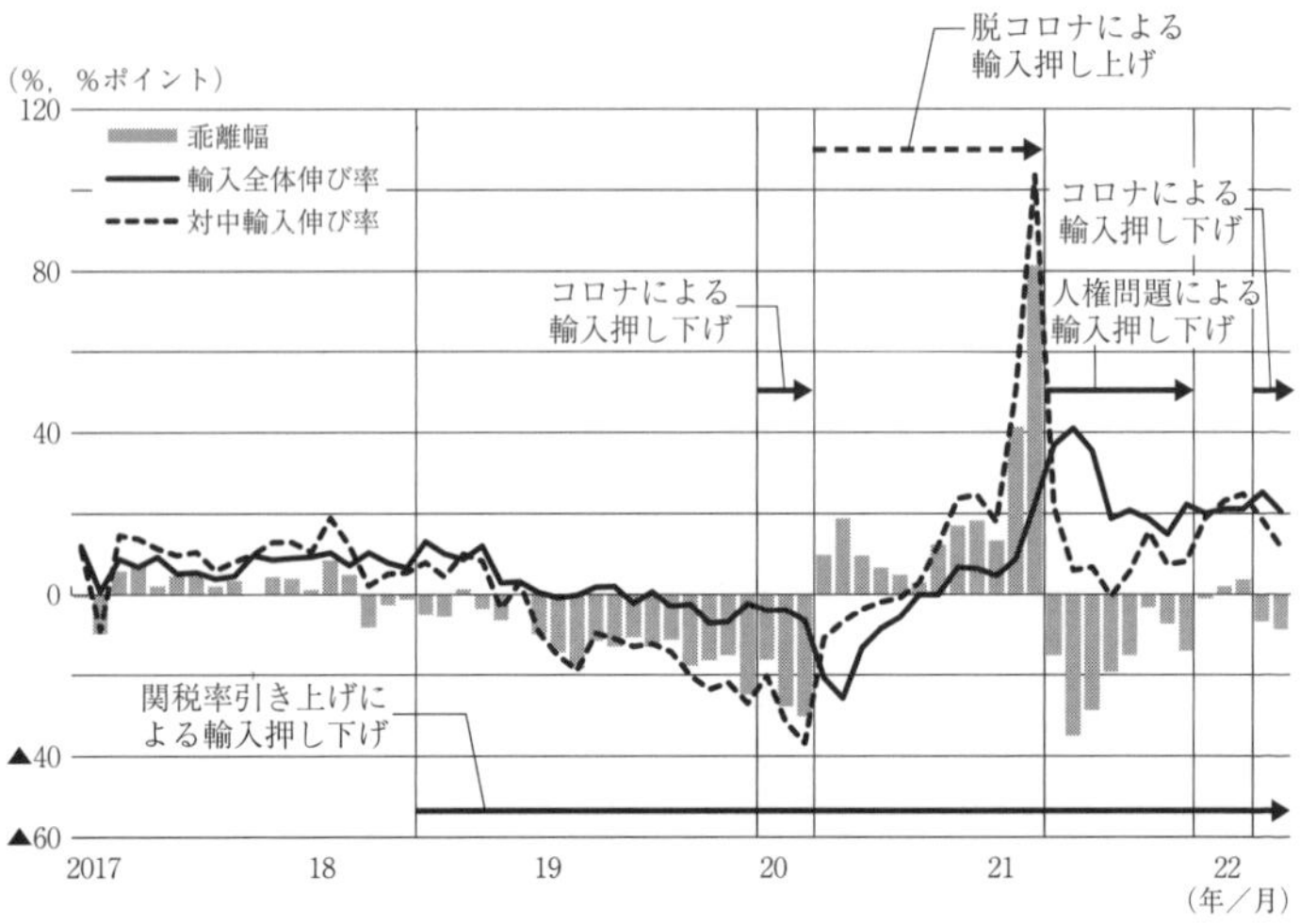

図表1－4　米国の輸入と対中輸入の前年同月比伸び率
（注）乖離幅＝対中輸入伸び率－輸入全体伸び率
（資料）US Census Bureau 資料より作成.

重なることで増幅され、対中輸入を鈍化させた。いくつかの要因とは、翌２０１９年末に湖北省武漢市から始まった新型コロナウイルスの感染拡大、新疆ウイグル自治区における少数民族の強制労働を理由にした２０２１年からの税関・国境警備局（ＣＢＰ）による繊維製品の輸入禁止、２０２２年からのオミクロン株の感染拡大である。

　ところが、関税率引き上げによる対中輸入下押し圧力は時間の経過とともに弱まっている。２０２０年４月、中国が厳格な行動規制によりいち早く感染縮小に転じた一方、周辺アジア諸国が感染拡大に見舞われたことにより、米国の対中輸入は増えた。対中輸入の伸び率から輸入全体の伸び率を引いた乖離《かいり》幅がプラスに転じたことがそれを端的に示している。関税率引き上げ、感染拡大、人権問題など対中輸入下押し圧力は常に働いているが、中国はコロナ禍で需要が高まったICT機器の生産大国であるため、それが減殺されてしまうのである。乖離幅が常にマイナスとなる2019年のような状況はもはや訪れないであろう。

米センサス局によれば、対中輸入は2018年の5385億ドルをピークに減少し、2019年は4491億ドル、2020年は4327億ドルとなった。しかし、2021年は5049億ドルに増加し、貿易収支赤字も3535億ドルと、2018年の3752億ドルに次ぐ規模に拡大した。バイデン政権はインフレ対策の一環として中国製品に対する追加関税の撤廃を検討しているとされるが、その場合、対中輸入は再び大幅に増加すると見込まれる。

ベトナムが示す課題

中国製品に対する追加関税により、ベトナムは「漁夫の利」を得たとされる。同国は安価な未熟練労働力が豊富であることから、以前から「チャイナ・プラス・ワン」の最有力候補とみなされてきた。2018年に2・0％であった米国の輸入に占めるベトナムの割合は2021年に3・6％に上昇した。これは周辺アジア諸国ではみられない現象で、ベトナムの「一人勝ち」と言っても過言ではない。

ただし、ベトナムの対米輸出が増えたのは、韓国サムスン電子がベトナムをスマートフォンのグローバルな生産拠点に位置付けたことが大きく、すべてを「漁夫の利」とするのは間違いである。2010年時点でベトナムの輸出に占める割合がわずか2・4％にすぎなかったスマートフォンは2013年には14・1％を占め、最大の輸出品となった（図表1－5）。近年はコンピュータ・電子製品・同部品の輸出も伸長している。主力輸出産業が資源・一次産品→繊維製品→電機・電子機器へと移る様子は、開発経済学の教科書で示される輸出指向型工業化の典型的パターンである。ベトナムが「漁夫の利」を得たのは間違いないが、それは中国を代替する準備が整っている国がベトナムだけであったことによるものである。

より重要なのは「漁夫の利」を喜べるほど、ベトナムが置かれた環境は単純ではないことである。ベトナムの輸出には輸入した原材料や部品が多用されており、対米貿易黒字が拡大したからといっ

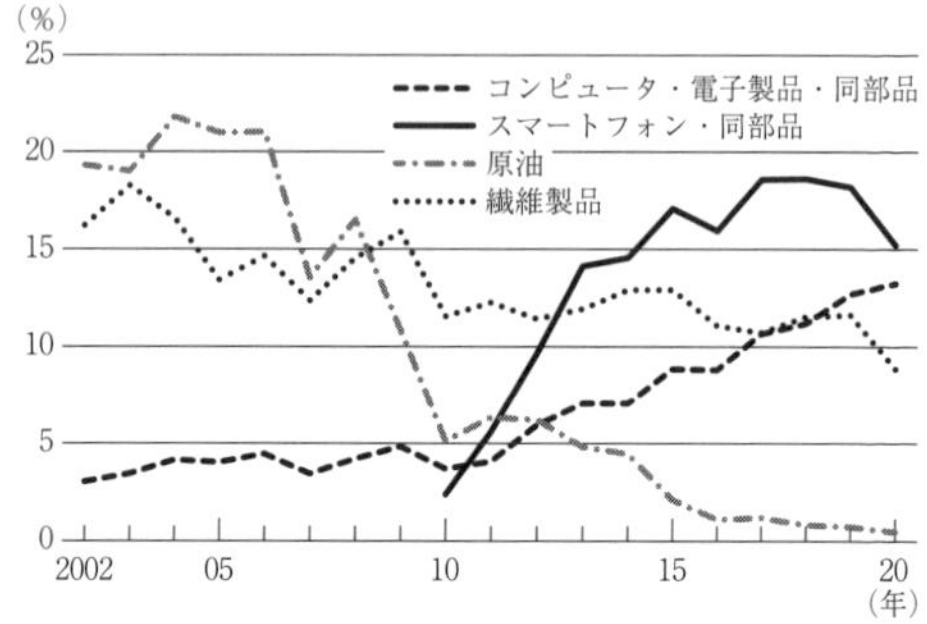

図表1－5　ベトナムの輸出に占める主要品目の割合の変化
(資料) CEICより作成.

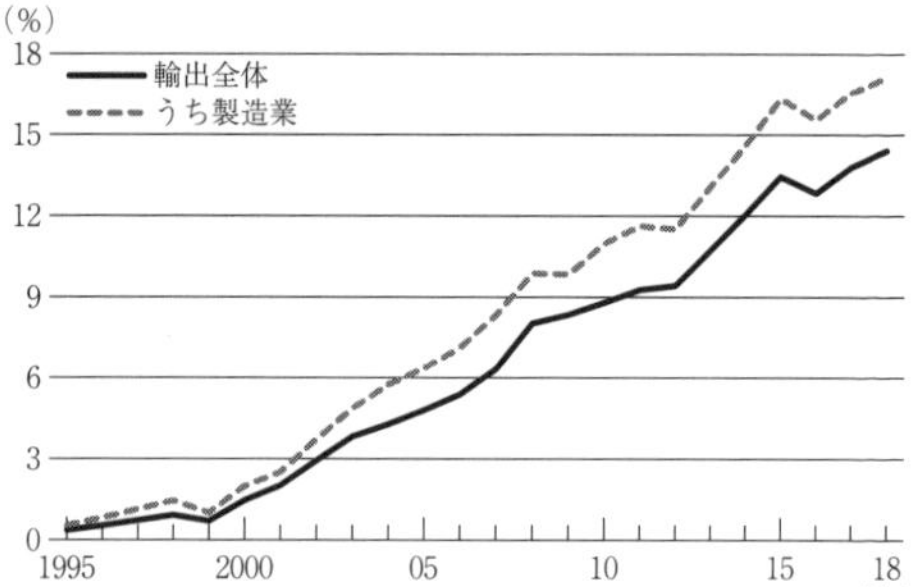

図表1－6　ベトナムの輸出に含まれる中国由来の付加価値の割合
(資料) OECD, TiVA 2021 ed.より作成.

て、それによって貿易収支全体の黒字幅が拡大したわけではない。これは、電機・電子機器産業が部品の多くを輸入に依存しており、同機器の対米輸出で稼いだ貿易黒字が同機器部品の貿易赤字で相殺されるためである。

電機・電子機器部品の輸入先は中国である。ベトナムの輸出全体に占める中国由来の付加価値は2018年で14・1%を占める(図表1-6)。この割合は2000年以降急速に上昇しており、ベトナムの輸出産業は中国なしでは立ち行かないというのが実情だ。このことは、米国の輸入に占める中国の割合が低下したからといって、脱「中国依存」が進んだわけではない、という問題も提起する。

ベトナムは南沙および西沙諸島の領有権を巡って中国と対立しており、脱「中国依存」を進めたいと考えているが、依存は深まる一方である。政治的に対立しながらも、経済的には中国依存が強まる。これは日本にも当てはまり、実は少なからぬ国が同様のジレンマを抱える。同じ境遇にある国に目を向け、それぞれのジレンマを理解することは、日本の脱「中国依存」を冷静に考える機会を与えてくれる。

進まぬ脱「中国依存」

米国の脱「中国依存」はどこまで進んでいるのか。以下では、米国の貿易品目分類の最も細かいところまで降りて、その進捗を確認する。対象品目はHTS(Harmonized Tariff Schedule)6桁ベースで6548品目である。

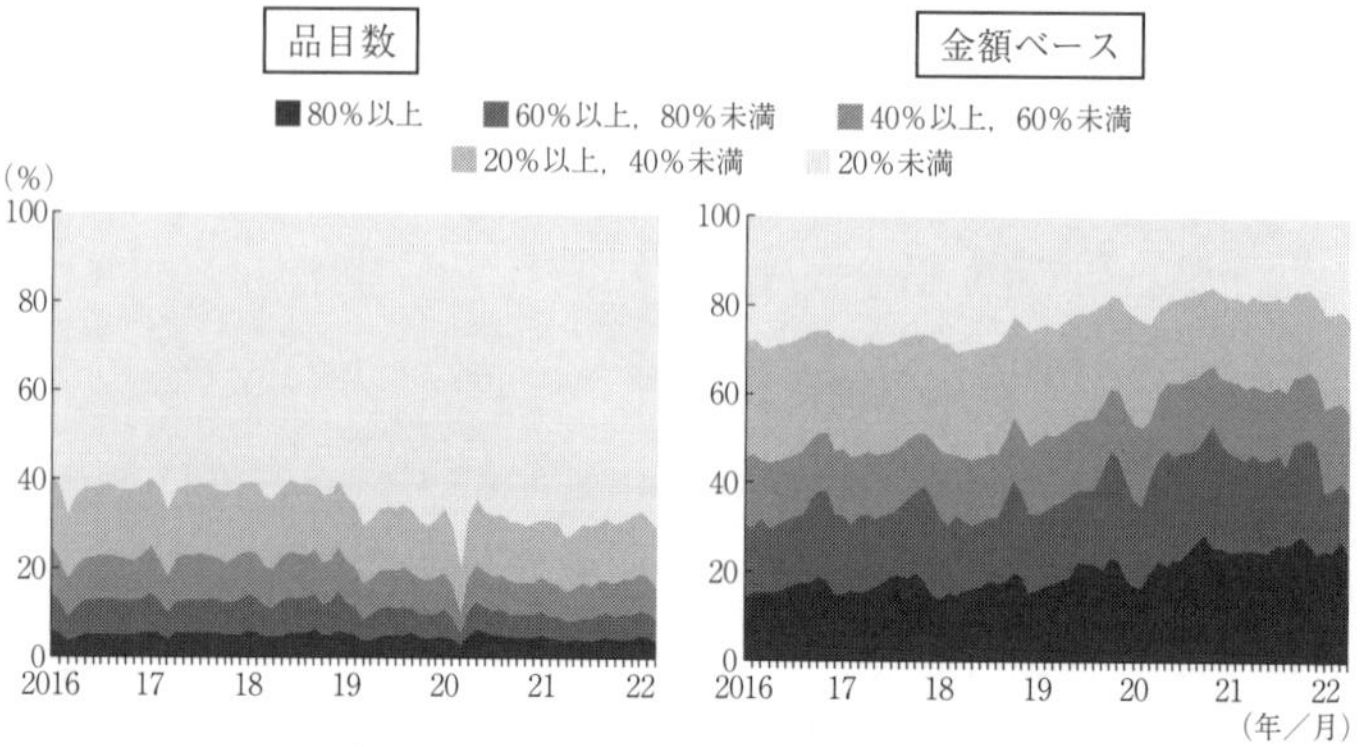

図表1－7　中国輸入依存度別にみた各グループの割合（2016年1月～2022年3月）
（注）輸入実績のない品目は除く．
（資料）US Census Bureau 資料より作成．

まず、全品目について中国輸入依存度を算出し、①「80％以上」、②「60％以上、80％未満」、③「40％以上、60％未満」、④「20％以上、40％未満」、⑤「20％未満」、の5つのグループに分け、それぞれのグループに属す品目数がどのように変化したかをみると、「80％以上」はおおむね5％前後で推移しており、依存度の高い品目が増えたわけではないことがわかる（図表1－7左）。

しかし、金額ベースでみると中国依存は着実に深まっている。中国依存度「80％以上」の品目が対中輸入に占める割合は、追加関税により輸入下押し圧力がかかっているにもかかわらず、2020年から上昇を始め、2022年4月には24・6％となった（図表1－7右）。「60％以上、80％未満」は13・6％、「40％以上、60％未満」は17・7％、「20％以上、40％未満」は20・7％、「20％未満」は23・4％であり、「80％以上」の輸入額が最も多い。つまり、依存度の高い品目の輸入が増えたのだ。

この背景には、リモートワークの普及により、もともと中国依存度の高いノートパソコンとスマートフォンの輸入が増えたことがある。2021年のノートパソコンの輸入額は557億ドルで、対中輸入の11・0%を占め、対中輸入依存度は93・2%、スマートフォンは同じくそれぞれ480億ドル、9・5%、79・1%である。ヒューレッド・パッカード（HP）、デル（DELL）、アップルは追加関税やコロナ禍に直面しても、中国依存を抜本的に見直す動きをみせていない。

3　なぜ脱「中国依存」は進まないのか

GVCはアジアにある

米国の脱「中国依存」が進まない第1の理由としては、製造業のグローバル・バリュー・チェーン（GVC）の中心がアジアにあることが指摘できる。2018年の世界の製造業の付加価値輸出に占めるアジア全体（日本、韓国、台湾、タイ・シンガポール・マレーシア・フィリピン・ブルネイ・インドネシア・ベトナムのASEAN7カ国からなるアジア地域に中国を加えた地域）の割合は38・3%に達する（図表1－8）。

付加価値輸出は次項で詳述するが、部品などの中間財を含まず、当該国・地域で生産・輸出された付加価値だけであることから、世界に占める割合は輸出に携わる製造業の集積の厚みを表す。世界のGDPに占めるこの地域の割合が32・3%であることを踏まえれば、アジアは間違いなく製造

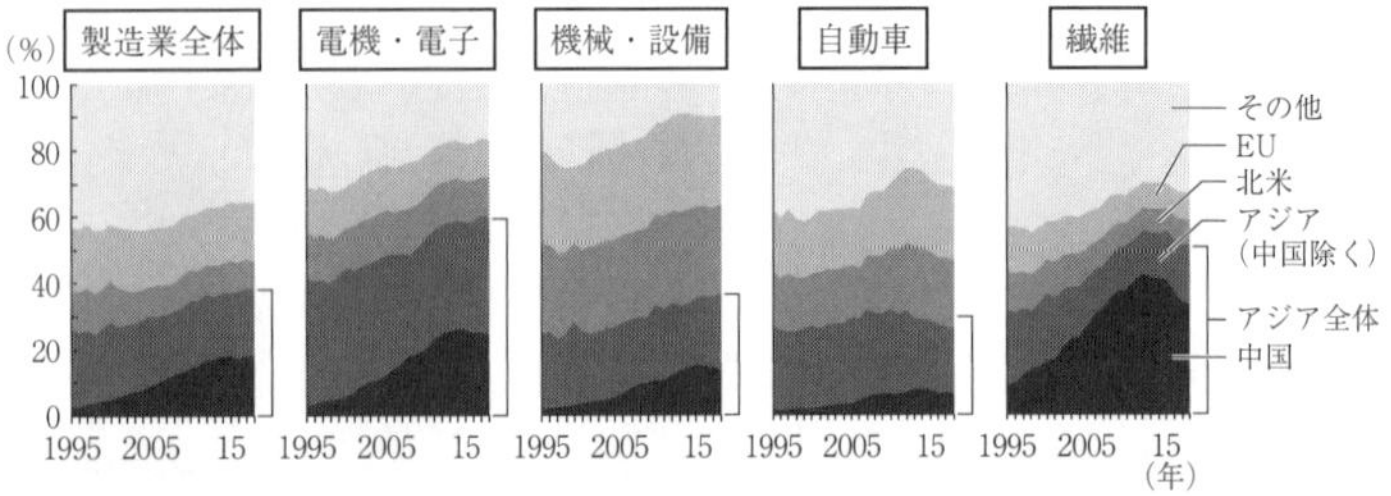

図表1－8　産業別にみた付加価値輸出の地域別構成

(注) アジア（中国除く）は，日本，韓国，台湾，ASEAN 7カ国（タイ，シンガポール，マレーシア，フィリピン，ブルネイ，インドネシア，ベトナム）の10カ国・地域，北米はカナダ，メキシコ，米国の3カ国，EUは28カ国.

(資料) OECD，TiVA 2021 ed.より作成.

業の集積地だ。なかでも、電機・電子産業と繊維産業の集積は非常に厚い。

電機・電子産業については、2018年の世界の付加価値輸出に占める中国の割合が23・9%、中国を除くアジア諸国・地域は35・7%に達し、アジア全体で59・7%を占める。繊維産業は中国が33・2%、アジア諸国・地域が17・7%で、両者を合わせると50・9%と、やはり世界の過半を占める。中国とアジア諸国・地域の割合が同地域のGDPに占める割合を下回るのは、主要産業のなかでは自動車産業（26・3%）だけである。

周辺アジア諸国は中国とサプライチェーンを通じて密接に繋がっている。これをGVCの上流から下流に向けて参加する「前方参加」（Forward participation in GVCs）と、下流から上流に向けて参加する「後方参加」（Backward participation in GVCs）という観点から検証してみよう。「前方参加」は、中国の輸出に自国の中間財・サービスや資本財を供給する「供給者」としての立場から、「後方参加」は自国の財・サービス輸出の生産過程に中国からの中間財・サービスや原材料の供給を受ける「調達者」としての立場から、中国との関係の濃淡を測ったものである[1]（図表1－9）。国・地域によって差はあるものの、いずれの国・地域も過去20年で中国との関係は飛躍的に深まった。中国から部品や中間財を輸入する「調達者」としての関係を飛躍的に深めた（上方向へ移動した）のはベトナムである。これは、スマートフォンの最終組み立て地である同国が中国から部品を調達しているためである。タイとマレーシアも「調達者」として中国との関係を深めた。

「調達者」より「供給者」としての関係を深めた（右方向へ移動した）のは日本である。ただし、2008年の5・5%をピークに関係深化は止まっている。これは日中の相互依存関係が希薄化したのではなく、海外直接投資を通じて中国における生産機能を拡大した結果である。台湾と韓国も「供給者」としての関係がやや優勢である。台湾は台湾積体電路製造（TSMC）、韓国はサムスン電子に代表される半導体製造企業を有していることが大きい。日本と異なり「調達者」としての関係も深化しているのは、いずれも中国に半導体生産拠点を設け、そこからの輸入が増えたためである。

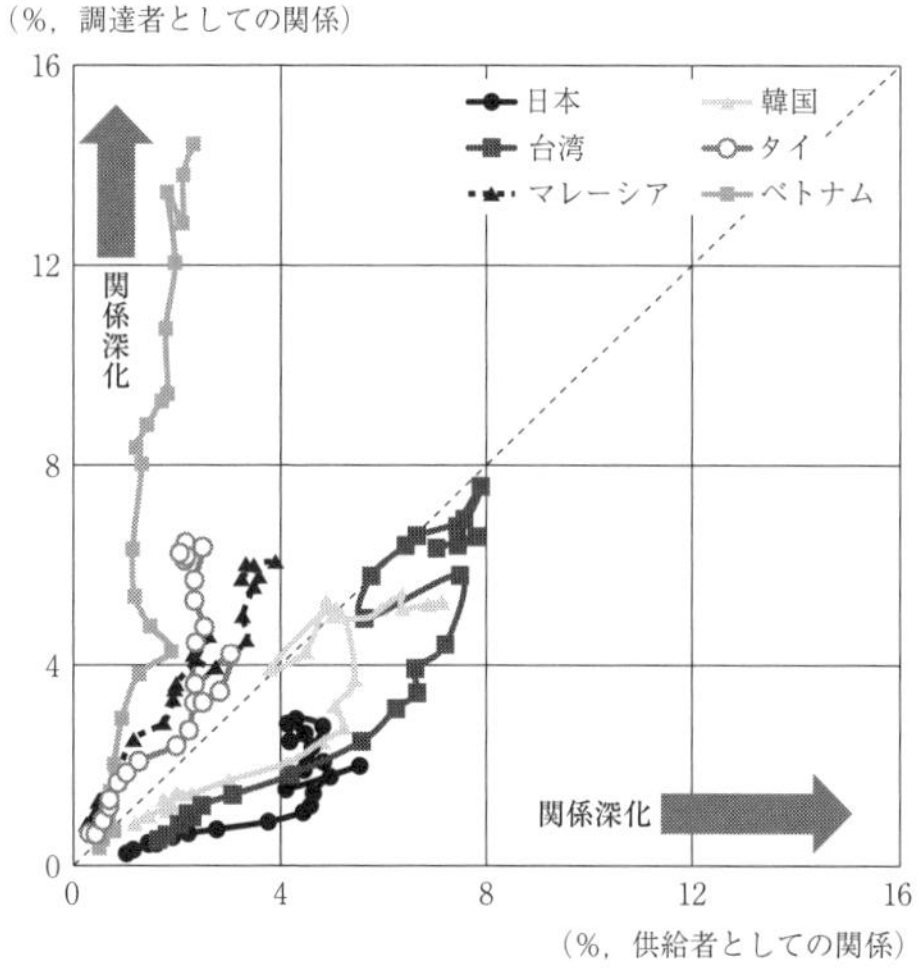

図表1－9　アジア6カ国・地域の中国との関係の変化（1995～2018年）
（資料）OECD，TiVA 2021 ed.より作成.

サプライチェーンを巡るリスクは、米国との通商摩擦やオミクロン株の感染拡大に伴うロックダウンなど、中国を震源とするものが多い。このため、日本に限らず先進国のメディアは盛んに脱「中国依存」の必要性を説く。なかには、東欧、インド、イスラエルなどを代替候補と考えるべきだ、という指摘もある。(2)

しかし、製造業のサプライチェーンの中心はアジアにあり、企業はこの地域を簡単に離れるわけにはいかない。サプライチェーンは、関係する全ての工場が、原材料から製品として出荷されるまでの時間を意味するリードタイムを計算し、いつまでに納品するという納期を厳守する、そして、物流システムなど、それを可能にする有形無形のインフラが機能することで成り立っている。サプライチェーンの再編はアジア諸国相互の地理的近接性を無視するかたちでは進まないのだ。

英紙『フィナンシャル・タイムズ』(The Financial Times) は、2022年7月、メキシコはロペス・オブラドール大統領の政策が適切でなかったため、米中デカップリングの機会を捉えることができず、中国の生産拠点はメキシコではなく、アジアに移転されたとした。しかし、これまでの分析を踏まえれば、米中デカップリングは容易には進まないし、中国の生産拠点が地理的近接性を度外視してメキシコに移転される可能性はもともと低いはずだ。

付加価値輸出とは

付加価値輸出という概念は、多くの読者にとって馴染みのないものである。しかし、世界規模で行われる水平分業によって複雑化したGVCに対する理解を助けてくれる有用な概念であるため、

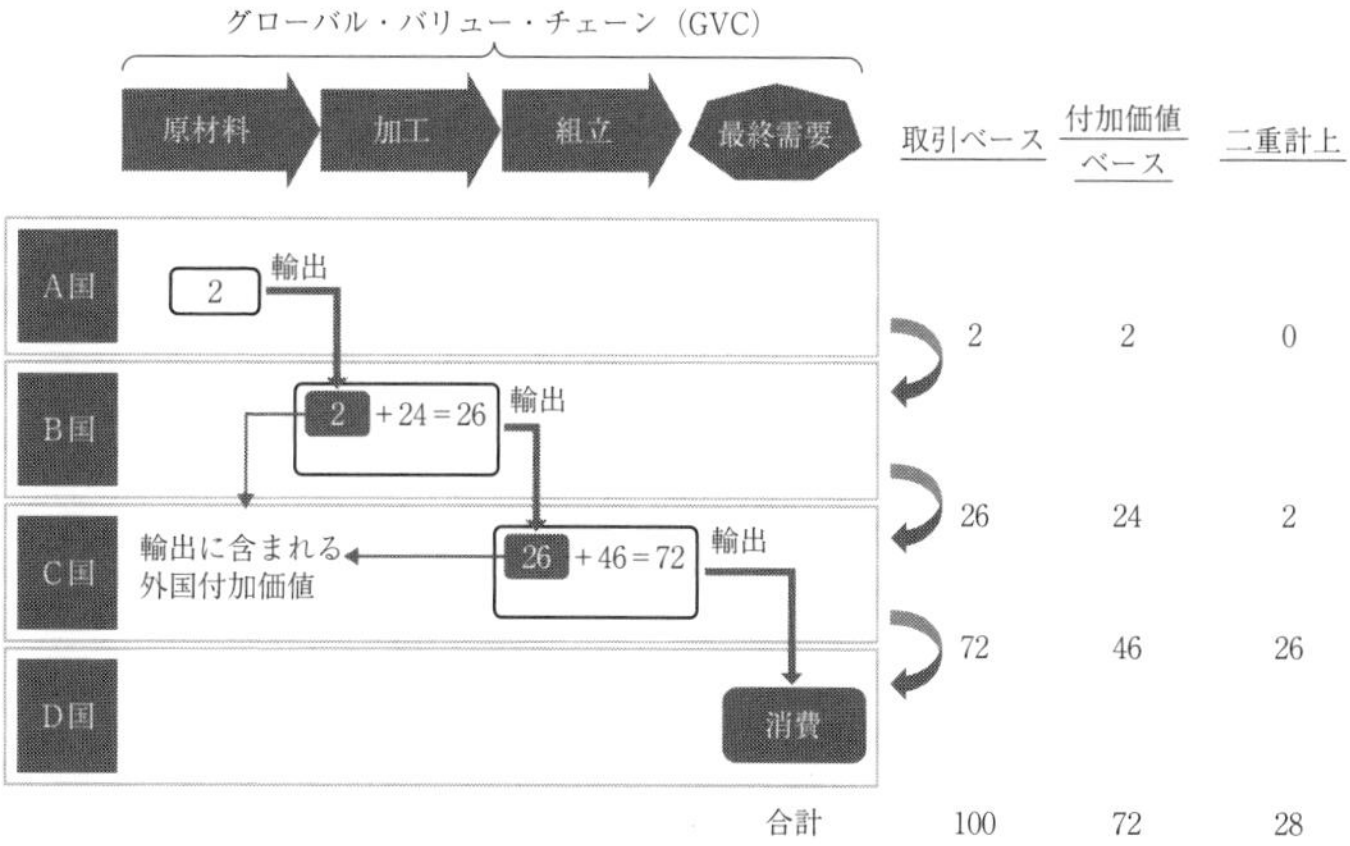

図表1-10　付加価値貿易統計の仕組み
（資料）Javorsek and Camacho［2015］より作成.

少し寄り道をして付加価値輸出について説明しておこう。付加価値輸出は我々が目にする通関ベースの輸出となにが違うのであろうか。

付加価値輸出は、付加価値輸入とともに経済協力開発機構（ＯＥＣＤ）の付加価値貿易（Trade in Value Added：TiVA）統計にアクセスすることで取得することができる。TiVAは、産業連関表を基に作成されている。産業連関表は一国における一定期間の産業間の取引をひとつの行列（マトリックス）に示すことで、国民経済の循環構造を捉えようとする統計表である。付加価値貿易統計はこの産業連関表を二国間の財別貿易統計と照らし合わせ、世界規模で繋げた国際産業連関表をもとに作成されるため、最終財が生産されるまでの付加価値の流れを捉えることが可能となる。これを図表1-10で説明しよう。

Ｄ国で消費される財の生産にはＡ、Ｂ、Ｃの３カ国がかかわっている。Ａ国は最終財の原材料を生産し、２の付加価値をＢ国に輸出する。Ｂ国はそれを加工することによって付加価値を26に引き上げC国に、そして、C国は組立工程を担うことによって付加価値を72に引き上げ、最終需要地のD国に輸出している。取引ベース（gross）でみると、A国からB国への輸出は2、B国からC国への輸出は26、C国からD国への輸出は72となり、世界輸出は100となる。

しかし、これを付加価値ベースでみると、B国からC国への輸出にはA国で生産された付加価値2が、C国からD国への輸出72にはA国が生産し、B国に輸出した付加価値2と、B国が生産し、C国に輸出した付加価値24が含まれている。この「二重計上」分を除いて考えると、A国からB国への輸出は2で変わらないものの、B国からC国への輸出、C国からD国への輸出はそれぞれ24（26−2＝24）と46（72−（2＋24）＝46）となり、世界輸出も72（2＋24＋46＝72）となる。

今日の貿易は、リカードの比較優位論で習ったワインと毛織物ではなく、世界中に分散したいくつもの工場で生産された原材料を加工し、さまざまな部品を組み合わせることで完成するスマートフォンのような工業製品が主体である。しかも、部品生産に必要となる部品や工程もまた世界に分散している。TiVAはこれを定量的に捉えるとともに、付加価値の由来を産業別・国別に分解することを可能にするのである。

ロックイン効果

脱「中国依存」が進まない理由に戻ろう。第2の理由として「ロックイン効果」を挙げることができる。人や企業が大都市に集まることによって近接性が高まると、財・サービス市場だけでなく、アイデアへのアクセスも容易になる。近接性は企業が必要とする人材の獲得を容易にすると同時に、技術者の失業リスクを低下させる。また、知識の波及効果が高まり、企業と技術者の双方に利益をもたらす。

このことは、リモートワークの普及に伴い２０２１年に流出超に転じた東京23区の人口が、半年後には再び流入超に戻ったとされることを考えるとわかりやすい。産業集積の観点からは、〝集積が新たな集積を呼ぶ〟作用は「ロックイン効果」あるいは「正のフィードバック」と呼ばれ（三浦［2014］）、中国をグローバルなサプライチェーンの中心にとどめる磁力として作用している。

サプライチェーン寸断のリスクが顕在化すると、リスクが顕在化した国・地域のリスクをあらためて見直し、リスクへの対応が難しい場合はサプライチェーンにおける当該地域の役割を縮小すべきだとする議論が高まる。しかし、こうした議論は往々にしてパニックによって引き起こされるため、熱しやすく冷めやすい。２０１１年に起きた東日本大震災でも同様の議論がなされたが、震災前と震災後のサプライチェーンに占める岩手、宮城、福島3県の割合は、小売・卸売業、建設業はもちろん製造業でもほとんど変化していない（内閣府［2012］）。

同様のことは、２０２２年に入り顕在化したオミクロン株の感染拡大に伴う、上海市のロックダウンでも認められる。２０２２年5月、在中国ＥＵ商工会議所は、会員企業に対するアンケート調査の結果を発表し、中国以外の国への投資を検討している企業が23％と、従来から10％ポイント増えたとした。また、同月、上海市に進出した日系企業を会員とする上海商工クラブは、64％の企業が「工場が全く稼働していない」とした。これらは、いずれも脱「中国依存」が進むことを裏付け

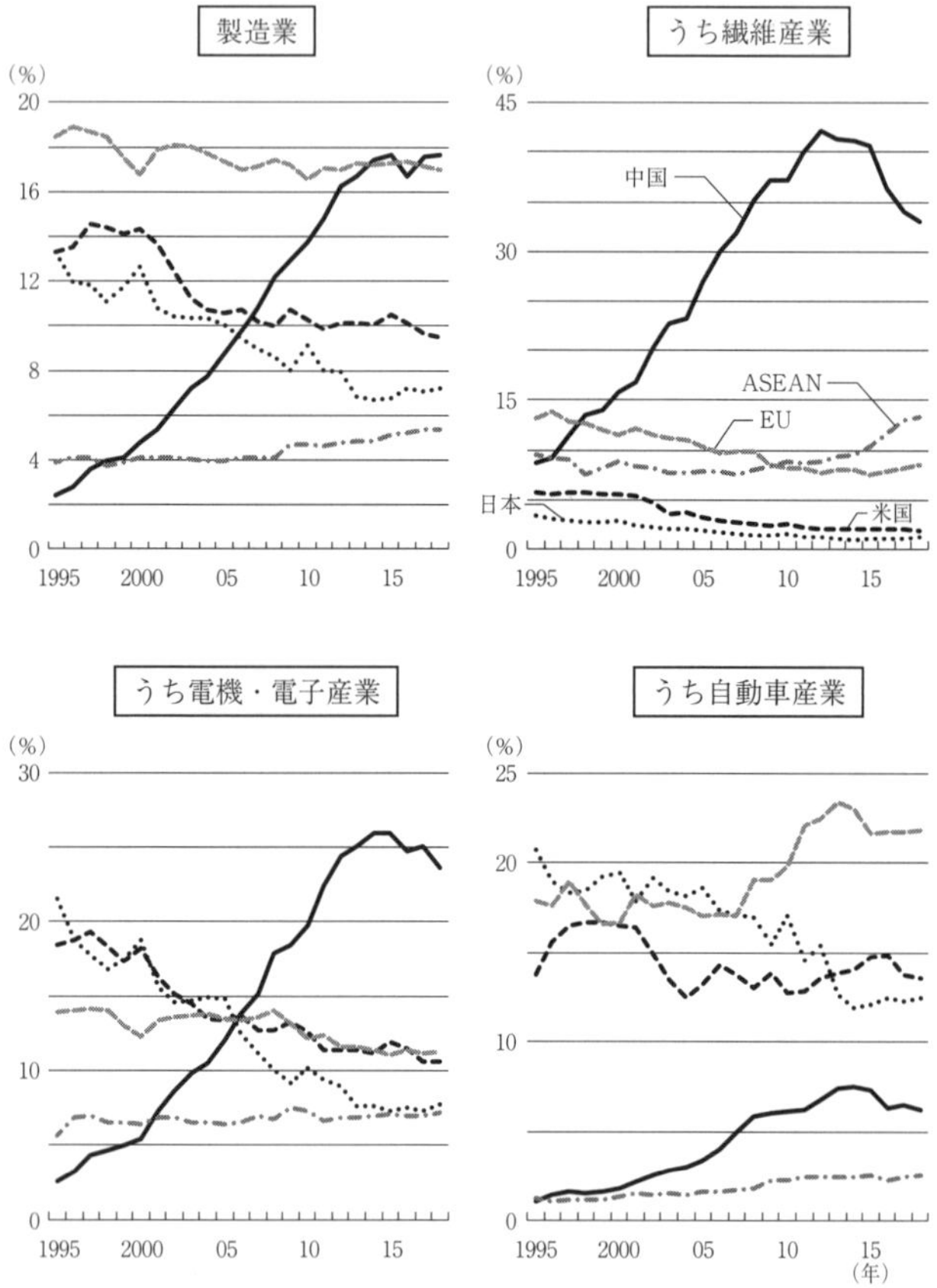

図表1－11　世界の付加価値輸出に占める主要国・地域の割合
（資料）OECD，TiVA 2021 ed.より作成.

る証左であるようにみえる。

しかし、在中国米国商工会議所は、同月、「デカップリングに反対」とする白書を公表した。同じ時期に発表されながらも、印象が全く異なる情報をどのように理解すればいいのか。この問題は、在中国EU商工会議所の調査は、依然として8割弱の企業が中国に留まるとしていること、また、上海商工クラブの調査についても、生産の取り戻し方について、96%の企業が「操業回復による挽回」、つまり、中国での操業継続を想定していることに目を向けると、わかりやすい。日米欧の進出企業の大勢は中国を離れることを考えていないのである。

中国が「世界の工場」と称されるのは、単に輸入した部品を組み立て、世界に輸出するのに適した安価な労働力を提供できるからではなく、世界の製造業の中心であるからにほかならない。TiVAによれば、世界の製造業の付加価値輸出に占める中国の割合は17・6%と、日米両国はもちろんEUも上回る（図表1-11）。自動車産業に占める中国の割合は低いものの、繊維産業と電機・電子産業に占める割合は圧倒的である。

複線化のコスト

脱「中国依存」が進まない第3の理由として、コストが大きいことがある。企業は厳しい競争を勝ち抜くため、効率化によって常にコストの削減を図る。そのひとつが「ジャストインタイム」である。「ジャストインタイム」とは、〝必要なものを、必要な時に必要な分だけ〟調達する無在庫経営を指し、仕掛品や在庫を極限まで減らすことで、コストを削減すると同時に、市場環境の変化に柔軟に対応できる、というメリットがある。

新型コロナウイルスの感染拡大や世界的な半導体不足によってサプライチェーンを巡るリスクが顕在化し、企業は「ジャストインタイム」などそれまで常識とされてきた経営手法の見直しを余儀なくされた。コスト増を容認し、在庫を多めに確保する、直接の取引先にとどまらず、その取引先の取引先といったようにサプライチェーンの全貌を把握し、リスクの所在と影響の度合いを検証する、あるいは、部品の共通化により調達先を広げる企業が増えた。

サプライチェーン・マネジメントの基本は、リスク分散投資と同じく「卵は一つの籠に盛るな」である。ひとつの籠に卵を盛った場合、籠を落とせば全ての卵が割れてしまう。それを避けるため、卵をあえて複数の籠に分け、籠が壊れた場合の損失を抑制するとともに、別の籠から素早く調達できるようにしておくことで全体に及ぼす影響を最小化する、という考え方である。

これをサプライチェーンに当てはめると、中国に集中した生産機能の一部を中国以外に移転し、不測の事態により中国の工場が止まっても、別の国から調達することで生産は継続できる、一言でいえば、生産拠点の分散化である。分散先のひとつは企業の本社がある本国である。これはかつて海外に移転した工場が回帰することから、「リショアリング」(reshoring) と称される。

米国ではトランプ前大統領だけでなく、バイデン大統領もリショアリングを促した。しかし、その成果は乏しい。米製造業のリショアリングをモニタリングしている経営コンサルタントのカーニー (KEARNEY) は、国内製造業の生産額に対する製品輸入の比率 (Manufacturing Import Ratio：MIR) が2008年の9・5%からほぼ一貫して上昇し、2021年に過去最高の14・1%になったとする。

　リショアリングが難しいことは、ドイツでも明らかになっている。中国の『環球時報』は、２０２０年７月、現地報道を引用するかたちでドイツのマスク国産化が相次ぐ企業の撤退により失敗し、再び中国から輸入する事態に陥ったとした。不足時の混乱が鮮明な間は、補助金による国産化に反対する人は少ない。しかし、安価な中国製品との競争はその後も続く。市場が供給過剰に反転するなかで国内企業が生産を続けるのは容易ではない。

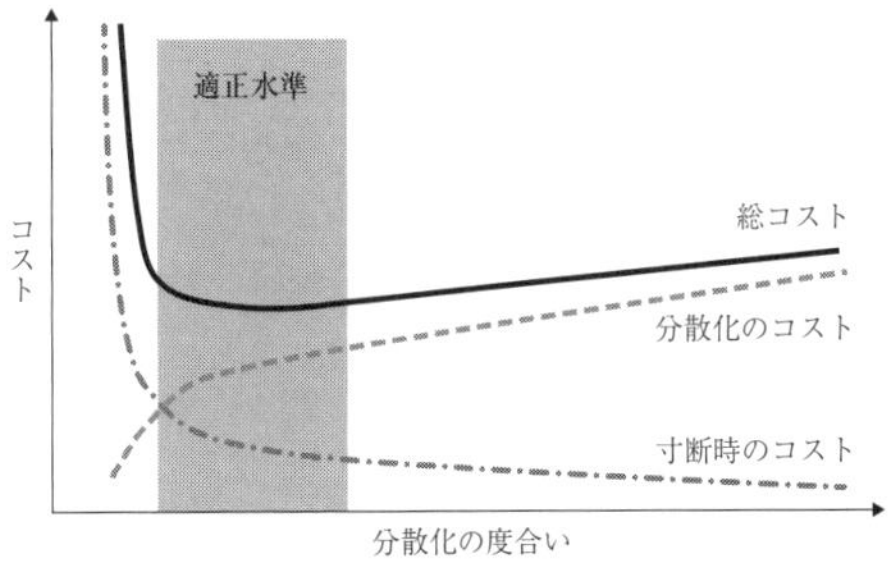

図表１-12　分散化の度合いとそのコスト
（資料）Chopra and Sodhi［2014］より作成.

　もうひとつの分散先は第三国である。ベトナムは有力な分散先として脚光を浴び、実際、少なからぬ企業が同国を移転先に選定した（三浦［2019］）。だが、それが中国一極集中のリスクを下げるのに相応《ふさわ》しい規模でなされているかははなはだ疑わしい。ベトナムの製造業の就業者は２０２１年で１１１５万人、中国は１億１０２１万人（筆者推計）である。製造業の集積とそれを支える労働市場の規模という点で、「世界の工場」である中国を単独で代替できる国はない。

　仮に、移転先が見つかっても、移転のコストとベネフィットをどうバランスさせるかという問題に直面する。企業は分散化によってサプライチェーン寸断時のコストを引き下げることができるが、それは工場新設やスケールメリットの喪失といった新たなコストを伴う（図表1－12）。サプライチェーン寸断のリスクがいつ、どこで顕在化するのか、あるいは、潜在化するのかを正確に予測することは不可能である。今、部品調達に窮しているという理由だけで分散化を決定することはできない。

また、中国市場への依存度が極端に高い企業は、そもそも市場に近く、生産コストも安い中国から離れる理由がない。経済産業省の「第51回海外事業活動基本調査」によれば、中国に進出した日系製造企業の売上に占める現地販売の割合は54・4％と他の国・地域と大きな差はないが、食料品、木材・紙・パルプ、化学、石油・石炭、窯業・土石、鉄鋼、非鉄金属、金属製品については、その割合が7割を超え（経済産業省［2022］）、移転の動機が見当たらない。

第2章　貿易依存度の低下が示す内製化の進展

中国の貿易依存度は2020年に34・5％と、2006年の64・5％から30・0％ポイントも低下した。これは以前に比べ外国との相互依存関係が希薄になったことを意味する。以下では、貿易依存度の低下は中国における内製化が進んだ結果であり、世界各国の製造業は以前にも増して中国を震源とするサプライチェーン寸断のリスクに対して脆弱になったことを指摘する。

1　貿易依存度の低下

貿易依存度とは

貿易依存度とは、GDPに対する国際収支上の財・サービス貿易の比率を意味する。財・サービス貿易を輸出と輸入の合計とするのが一般的であるが、輸出や輸入だけでそれぞれ輸出依存度、輸入依存度とすることもある。依存度の上昇は、外国直接投資や貿易の自由化により、外国との経済関係が拡大したことを意味する。対外開放政策は、輸入品との競争により衰退する産業が出てくるリスクがある一方、外国の資本や技術を取り込むことで経済発展を促す効果が期待できる。

世界銀行によれば、改革開放政策が本格化する前の1989年で25・1%にすぎなかった中国の貿易依存度は、2006年に64・5%に上昇した。この間の年平均経済成長率は10・0%と非常に高く、対外開放政策による貿易依存度の上昇と経済成長が相互に好影響を与えたことがわかる。1990年代に「ドイモイ」(刷新)という対外開放政策を採ったベトナムは貿易依存度の上昇が急激で、同じ期間で57・9%から183・3%に上昇した。

貿易依存度は、一般的に経済規模の小さい国は外需への依存が強いため高く、規模の大きい国は内需に依存するため低くなる。ベトナムの貿易依存度は2020年に208・3%に達し、右肩上がりの上昇を続けた。これにより、ベトナムの経済規模は1995年のASEAN加盟時点で先発加盟6カ国(インドネシア、タイ、シンガポール、マレーシア、フィリピン、ブルネイ)の2・7%しかなかったが、2020年には15・1%となった。貿易額は2019年にシンガポール、タイ、マレーシアなどを上回り、ASEAN最大となった。

ベトナムの貿易依存度の上昇は、直接投資を通じて外国企業が生産拠点を設けたこと、なかでも、韓国のサムスン電子がベトナムをスマートフォンのグローバルな生産拠点のひとつとしたことが大きい。同国は、これにより主力輸出産業が繊維産業から電機・電子機器産業へと移行し、輸出産業の高度化を成し遂げた。

中国の貿易依存度の低下は一見するとこれと逆の現象が起きている、つまり、外資企業が撤退した結果、外国との経済関係が希薄化した結果のようにみえる。しかし、中国の対内直接投資は堅調に推移しており、貿易依存度の低下は国内市場の拡大を受け、外資を含む企業が輸入に依存していた中間財を国内で生産する内製化を進めるとともに、製品の販売先として中国国内市場を重視するようになった結果と解釈するのが妥当である。

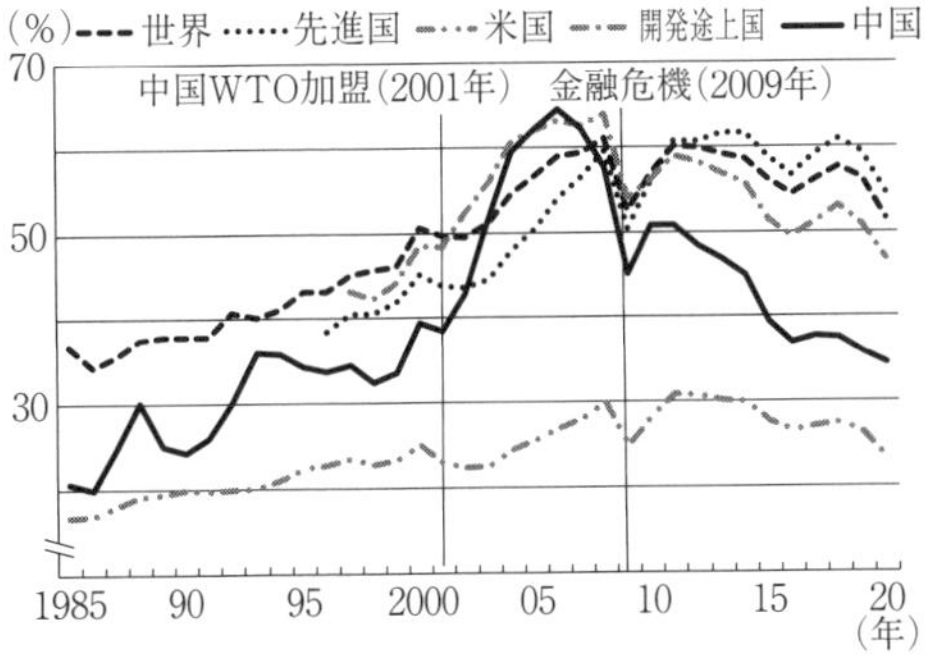

図表2-1　世界，先進国，開発途上国，米中の貿易依存度の変化

(注) 貿易額は財・サービス貿易の輸出と輸入の合計値．先進国の1985～95年，および開発途上国の1985～96年はデータなし．

(資料) World Bank，IMF 資料より作成．

グローバルな視点

世界の貿易依存度、つまり、GDPに対する財・サービス貿易（輸出入額の合計）の比率は2009年の金融危機時に52・5％と、前年の61・6％から大幅に低下し、「貿易大崩壊」と称される状況に陥った（図表2-1）。同依存度はその後回復し、ひとまず〝大崩壊〟という状況は脱したものの、2011年から再び緩やかに低下し、2020年には新型コロナウイルスの世界的な感染拡大を受け51・6％となった。

世界の貿易依存度が金融危機前の右肩上がりの軌道に戻る可能性は低い。感染者が見つかり次第ロッ

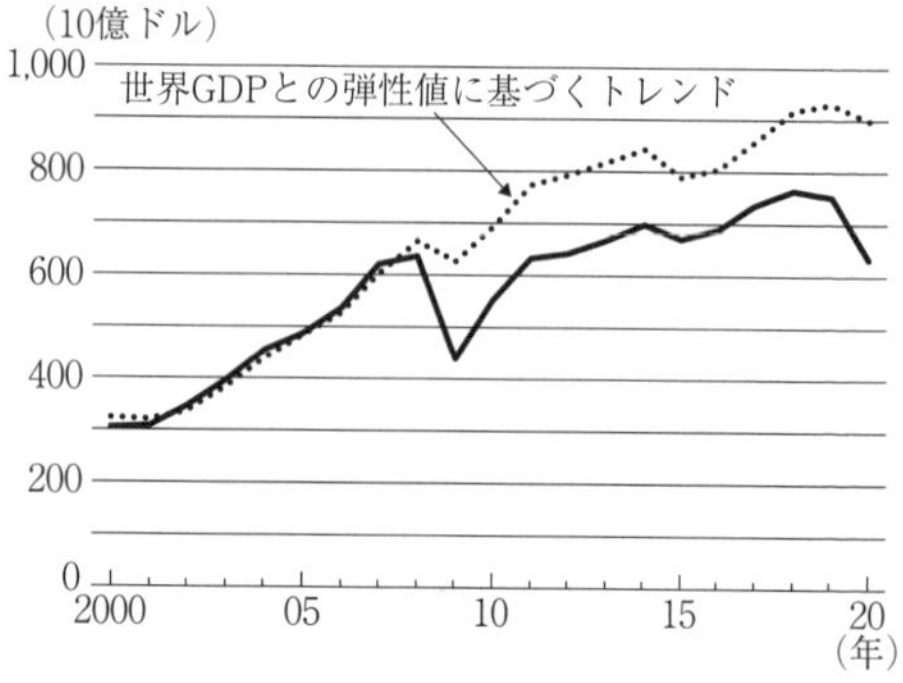

図表2－2　世界の自動車輸出
（注）自動車はHS8703.
（資料）UN, Comtrade および World Bank 資料より作成.

クダウンに踏み切る中国のゼロコロナ政策は、部品調達が滞り、工場を一時的に停止せざるを得ないという問題を中国内外で引き起こし、ロシアのウクライナ侵攻による資源価格の上昇は個人消費を下押しするとみられるからである。

「貿易大崩壊」は、GVCを介した貿易が金融危機を契機に連鎖的に縮小したことが主因とされる（Bems, Johnson and Yi［2012］）。貿易の連鎖的縮小とは、貿易を誘発しやすい耐久消費財（trade-intensive durable goods）に対する需要が金融危機により減退し、貿易が縮小することを意味する。

貿易を誘発しやすい耐久消費財としては、完成品メーカーを頂点とするグローバルな分業体制のなかで3万点とされる部品が調達される自動車が挙げられる。実際、世界の自動車輸出は金融危機以降伸び悩み、世界のGDPとの弾性値から推定される輸出額を下回る状況が続いている（図表2－2）。

貿易の連鎖的縮小が起きるのは、不測の事態に直面した企業が在庫の積み増しや取り崩しといった在庫調整を行うなかで、サプライチェーンの上流、つまり、原材料や部品を供給する部分に行くほど調整幅が増幅されるためである（Altomonte et al.［2012］、内閣府［2019］）。これはブルウィップ効果（Bullwhip Effect）と呼ばれる。ブルウィップとは牛（bull）を追う鞭《むち》（whip）のことで、手元で小さく動かすだけで先端が大きく動くことから、こうした名前が付けられた。

貿易の停滞は、先進国よりも開発途上国の方が深刻である。[3] 前出の図表2－1をみると、先進国の貿易依存度が世界のそれを上回っているのに対し、開発途上国の貿易依存度は一貫して下回っている。なかでも、中国の貿易依存度は2020年に2006年比30％ポイントも低下しており、「貿易大崩壊」およびその後の貿易停滞に大きな影響を与えた。

ただし、中国の貿易依存度の低下は財・サービス貿易が伸び悩んだことではなく、あくまでもGDPとの対比でみた貿易が縮小したにすぎないことに留意する必要がある。中国の財・サービス貿易は2001年のWTO加盟を機に急速に拡大し、世界の財・サービス貿易に占める割合も上昇した。にもかかわらず、貿易依存度が低下したのは貿易の伸び率がGDPの伸び率を下回ったためである。

図表2－1からは、中国の貿易依存度のピークが金融危機直前ではなく、2005年前後であること、そして、中国だけがその後も断続的に依存度を低下させていることがわかる。これは、金融危機以外の不可逆的な要因、つまり内製化によって貿易依存度が低下したことを示す。「貿易大崩壊」とその後の貿易停滞は金融危機だけでなく、内製化の進展を織り込んでみていく必要がある。

金融危機によって2009年の米国の成長率は前年比マイナス2・6％、日本にいたっては同マイナス5・7％となるなど、先進国は総崩れとなり、軒並み世界経済を下押しする存在となった。その一方、中国は4兆元の大規模な景気刺激策によって同9・4％の成長を維持し、世界経済を支

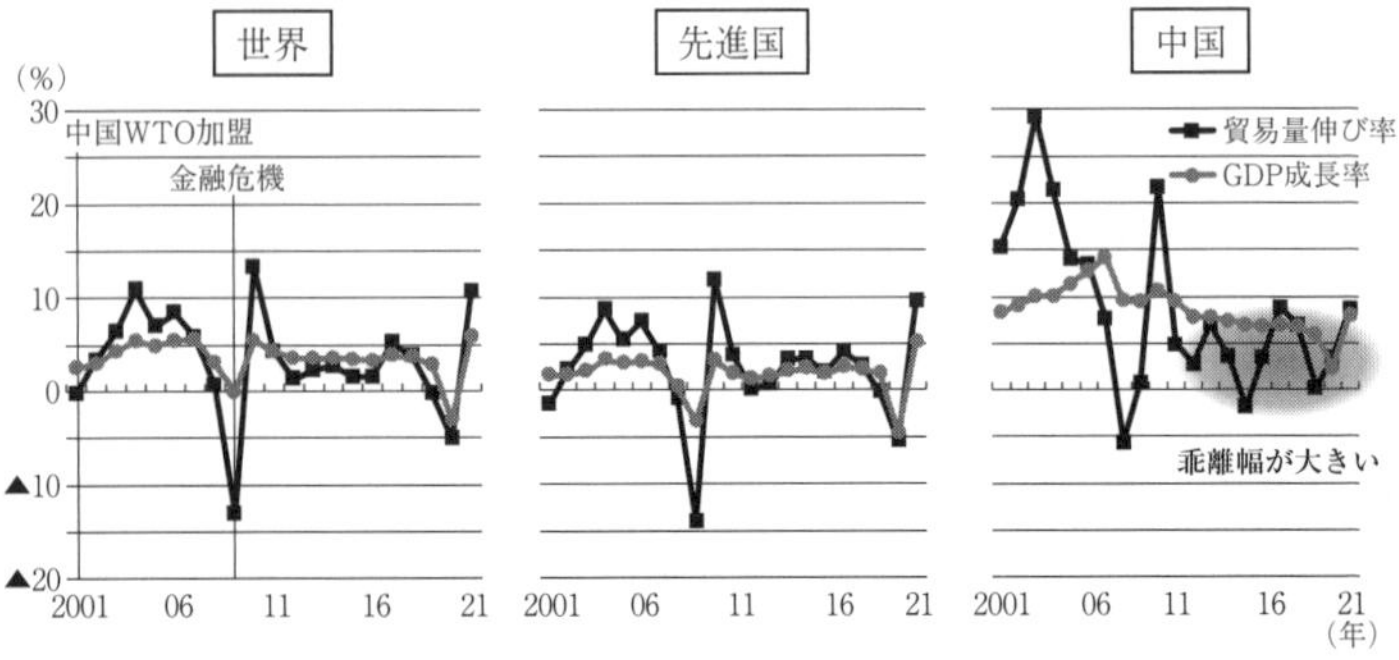

図表2－3　世界，先進国，中国の実質GDP成長率と貿易量の伸び率（前年比）
（注）貿易量は実質輸入.
（資料）IMF，オランダ経済政策分析総局資料より作成.

える役割を果たした。このコントラストは中国市場に対する期待を高め、内製化を加速させる一因となった。

「貿易大崩壊」と似た概念で、世界貿易の停滞を示すものとして「スロー・トレード」がある。「スロー・トレード」とは世界の貿易量の伸び率が鈍化し、世界の実質GDPの伸び率を下回る状況を指す（図表2－3左）。貿易額ではなく、価格変動の影響を受けにくい貿易量と実質GDPとの対比によって貿易の活性度を捉えるのが「スロー・トレード」である。

「スロー・トレード」においても、中国における内製化がその一因に挙げられる（高富・中島・森・大山［2016］）。先進国は2011年以降、貿易量の伸び率と実質GDP成長率が大きく乖離することはなかったが、開発途上国は乖離が顕著で、とりわけ中国の乖離幅が大きい（図表2－3）。中国の貿易量は2021年で世界の11・6％を占め、米国の14・2％に次ぐ。中国が世界の「スロー・トレード」に影響を与えたのは明らかである。

〃メイド・イン・チャイナ〃の普及と定着

中国の貿易依存度の昇降は、先進国市場における電機・電子機器に代表される〃メイド・イン・チャイナ〃の普及および定着のプロセスと一致する。つまり、２００１～10年は中国がＷＴＯ加盟を機に「世界の工場」として擡頭、その地位を固め、電機・電子機器を中心に中国で生産された製品、いわゆる〃メイド・イン・チャイナ〃が先進国市場を席捲することによって貿易依存度が上昇した時期であるのに対し、２０１１年以降は先進国市場でのシェアが天井を打つのに伴い、輸出の伸び率がもっぱら先進国市場の伸び率に規定されるとともに、内製化の進展により貿易依存度が低下した時期である。

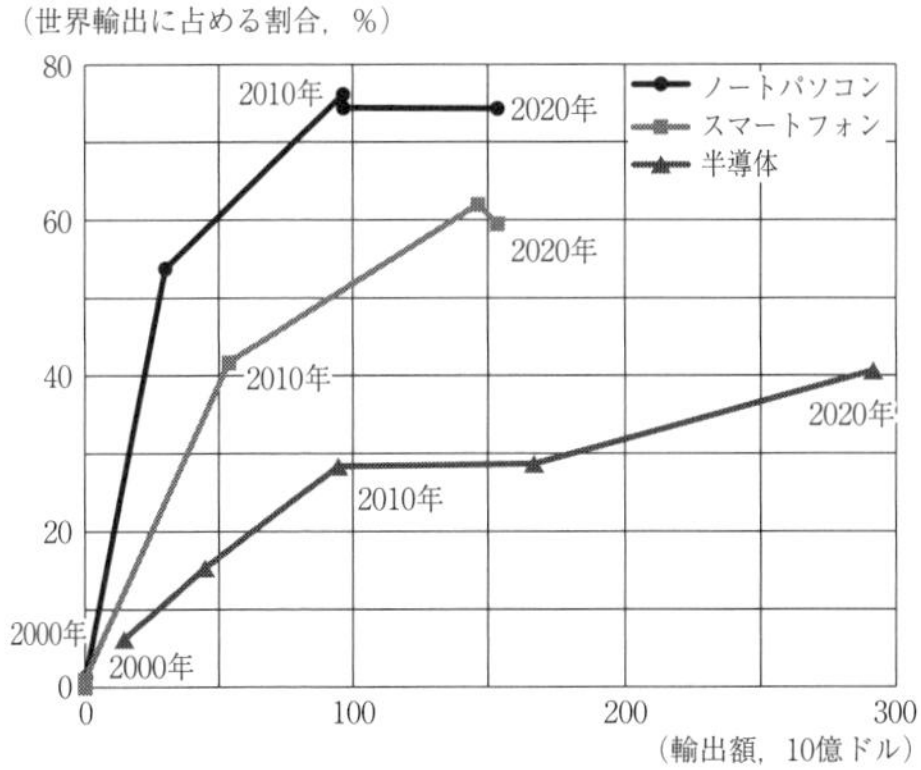

図表２－４　中国のノートパソコン，スマートフォン，半導体の輸出額と世界輸出に占める割合（2000，05，15，20年）

（注）ノートパソコンはHS847130，スマートフォンはHS851712，半導体はHS8452とHS8543の合計．スマートフォンは2000年，05年ともにゼロ．中国には香港を含む．

〃メイド・イン・チャイナ〃による市場席捲の勢いは類をみない強烈なものであった。デジタル化に伴う需要の拡大を受け、２０００年代に入って貿易が急増したノートパソコン、スマートフォン、半導体の3品目について、中国の輸出額と世界の輸出に占める中国の割合がどのように推移したかをみると、２０００年時点でほぼゼロであった貿易額が２０１０年までのわずか10年間で急増し、中国が主要な生産・輸出国に擡頭したことがわかる（図表2－4）。

しかし、2010年以降、品目によって程度の差はあるものの、輸出額と世界輸出に占める割合はいずれも伸び悩んだ。米国の輸入に占める中国の割合は、ノートパソコンが2010年時点で93・2％、スマートフォンが2015年時点で76・7％に達しており、〝メイド・イン・チャイナ〟以外のシェアを奪い取るかたちで輸出を伸ばすことが難しくなった。一方、半導体については、中国は世界最大の輸出国であるが、最先端品を生産できないなど、台湾、米国、日本、韓国、シンガポールとの技術力の差が大きいため、世界輸出に占める割合を引き上げることができない。

こうしたことから、中国における貿易依存度の急低下は、〝大崩壊〟からイメージされる否定的なものではなく、〝メイド・イン・チャイナ〟による市場席捲後に貿易拡大のペースが正常化するプロセスであり、ここに内製化が加わることで「スロー・トレード」が起きたとみることができる。

世界銀行によれば、世界のICT機器輸出は世界貿易が停滞するなかでも堅調に推移し、2020年に2兆4946億ドルと燃料輸出の1兆7033億ドルを上回った。ノートパソコンやスマートフォンなど、ICT機器の生産拠点が中国に集中し、内製化が進んだことが中国および世界の貿易量の減少に繋がった。

2　進む内製化

国内付加価値率の上昇

中国の内製化はどこまで進んだのか。内製化の進展は、輸出に占める国内で生産された付加価値の割合、つまり国内付加価値率の上昇と同義である。TiVA によれば、中国の国内付加価値率は２００４年の76・２％を底に、若干の振幅を伴いながらも緩やかに上昇し、２０１８年には82・８％となった（図表２－５）。これは開発途上国のなかでは非常に高く、日本や米国などの先進国に近い水準である[4]。

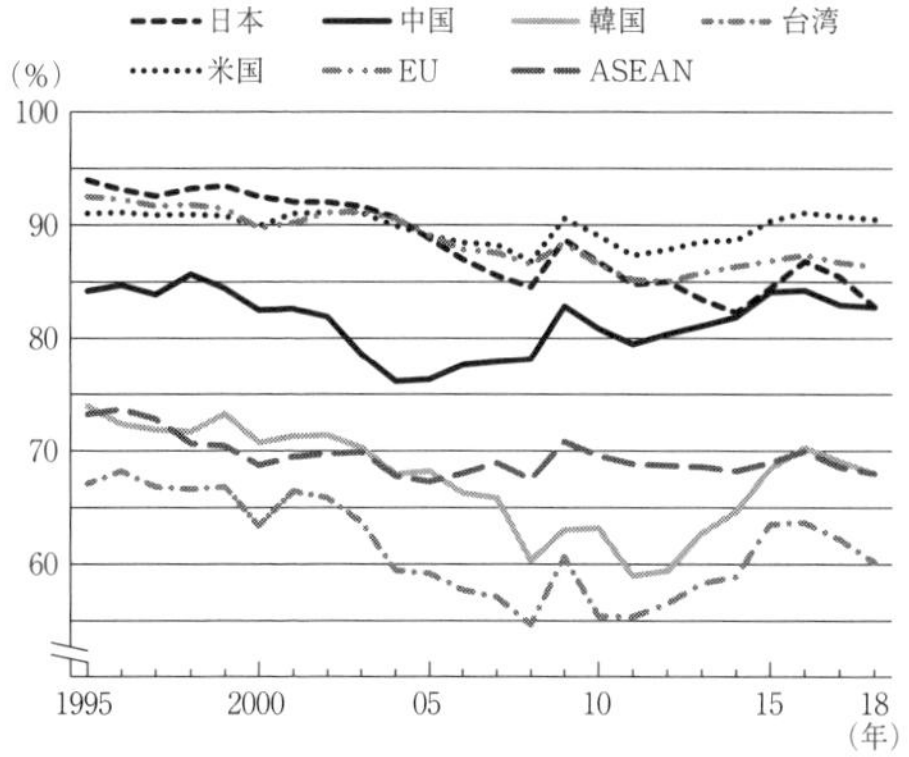

図表２－５　主要国・地域の国内付加価値率
（資料）OECD, TiVA 2021 ed.より作成.

中国における輸出の担い手は製造業であり、２０１８年の付加価値輸出全体に占める割合は、高い順に、①電機・電子産業（27・７％）、②繊維産業（12・６％）、③化学・非金属鉱物産業（12・６％）である。この３産業の国内付加価値率をみると、やはり、２００５年頃を境に上昇に転じている（図表２－６）。なかでも、国内付加価値率の上昇の著しい電機・電子産業が繊維産業に代わる主力輸出産業になったことが国内付加価値率の上昇を促した。

アップルの部品調達先として中国地場企業が増えたように、中国の国内付加価値率は今後も上昇する可能性が高い。同社が公表した２０２０年の２００社の主要サプ

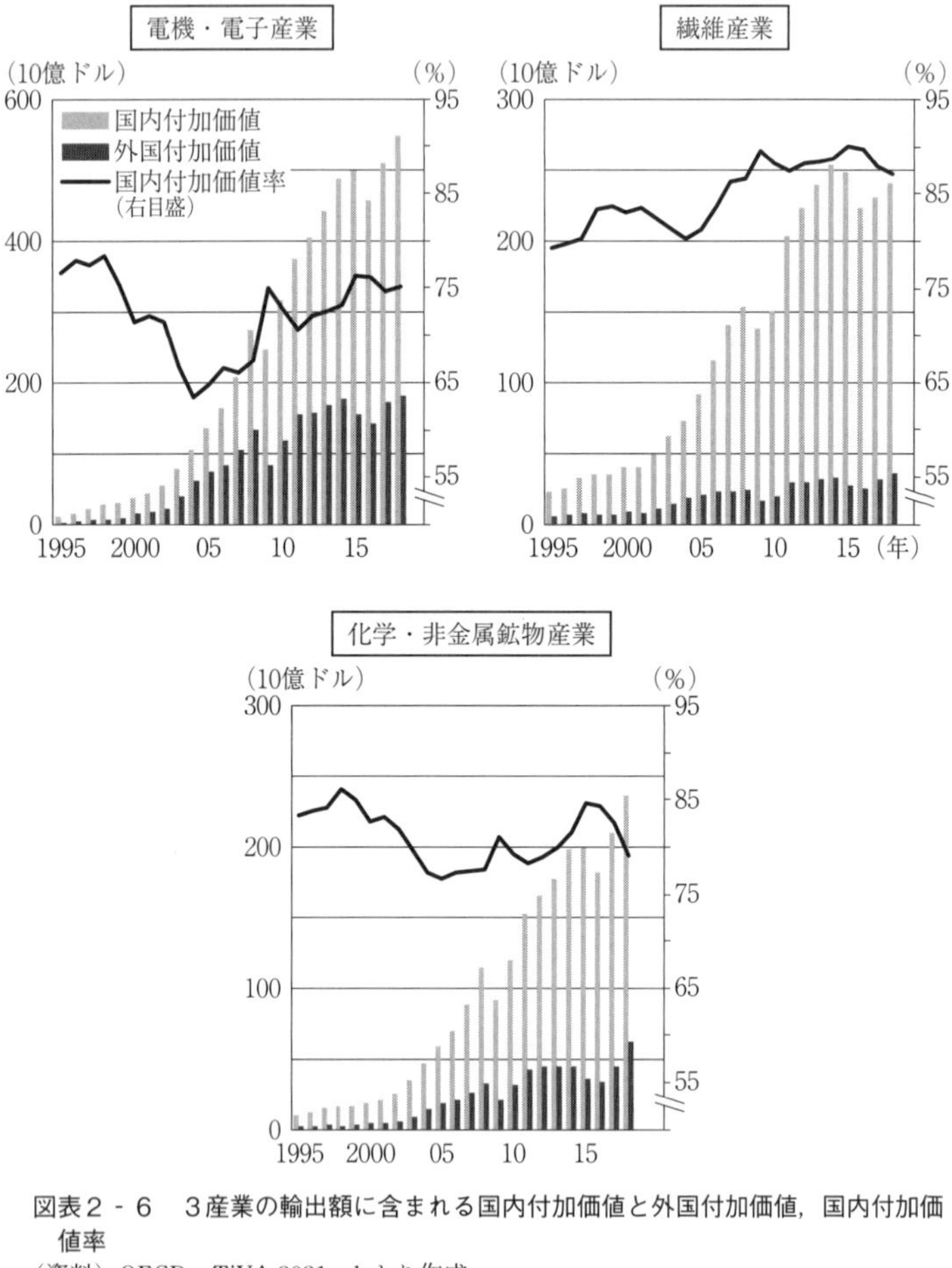

図表２－６　３産業の輸出額に含まれる国内付加価値と外国付加価値，国内付加価値率

（資料）OECD，TiVA 2021 ed. より作成.

ライヤーを本社所在地別に整理すると、中国（香港を含む）は前回（2018年）の42社から9社増えて51社となり、台湾の50社を上回り、初めてトップに躍り出た[5]。中国パネル最大手、京東方科技集団（BOE）は2021年にiPhone13の有機ELパネルの主要サプライヤーに選ばれたほか、2023年に販売開始予定のiPhone上位モデルに同パネルを供給するなど、中国地場企業の躍進は目覚ましい。

経済規模と成長性への期待

国内付加価値率が上昇した背景には、中国市場の規模と成長性に対する期待の高まりがある。中国の潜在成長率は、先進国技術の導入により急速な成長が可能となる「後発性の利益」の喪失や労働力人口の減少などにより、低下が顕著であるが、先進国と比較すると依然として高い。中国の経済規模が米国の4分の1に達した2007年以降、中国の世界経済の名目成長率に対する寄与度はおおむね米国を上回っている（第3章図表3‐6、3‐7参照）。

企業にとって中国は魅力的な市場である。国際協力銀行（JBIC）の「日本製造業企業の海外事業展開に関する調査報告」において、中国は「中期的な有望事業展開先国（今後3年程度）」として1992年の調査開始からほぼ一貫して首位の座を維持している。同調査では、有望とする理由についても聞いており、「安価な労働力」に対する評価が低下する一方で、「現地マーケットの今後の成長性」に対する評価が高く、最近では「現地マーケットの現状規模」に対する評価も上昇している（図表2‐7）。

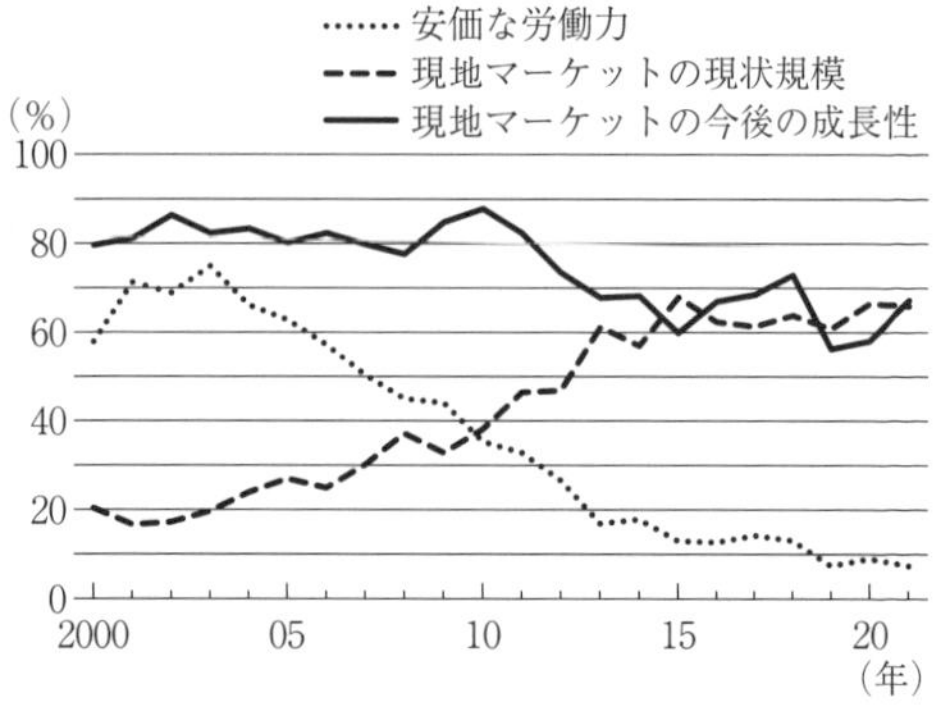

図表２－７　中国を有望国と位置付ける理由
（注）複数回答.
（資料）JBIC資料より作成.

中国市場の重要性が高まったことは、TiVAでも確認できる。電機・電子産業、繊維産業、化学・非金属鉱物産業の３産業について、中国で生産された付加価値とそのなかで輸出に向けられた付加価値を明らかにしたうえで、後者の割合、つまり、輸出比率を求めると、電機・電子産業は２００７年の51・９％、繊維産業は２００６年の62・０％、化学・非金属鉱物産業は２００６年の33・２％をピークに低下している（図表２－８）。

電機・電子、繊維、化学・非金属鉱物産業の２０１８年の輸出比率は、それぞれ42・７％、40・３％、20・５％である。約12年の間で、繊維産業では付加価値の２割、電機・電子産業と化学・非金属鉱物産業では１割に相当する部分が市場を海外から国内に移した計算になる。電機・電子と繊維はともに中国を代表する輸出産業であるが、輸出比率が５割を超える産業を輸出産業とするならば、もはやいずれも輸出産業とはいえない。

図表２－８における輸出比率の折れ線は、尖度は異なるものの２００５年前後にピークを迎える逆Ｕ字であるという点で図表２－１の貿易依存度と似ている。両者が連動するのは、外資を含む企業が国内市場をターゲットとする動きと、競争の激しい中国市場で生き残りを図るため、系列部品

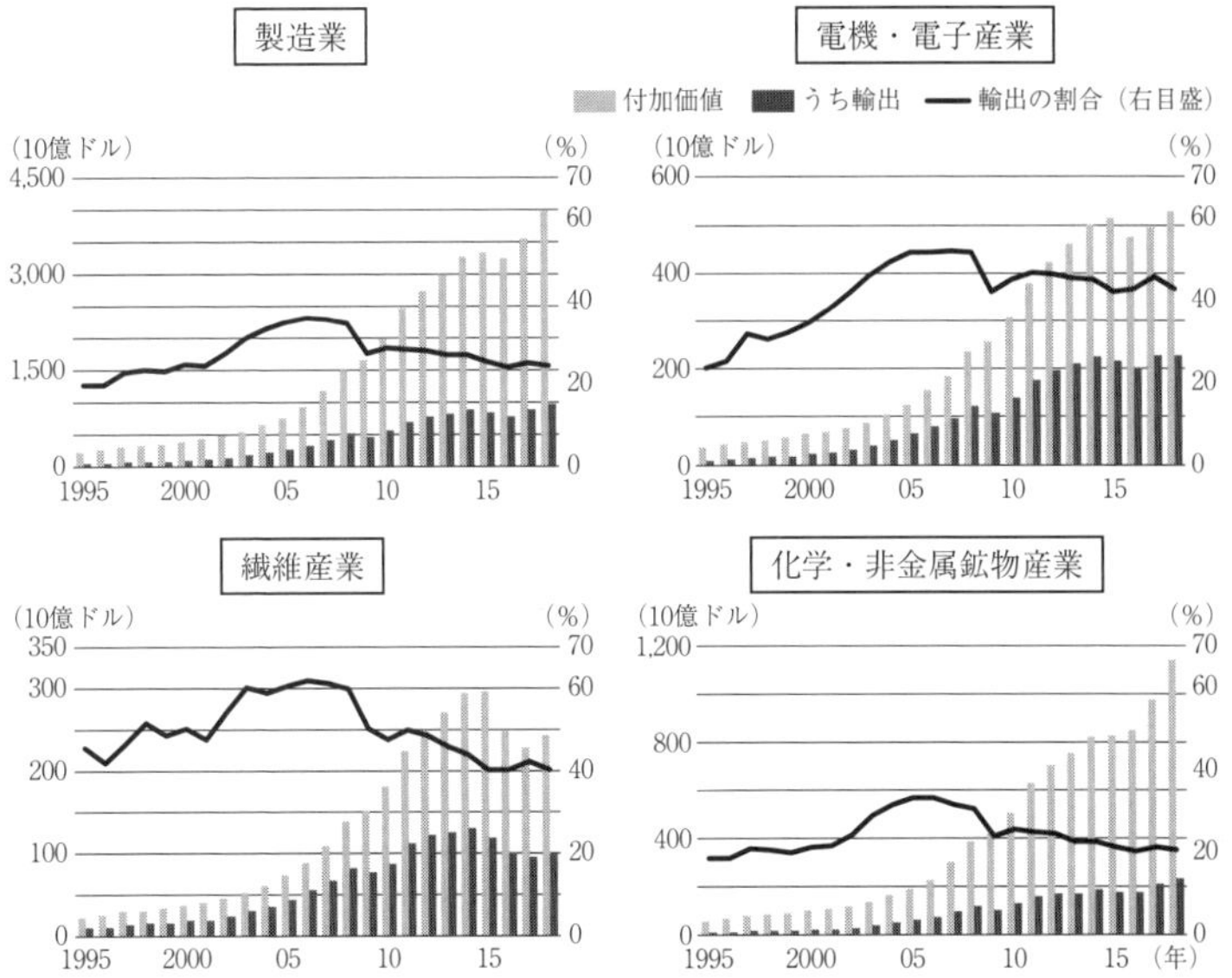

図表２-８　中国で生産された付加価値とそのうち輸出に振り向けられた付加価値の割合

（資料）OECD, TiVA 2021 ed.より作成.

メーカーに中国進出を促す、あるいは、コストの安い中国地場企業の部品を使う動きが同時に起こったことを示唆している。

　このことは中国の携帯電話市場の変遷をみるとわかりやすい。２００６年時点で80・３％であった中国の携帯電話の輸出比率は、国内市場の急拡大を受け、２０１７年には24・３％に低下した。中国の携帯電話市場の成長ぶりはすさまじく、モバイル端末の契約数は２０００年に日本、２００１年に米国、そして、２００６年にＥＵを抜き、世界最大となった（図表２-９）。中国の携帯電話産業はこの過程で集積を厚くし、その結果として地場メーカーが相次いで誕生した。

　２０１０年時点で中国市場における

携帯電話市場は「山寨手機」（ゲリラ携帯）と称される欧米大手メーカーの模倣品が溢れ、正規メーカーとしてはサムスンが18・4％、ファーウェイが4・2％、アップルが3・2％を占めるだけであったが、市場がスマートフォンに移行するのに伴い淘汰が進み、2021年ではファーウェイ、vivo（ビボ）、OPPO（オッポ）、小米（シャオミ）の正規地場メーカー4社が8割を占める（図表2－10）。

中国の貿易依存度の低下は内製化によって引き起こされていると指摘したが、それは規模と成長

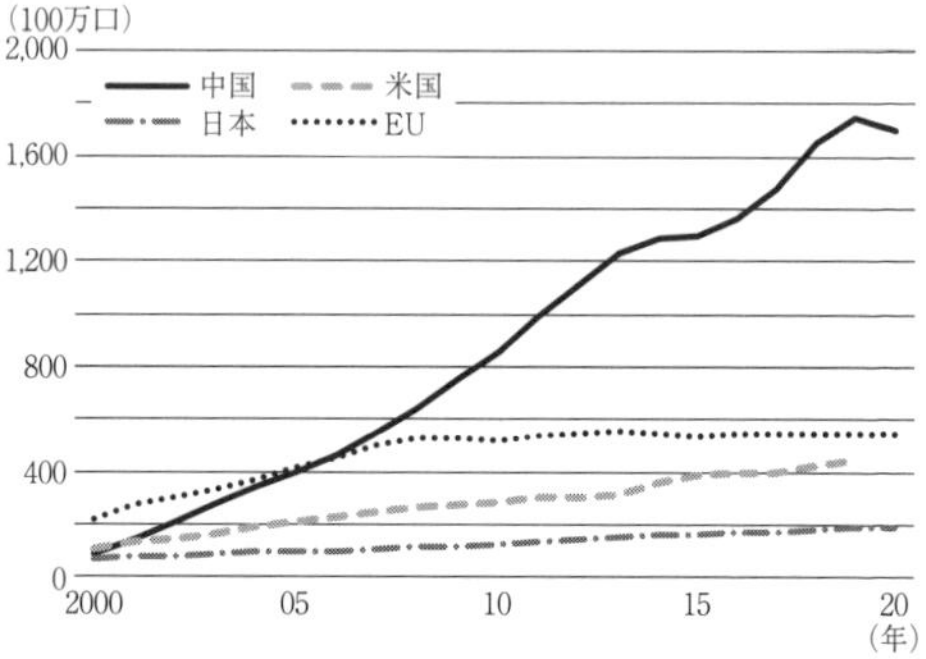

図表2－9　主要国・地域のモバイル端末契約数の推移

（資料）World Bank 資料より作成.

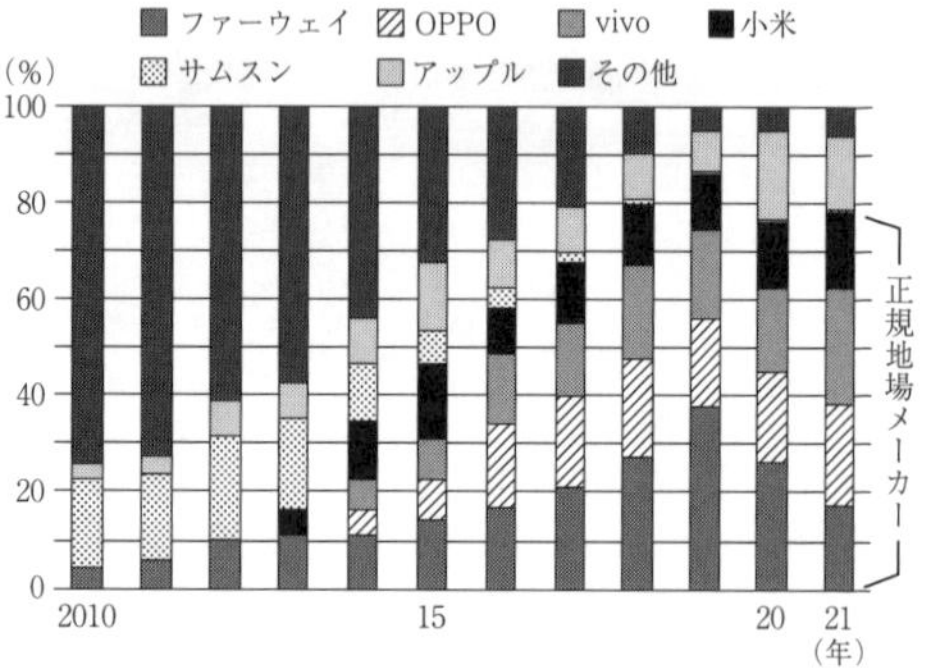

図表2－10　中国における携帯市場のシェアの変化

（注）「その他」は「山寨手機」（ゲリラ携帯）とノキアなどの非主流メーカーが含まれる.

（資料）Splaitor Intelligence 資料より作成.

性という中国市場の優位性に起因するものである。この優位性は中国の潜在成長率が米国を下回る、あるいは、インドが成長性だけでなく、市場規模においても中国を上回る存在にならない限り、損なわれることはない。中国の対内直接投資が依然として堅調であるように、中国が「世界の市場」としての存在感を高めるのに比例して企業は内製化を加速させるであろう。それは必然的に脱「中国依存」の動きを打ち消す。

内製化は止まらない

中国の貿易依存度は、内製化が進むことにより今後も緩やかに低下すると見込まれる。内製化のスピードを一義的に左右するのは個人消費であるが、その規模はまだ小さい。中国のGDPは2020年に米国の71・1％の水準に達したものの、個人消費は40・4％にすぎない。GDPに対する家計の取り分を意味する雇用者報酬比率が米国に比べ低いためである。

個人消費の先行きに対する期待も高いとはいえない。GDPに占める個人消費の割合は2010年に上昇に転じたものの、家計債務の増加により消費性向が上がりにくいことから（第7章図表7－3参照）、その勢いは弱く、横ばいの状態が続いている。個人消費は、①ゼロコロナ政策の影響で消費の停滞が見込まれること、②格差是正を謳った「共同富裕」がシナリオどおりに進まないこと（第7章参照）、③住宅価格の上昇が期待できないことから（第5章参照）、今後も低調に推移すると見込まれる。

それでも、多くの企業にとって中国は外せない市場である。中国は、米国との対比でみた個人消費の伸び率という点で優れている。世界の個人消費に占める米国の割合が２００２年の34・9%をピークに緩やかに低下し、２０２０年に29・7%となる一方、中国の割合は同期間に3・1%から12・0%に上昇した（図表2-11）。伸び代という点では、中国が魅力的である。

事業をグローバルに展開している企業にとって、中国抜きの経営戦略はありえず、持ちうる経営資源を集中的に投下すべき国といえる。同じことは、〝メイド・イン・チャイナ〟の普及が一段落し、輸出拡大の余地が狭まったところに、米国との通商摩擦など外的環境の悪化が重なり、以前のような高い輸出の伸びが期待できなくなった中国地場企業にも当てはまる。

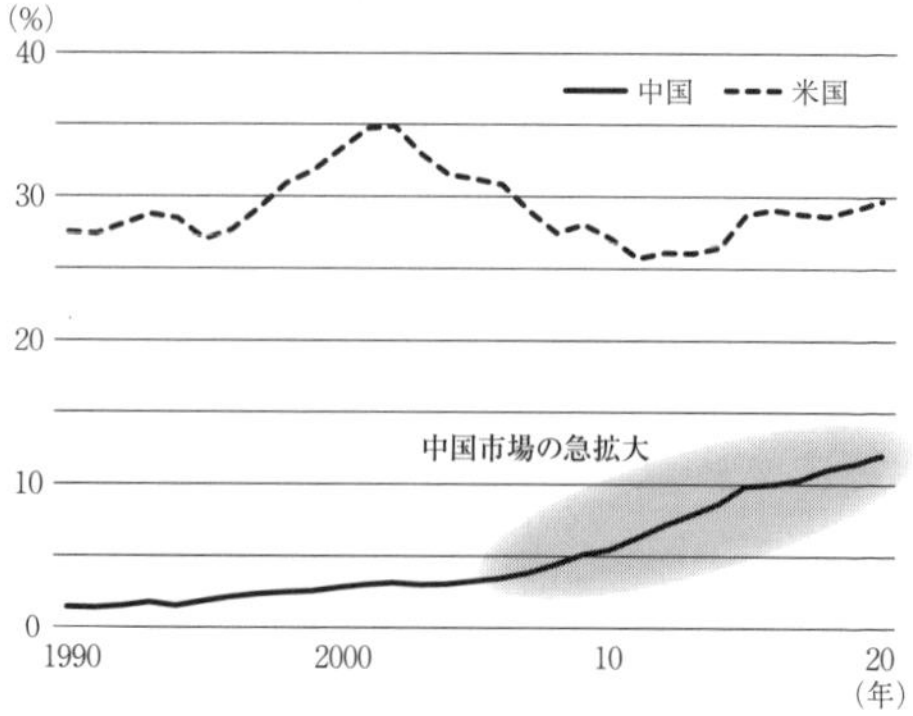

図表2-11　世界の個人消費に占める米国と中国の割合

（資料）IMF，World Bank 資料より作成.

習近平政権が掲げる「双循環」も内製化を促すであろう。「双循環」とは、２０２０年5月の共産党中央政治局常務委員会で提起された概念で、米国との通商摩擦激化や新型コロナウイルスの世界的な感染拡大により、輸出に依存した成長パターンが続かないことに対する不安から、海外市場だけでなく国内市場にも目を向けようという政策である。

さらに、「世界の工場」としての機能を代替する国が見当たらないことも内製化を加速する。世界経済に占める中国の割合は2割に満たないが、世界の半導体需要に占める割合は6割に達する。

これは、パソコンやスマートフォンに組み込む半導体が必要になるためである。中国が世界最大の半導体市場でありつづけることによって、集積が新たな集積を呼ぶ「ロックイン効果」（第1章3節参照）が働き、国境を越えた取引は今後も国内取引に置き換えられる。

3　内製化進展の含意

労働集約的産業を維持

中国の輸入依存度の低下は、人件費の高騰などにより、競争力を失った労働集約的産業が国外に移転し、労働集約的な製品の輸入が増えたわけではないことを示す。これは日本や韓国などの経験に反する中国特有のものといえる。アジアでは、経済発展が最も進んだ日本で競争力を失った産業がアジアNIES（韓国、台湾、香港、シンガポールの4カ国・地域）、タイやマレーシアといったASEAN先発加盟国に移転することで、それらの国・地域の「離陸」が誘発される「雁行型発展」（Flying Geese Model）という経済発展理論が当てはまることがよく知られている。

アジア諸国の経済発展が〝雁行型〟になった理由は、人件費の上昇などにより競争力を失った産業が発展段階の高い国からその背後に位置する発展段階の低い国へと次々に移転したためである。1970年代に米国との通商摩擦を引き起こすほど競争力のあった日本の繊維産業が韓国に移転し、韓国からその後中国やベトナムに移転したのはその好例である。現在、大量生産の衣料品のほとん

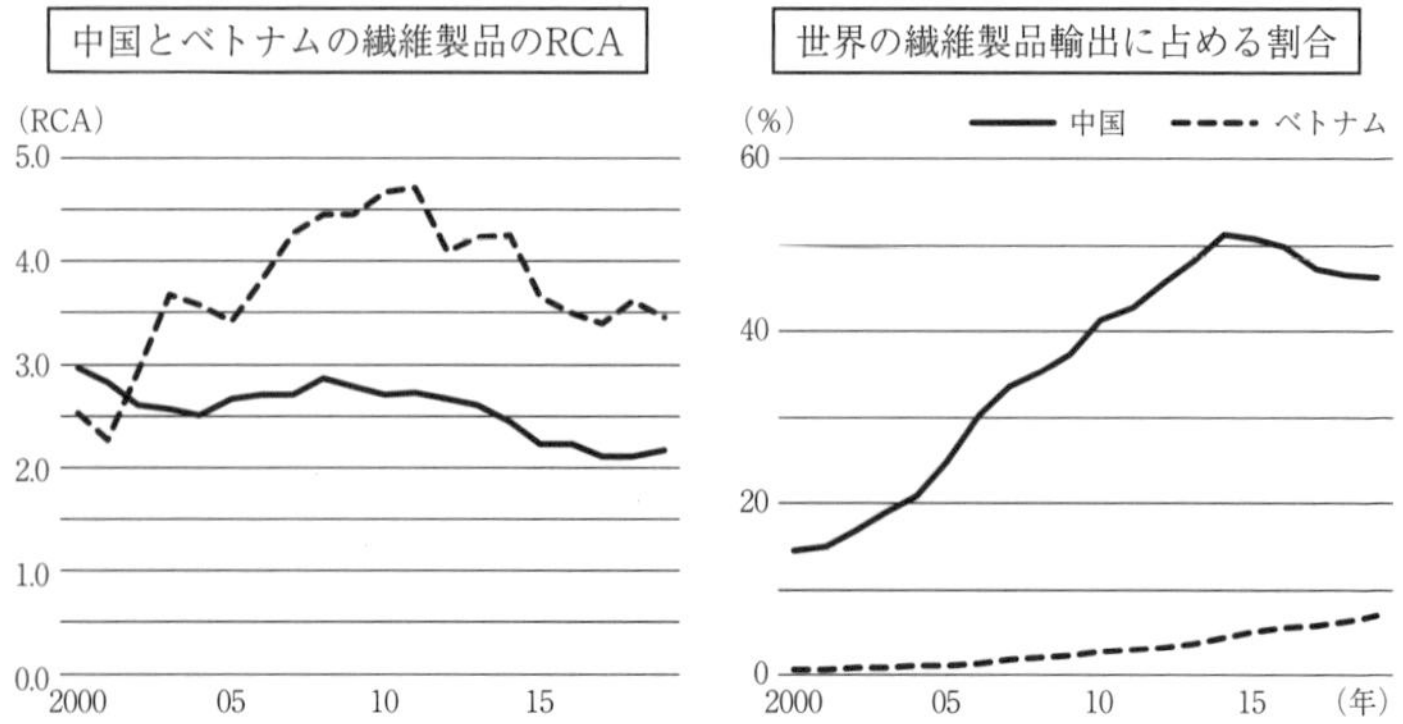

図表２－12　中国とベトナムの繊維製品のRCAと世界輸出に占める割合
（資料）World Bank，WITS 資料より作成.

どは日本以外の中国、ベトナム、カンボジアなどからの輸入品である。

　中国においても人件費の上昇は顕著であり、繊維産業の競争力は低下している。実際、顕示比較優位（Revealed Comparative Advantage：ＲＣＡ）指数で表される繊維製品の競争力をみると、中国は２００２年以降、ベトナムを下回る状況が続いている（図表２－12左）。i国のj財のRCA_{ij}は、（i国のj財の輸出額／i国の総輸出額）／（j財の世界輸出額／世界総輸出額）によって求められる（Balassa［1965］）。輸出全体に占める当該財の割合が世界平均より高ければＲＣＡは１を上回り、競争力が高い、逆に１を下回れば、競争力が低いと考える。

　しかし、世界の繊維製品輸出に占める中国の割合が低下しはじめたのは２０１５年以降で、ＲＣＡに比例して低下したわけではない（図表２－12右）。この理由としては、前述の図表２－８で示したように、中国のＲＣＡの低下は繊維産業が国内市場をターゲットにしたことによるもので、産業そのものが衰退したわけではないことがある。実際、中国の労働集約的産業は国内の格差を利用して高い価格競争力を維持しており、2018年の就業者は445万人と、ピークの2008年の459万人からわずか4万人しか減っていない。

国家統計局（NBS）が5年ごとに実施する『経済普査』（経済センサス）によれば、繊維産業の就業者に占める沿海部の8省・市（1人当たりGDPが最も高い北京、上海、江蘇、福建、浙江、広東、天津、山東）の割合は、2003年から徐々に低下しているものの、2018年でも依然として57・5%を占める（図表2‐13）。2003年時点でわずか45万人にすぎなかった8省・市以外における繊維産業の就業者は2018年に215万人となり、沿海部から内陸部への産業移転が起こっているのは間違いない。しかし、2018年でも8省・市の繊維産業の就業者がその他の省・市を上回るのは驚きである。

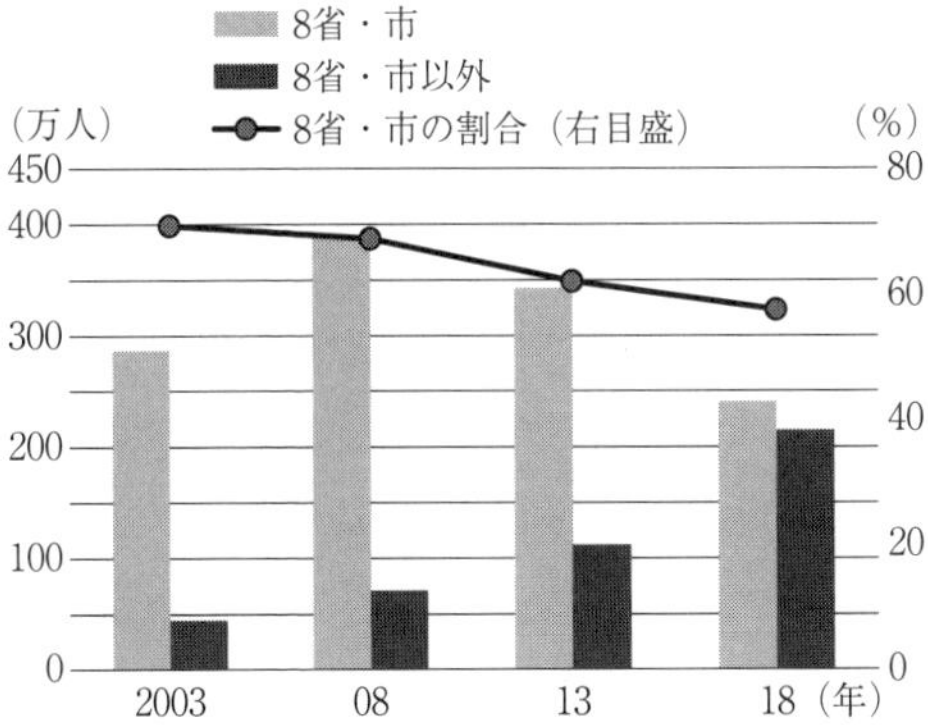

図表2‐13　繊維産業の全就業者に占める沿海8省・市の割合

（資料）『経済普査』（各年版）より作成.

中国の繊維産業は、沿海部が内陸から未熟練労働力を受け入れる一方で、内陸部が沿海部から移転した繊維産業を受け入れる、つまり、労働力移転と工場移転の2つを活用することで、価格競争力を維持している。農村の余剰労働力を巡っては、2010年に枯渇間近とする「ルイス転換点」の当否が盛んに議論されたが（三浦[2011]）、就労目的で都市に流入した農村戸籍保有者「農民工」は統計が遡れる2008年の2億2250万人からほぼ一貫して増えつづけ、2021年には2億9251万人となった。農民工の減少によって、沿海部の労働集約的産業が立ち行かなくなるのはこれからである。

サプライチェーン寸断のリスク

中国の貿易依存度の低下は、輸出と輸入の両方で起きている。輸入依存度の低下は、それまで輸入に依存していた中間財を国内で生産できるようになったことを意味する。中間財の生産能力が増強されるのに伴い、中国は世界の中間財輸出に占める割合を大幅に引き上げ、GVCにおいて不可欠の存在となった。これにより、企業は以前にも増して中国を震源とするサプライチェーン寸断のリスクに翻弄されるようになった。

開発途上国は、輸出産業を支える産業基盤が十分に育っていないため、原材料や部品などの中間財を輸入に依存せざるを得ない。しかし、輸出産業が発展する、あるいは、国内市場が拡大するのに伴い、それまで輸入していた資本・技術集約的な中間財を国内で生産する内製化が進む。内製化は、対内直接投資を通じて1次サプライヤーから2次、3次へと広がることで産業の集積を促し、やがて中間財の輸出が可能になる。

中国を震源とするサプライチェーン寸断のリスクは、2020年の湖北省武漢市における新型コロナウイルスの感染拡大によって、自動車部品の輸入が滞り、日本、韓国、欧州の自動車工場が相次いで操業停止に追い込まれたことによって表面化した。このリスクは生産拠点の分散によるサプライチェーンの複線化によって回避できるが、そのコストは大きく、容易には実現しない（第1章

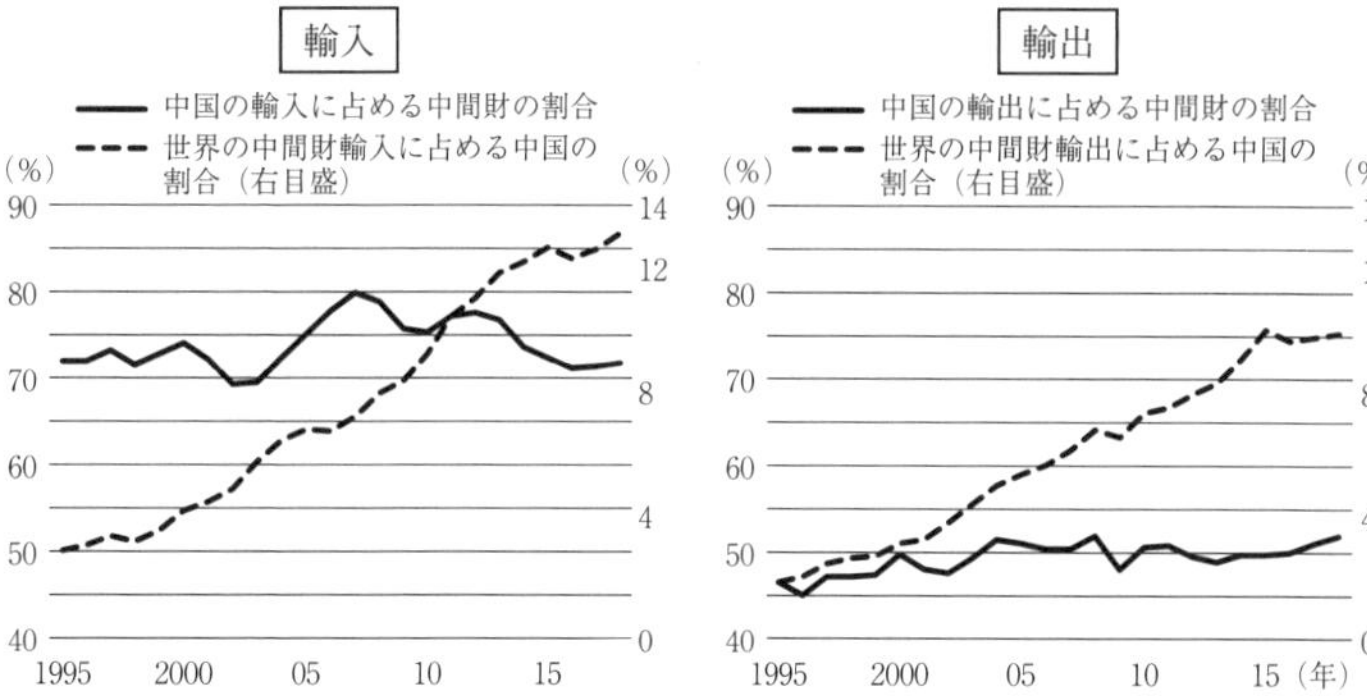

図表2-14　世界の中間財の輸出入に占める中国の割合と中国の輸出入に占める中間財の割合

（資料）OECD, TiVA 2021 ed.より作成.

3節参照）。この結果、2022年の上海市のロックダウン時にも同じ問題が起きた。

中国が中間財の輸入国としてだけでなく、輸出国としても存在感を高めたことはTiVAでも確認できる。中国は、世界の中間財輸入に占める割合を引き上げたものの、中国の輸入に占める中間財の割合は2007年の79・9%をピークに低下した。その一方、中間財輸出については、世界の中間財輸出に占める割合と中国の輸出に占める割合がいずれも上昇している（図表2-14）。

中国は、2018年の世界の中間財輸出に占める割合が9・8%と、米国の10・1%に比肩する水準に達し、中間財輸出大国となっている。これにより、グローバルなサプライチェーンを利用する企業は以前にも増して中国を震源とするサプライチェーン寸断のリスクを意識せざるを得なくなった。輸出に占める外資企業の割合が依然として4割弱を占めるように、中国の中間財輸出は地場企業だけでなく、外資企業によっても支えられている。

懸念される当面のリスクは、感染力の高い新型コロナウイルスの新たな変異株が広東省や江蘇省など、工業品の生産・輸出拠点が集積する地域に広がり、ロックダウンが頻発する事態に発展することである。生産者立地別にみた輸出に占める上海市の割合は2021年で6・0％にすぎないが、広東省と江蘇省はそれぞれ26・6％と14・9％を占め、そのインパクトは上海市の比ではない。

また、中国がウクライナに侵攻したロシア寄りの姿勢をとり、経済制裁の対象になりかねないことも懸念材料のひとつである。バイデン政権は、2022年3月、中国高官との協議で、米国の意向に反してロシアと取り引きすれば、中国の半導体大手に禁輸措置を講じる構えをみせた。その可能性は低いが、実際に禁輸措置が発動されると、パソコンやスマートフォンの生産が止まり、影響は世界全体に波及する。中国が報復措置としてレアアースや自動車部品などの禁輸に踏み切れば、世界のサプライチェーンは大混乱に陥る。

日本の製造業は、東日本大震災（2011年3月）、タイの大洪水（同年10月）、トランプ前政権による中国製品に対する関税率引き上げ（2018年6月〜）、新型コロナウイルスの感染拡大（2020年1月〜）など、サプライチェーンを巡るさまざまなリスクに翻弄されてきたが、現在の中国を取り巻く内外の環境悪化により、それらを上回るリスクを意識せざるを得ない環境下にある。中国を震源とするリスクにどのように向き合うか。日本はもちろん、世界の製造業にとって喫緊の課題となっている。

第3章　中国はなぜ米国との対立を厭わないのか

習近平総書記は米国との対立を厭わない初めての指導者である。「大国」であるだけでは不十分で、「強国」でなければならないとする同氏の総書記就任が米中対立の引き金となった。以下では、習近平総書記が目指す国家像を明らかにし、なにがその原点にあったのか、そして、なぜ米国に対し強気でいられるのかについて考える。

1　なぜ米中は対立するのか

対立の起源

米中対立を巡る報道を遡り、対立が表面化した原因がどこにあるかを辿ると、トランプ政権の誕生によるところが大きいようにみえる。同氏は、“Make America Great Again”（米国を再び偉大な国にする）を掲げ、中国製品に対する関税を引き上げ、米国の雇用を守るとして、大統領に当選した。そして、実際に関税率を引き上げるとともに、歴代政権が維持してきた穏健な対中政策を否定し、今までにない新しい、強い指導者であることをアピールした。

では、中国はトランプ政権に翻弄された被害者なのか。そうではあるまい。習近平氏が共産党中央委員会の総書記に就任したのは2012年11月で、2017年1月に発足したトランプ政権より約5年早い。トランプ氏が中間層の不満に向き合うことで支持率を引き上げ、大統領に就任したように、習近平氏も成長率の鈍化により先行きを不安視する国民をひとつにまとめることで、安定的な政権基盤を整える必要があった。

習近平総書記がそのために注力したのが、国内では集団指導体制からの脱却、つまり、習一強体制を確立すること、そして、国外では中国が米国と対等の力を持つ国であると世界に認めさせることであった。このふたつは、政治体制はもちろん経済および経済政策に対する批判も許容しない閉鎖的な言論空間を中国国内に作り出し、中国を米国との対立を厭わない方向に仕向けた。

この問題は外交政策にも影響を与えた。習近平政権は中国を批判する国を威嚇《いかく》し、制裁的な措置も辞さない「戦狼外交」を展開した。豪中関係は、2020年2月にオーストラリア政府が新型コロナウイルスの発生源を巡って中国での国際調査を求めたことに、中国が猛反発し、急速に悪化した。そして、オーストラリアからの大麦、石炭、ワイン、木材などの輸入を制限する事実上の制裁に発展した。

今日の米中対立の起源をトランプ政権の誕生前に求めるなら、中国国内で閉鎖的な言論空間が形成されたことにより、「中国模式」を巡る議論がタブーとなったことにあると思われる。「中国模式」とは中国の経済発展の経験を積極的に評価する、つまり、経済発展の持続可能性と第三国への移植可能性を肯定する概念で、２０００年代後半に米国だけでなく、中国においても盛んに議論された（三浦［2012］）。

「中国模式」の最大の論点は「ワシントン・コンセンサス」に代わり得るか否かである。「ワシントン・コンセンサス」とは、ＩＭＦや世界銀行など国際開発金融機関（Multilateral Development Banks：ＭＤＢｓ）が経済危機に陥った開発途上国に勧告する政策の総称で（Williamson［2004］）、開発途上国が安定を取り戻し、持続的な経済成長を遂げるための政策パッケージである。[6]

ところが、ＩＭＦが主導した旧ソ連・東欧諸国の市場経済化やアジア通貨危機における財政緊縮策は期待どおりの成果をあげることができなかった。反米色の強い国では、「ワシントン・コンセンサス」は米国型資本主義あるいは米国の価値観を広める手段にすぎない、また、本家の米国でもノーベル経済学賞を受賞したスティグリッツ世界銀行元副総裁が格差社会を生んだと批判するなど（スティグリッツ［2002］）、同コンセンサスに対する風当たりが強まった。

こうしたなか、英紙『Times』の元記者ジョシュア・C・ラモが中国の経済発展を高く評価する「北京コンセンサス」という概念を提起したことを機に（Ramo［2004］）、それが「ワシントン・コンセンサス」に代わり得るか否かが、米中両国で盛んに議論されるようになった。「北京コンセンサス」は共産党一党体制、つまり民主的とはいえない政治体制のもとで市場経済化を進めるという中国の経済発展を積極的に評価するもので、「中国模式」と同義と考えることができる。

「中国模式」については、当初、米国はもちろん中国でも否定的に捉える人が少なくなかった。清華大学の秦暉教授は、中国の経済発展は低人権や低福祉という国民の犠牲のうえに成り立っているとし、また、北京大学の姚洋教授は、中国の改革開放政策は「ワシントン・コンセンサス」に沿ったものにほかならないとして、いずれも「中国模式」に否定的な見方を示した。いずれも習近平政権下では考えられない強烈な政権批判である。

「中国模式」は論者によってなにを重視するかが異なり、その議論が収斂することはなかったが、習近平政権の誕生に伴い、中国では「中国模式」に対する否定的な意見は後退し、議論そのものが消失してしまった。議論は、次節で詳述する同政権が求心力を高めるために生み出した中国が米国と対等の力を持つ国であるという論理を否定することになりかねないからである。米国では、この動きに呼応するかたちで国家が経済主体として支配的な役割を果たす「国家資本主義」がグローバル経済と自由市場にとって脅威になるという見方が広まり（ブレマー［2011］）、対中観が硬化した。

「中国模式」は10年も経たないうちにその妥当性を議論する段階が終わり、中国ではいかに強化し、普及していくか、米国ではいかに対抗するかを議論する段階に移行した。中国の製造業を世界一にするとした産業政策「中国製造2025」に米国が強い拒絶反応をみせたのは当然のことであった。共産党の歴代政権が掲げた指導思想はいずれも中国経済の運営方針を示すものでしかなかったが、「中国製造2025」は米国の技術や安全保障上の優位性、ひいては国際経済序列を揺るがしかねない敏感な問題を含んでいた。

中国が米国と対等の力を持つ国であることを世界に認めさせるという習近平政権の強い思いは、

追いかける中国の自信と追われる米国の不安が相互に影響を与えることによって肥大化し、中国では是が非でも達成しなければならない国家目標となり、米国では抑え込むべき中国の野心と考えられるようになった。仮に「中国模式」に関する自由闊達な議論が続いていれば、米政府の対中観が今日のように硬化することはなかったかもしれない。

増える火種

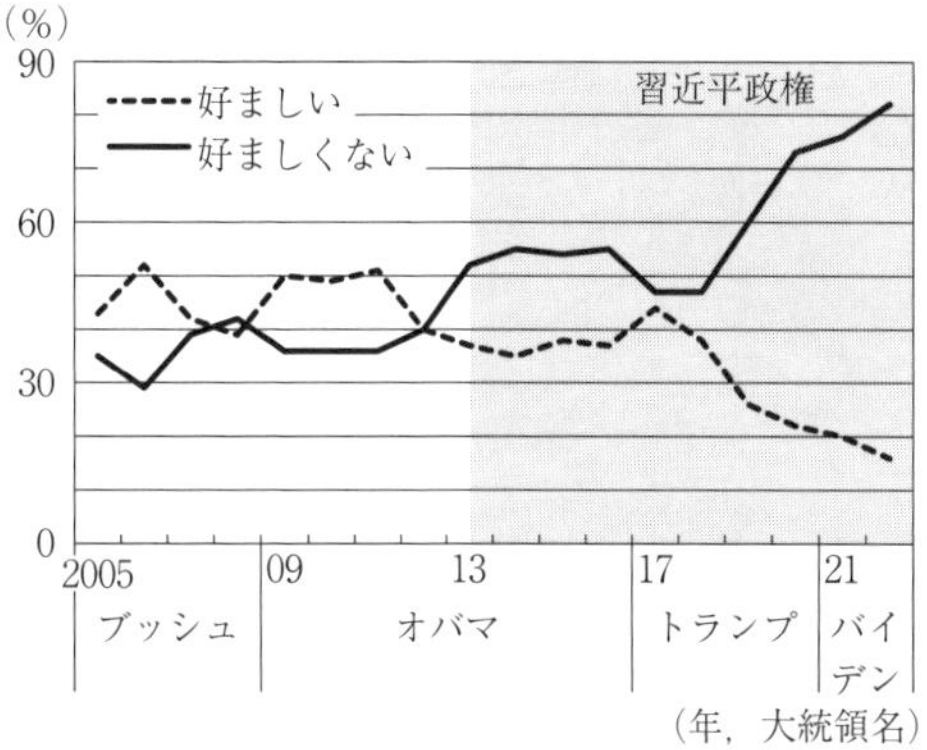

図表3-1　米国民の対中感情の変化
(資料) Huang, Silver and Clancy［2022］他より作成.

米国の対中感情は習近平政権の誕生を受け、急速に悪化した。米調査機関ピュー・リサーチ・センターによれば、中国を「好ましくない」(unfavorable) と考える米国民の割合は「好ましい」(favorable) を下回り、おおむね30%後半で推移していたが、習近平政権誕生後に50%を超える水準に上昇し、そして、2022年4月の調査では、82%に跳ね上がった（図表3-1）。共和党支持者と民主党支持者で大きな差がないことから、嫌中感情の高まりは党派を超えた現象となっている。

米中対立の火種は増える一方で、米国の対中感情が改善に向かう要素はない。南シナ海における軍事施設の建設、高度な自治を認めるとした香港の「一国二制度」の侵食、新疆ウイグル自治区のイスラム教徒に対する人権弾圧、ペロシ下院議長の訪台に抗議するかたちで進められた軍事演習など、米国に限らず、ほとんどの先進国で対中感情が悪化している。習近平政権は、これらはいずれも中国の内政問題であり、批判は到底受け入れられないという姿勢を貫いている。

持ち前の経済力を武器に影響力を高め、中国包囲網に対抗する力を有していることを誇示しようとしていることも、反感を招いている。原油の輸入などを通じ、ウクライナに侵攻したロシアを間接的に支援していることは、欧米諸国の対中感情を一段と悪化させた。また、中国は2022年4月に国交樹立から二年半しか経っていないソロモン諸島と安全保障協定を締結し、軍が常駐できるようにしているのではないかとされ、日米豪3カ国政府の緊張感はにわかに高まった。

先進国の不信感の高まりを受け、中国を取り巻く環境はかつてなく厳しい。中国が強硬姿勢を採れば対中包囲網が強化されるのは必至であるが、だからといって中国が自制的になるとは考えにくい。香港、新疆ウイグル自治区、台湾で譲歩することは内政干渉を許すことに繋がり、習近平政権の立場を危うくする。中国は、時間の経過により国際世論が沈静化した香港のように、既成事実を積み上げ、現状が標準になることを狙っている。

その一方、米国に対抗する影響力の誇示については、どこが越えてはならない危険なラインかを見極めながら、慎重に進めるとみられる。中国はロシア寄りの姿勢をみせているとはいえ、武器輸出などの直接的な支援は控えている。ソロモン諸島についても、直ちに軍事施設を建設し、軍隊を駐留させることはしないであろう。密かに軍事施設を建設した南シナ海の南沙諸島のように、中国はここでも長期戦を想定し、既成事実を積み上げていくと見込まれる。

2022年はバイデン大統領の政権運営に対して審判を下す中間選挙が行われた。そして、2024年には大統領選挙がある。共和党と民主党のどちらの候補が大統領になっても、嫌中感情が高止まりしているため、対中政策が大きく変わることはなかろう。中国からみると、共和党は国内の嫌中感情を煽り、より強硬な対中政策を打ち出す危険性があるという点で、民主党は同盟国・有好国との関係強化により中国包囲網を構築しようとしている点でともに厄介である。

2　強権による「強国」建設

求める国家像

習近平総書記は、強いリーダーシップを有する指導者であることを積極的に国内外に発信する、新しいタイプの指導者だ。それが端的に示されたのは、2017年10月に開催された第19回共産党大会である。同大会の政治報告では、中国を「近代的社会主義化強国」（以下、「強国」とする）に導くことが新たな目標に据えられた。

「強国」とは、総合的な国力と国際的な影響力の両面で世界を主導する国である。これが掲げられた背景には、歴代政権が掲げてきた「全面的な小康社会の実現」が視野に入り、共産党の存在理由を示す新たなスローガンが必要となったことがある。「小康」とは、「温飽」（まずまず）の次に位

第16回 江沢民，2002年11月	鄧小平理論という偉大な旗印を高く掲げ，「三つの代表」思想を全面的に貫き，小康社会を全面的に建設し，社会主義現代化事業を推進し，中国の特色のある社会主義事業の新しい局面を切り開くために奮闘する
第17回 胡錦濤，2007年10月	中国の特色のある社会主義の偉大な旗印を高く掲げ，鄧小平理論と「三つの代表」の下に、科学的発展観を深く貫き，和解社会を促進し，小康社会の全面的な建設の新たな勝利を勝ち取るために奮闘する
第18回 胡錦濤，2012年11月	中国の特色ある社会主義という偉大な旗印を高く掲げ，鄧小平理論，「三つの代表」，科学的発展観の下で，中国の特色ある社会主義の道に沿って前進し，全面的な小康社会を作り上げるために奮闘する
第19回 習近平，2017年10月	中国の特色ある社会主義の偉大な旗幟を高く掲げ，全面的に小康社会を作り上げることに勝利し，新時代の中国の特色ある社会主義の偉大な勝利を勝ち取って，中華民族の偉大な復興という中国の夢の実現に向け奮闘する

図表３－２　党大会の政治報告で示されたテーマ
（注）筆者抄訳，氏名は政治報告の報告者.
（資料）中国共産党Web資料および現地報道資料より作成.

置づけられる発展段階であり、ややゆとりのある状態を意味する。

「強国」は胡錦濤前政権も打ち出しており、必ずしも習近平政権独自のものとはいえない。胡錦濤前政権は、２００６年３月に発表された「第１１次５カ年計画」（２００６～10年）に、「国際的な合併・買収（M&A）、資本参加、上場などを通じ、わが国多国籍企業を発展させる」「多国間貿易・投資ルールの策定に積極的に参加し、新しい国際経済秩序を形成する」「援助を増強し、開発途上国との経済および技術協力を強化する」といったそれまでの５カ年計画にはない拡張的な政策を盛り込むなど、「強国」志向を鮮明にした初めての政権といえる。

それでも、習近平政権は次に指摘する点で、胡錦濤前政権とは異なる特徴を備えている。そのひとつは「中華民族の偉大な復興」＝

「中国の夢」と位置付け、そのために「新時代の中国の特色ある社会主義の偉大な勝利」を勝ち取るという図式を提示し、民族主義的感情を刺激した点である。「中華民族の偉大な復興」は、胡錦濤前総書記も多用したフレーズであるが、それを勝ち取るべき夢としたのは習近平総書記が初めてである。これが「大国」意識が定着し、次のステージを求める国民の自尊心を満たし、政権の求心力を高めたことは想像に難くない。

習近平政権のもうひとつの特徴は、歴代指導者を超えた存在であることを誇示した点である。共産党大会の政治報告では、冒頭に大会のテーマ、つまり、党がどのような指導思想に基づいて政策課題に取り組むのかが示される。指導思想は定型化しており、鄧小平理論、江沢民元総書記の「三つの代表」、胡錦濤前総書記の科学的発展観という過去の指導思想を引用するのが慣例である。しかし、習近平総書記はそれらに一切触れなかった（図表3-2）。これは習近平総書記が集団指導体制による党運営から脱却し、権力集中を進めたことを暗示する。

従来の指導思想に取って代わるのは「新時代の中国の特色ある社会主義」で、その最も重要な任務は今世紀半ばまでに中国を「強国」に変えることだ。「中国の特色ある社会主義」は重要文書に頻出する常套句であるが、習近平総書記はこの頭に「新時代の」という文言を加え、自らの指導思想の新規性を強調した。実際、「新時代の中国の特色ある社会主義」は、その前に習近平総書記個人の名前を冠した「習近平新時代中国特色社会主義思想」と命名され、党員はもちろんメディアも積極的に学習すべきものと位置付けられている。

知識集約的経済への移行

米国が目の敵にする「中国製造2025」は、「強国」の中核をなす政策のひとつである。「中国製造2025」とは、製造業の競争力を飛躍的に高めようとする産業政策である。これが打ち出された背景には、中国の製造業が踊り場に差しかかっているという危機感がある。中国の製造業は、「世界の工場」と称されるように世界最大の規模を有するが、人件費の高騰により労働集約的産業の競争力は低下しつつある。

また、製造業は規模こそ大きいものの、中間財や部品の多くを輸入に依存しており、半導体などの先端産業がすべてを自国で賄うことができるフルセット型の構造を有するに至っていないことも習近平政権の悩みである。「中国製造2025」の策定を担った政府の研究機関中国工程院は、当時、「半導体の8割が輸入であるため、中国で生産されるアップルのスマートフォン178・96ドルにおける中国企業の取り分はわずか6・5ドルにすぎない。また、国産旅客機C919のエンジンは全て輸入である」とし、イノベーションを通じた産業の高付加価値化を急務とした。

先進国の取り組みも中国を刺激した。ドイツは製造業のデジタル化によって生産効率を引き上げる「インダストリー4・0」を官民一体となって進めている。「インダストリー4・0」は、「第4次産業革命」に相当するものと位置付けられ、「中国製造2025」も同様の文脈で捉えることができる。中国は、全てのモノが繋がるIoTに不可欠な通信規格5Gの約3割の特許を保有するなど、ICTにおいて強みを持つ。こうした技術を活かして先進国に追いつき、追い抜こうというのが中国の狙いである。

習近平政権はそのスケジュールを明らかにしており、２０２５年に「製造強国」入り→２０３５年に「製造強国」の中位水準→建国１００年となる２０４９年に「製造強国」のトップに躍り出る、としている。「中国製造２０２５」は25年の歳月を費やして実現する超長期の国家目標であり、習近平総書記は競争力という経済の質的側面で中国が世界1位に上り詰める道筋を示した最初の指導者である。一連のプロセスは「中国創造」という知識集約的経済への移行であり、「新時代の中国」を支える基盤になると考えられている。

「中国製造2025」の現在地

「中国製造２０２５」の実現可能性をどうみるべきか。現段階でこれを予想することは難しいが、どのような評価をするにせよ、評価が偏らないように注意する必要がある。

例えば、２０１９年に米経済誌フォーチュンが発表する世界企業番付フォーチュン５００にランクインした中国企業が１２９社と、米国の１２１社を上回り、世界一になったことが注目された。これは中国企業が国際的な競争力をつけた証左と捉えられることが多いが、比較しているのはあくまで売上である。中国企業は売上の8割超を国内市場に依存しており、ランクインした企業の増加が中国企業の競争力が高まったことを意味するわけではない。

世界最大の広告代理店である英ＷＰＰ傘下のカンター（KANTAR）のブランド価値ランキングも同様である。同社は、毎年、ブランド評価を通じて世界トップ１００を選出しており、中国企業は２０２０年に過去最高の18社がランクインした。ブランド価値の高い企業としては、ＳＮＳのテン

		総合指数	規模	質・効率	構造適性	発展持続性
第1グループ	米国	173.19	35.02	33.06	55.06	50.04
第2グループ	ドイツ	125.94	24.85	27.65	24.20	49.24
	日本	118.19	20.42	32.68	31.57	33.52
第3グループ	**中国**	**116.02**	**58.02**	**16.72**	**16.09**	**25.19**
	韓国	74.39	15.28	22.56	19.14	17.41
	フランス	69.35	8.97	17.24	26.31	16.83
	英国	61.45	7.97	17.22	22.65	13.60
第4グループ	インド	44.56	4.86	15.10	10.02	14.58
	ブラジル	27.38	2.38	11.83	8.51	4.65

図表３-３　製造業発展指数（2020年，ポイント）
（資料）「2020中国製造強国発展指数報告」（中国工程院）より作成．

セント（5位）、ネット通販のアリババ（7位）と京東集団（JD.com、44位）、白酒製造の貴州茅台酒（11位）、食品宅配の美団（34位）、動画投稿アプリのティックトック（TikTok）を運営する北京字節跳動科技（バイトダンス、45位）など多岐にわたる。しかし、製造業は少なく、収益を国内市場に依存している企業が多い。日本企業がわずかトヨタ（64位）とＮＴＴ（88位）の2社にすぎないことと比較し、日本の衰退と中国の興隆と決めつけるのは早計である。

市場規模を勘案した製造業の評価という点では、中国政府の方が客観的な見方をしていると言えるかもしれない。中国工程院は、①規模、②質・効率、③構造適性、④発展持続性という点から主要9カ国の製造業の発展度合いを評価し、２０２０年における中国製造業のスコアを１１６・０２と、米国（１７３・１９）、ドイツ（１２５・９４）、日本（１１８・１９）に次ぐ4位としている（図表3-3）。中国の順位を押し上げているのはやはり規模であり、質・効率、構造適性、発展持続性に対する評価は低く、上位国とはまだかなりの差がある。

国内市場への依存が強い中国が２０４９年までに「製造強

国」のトップに躍り出るのは容易なことではない。中国半導体業界は、最先端の半導体製造に欠かせないＥＵＶ（極端紫外線）リソグラフィ装置の唯一のメーカーであるオランダＡＳＭＬが米国の制裁に配慮し、中国への輸出を保留しているため、かつてない逆風にさらされている。「中国製造２０２５」では、産業高度化に必要な基幹部品の自給率を２０２０年に４割、２０２５年に７割、半導体についてはより具体的に２０２０年に49％、２０３０年に75％に引き上げる目標を掲げているが、中国を脅威とみなす米国がその前に立ちはだかる。

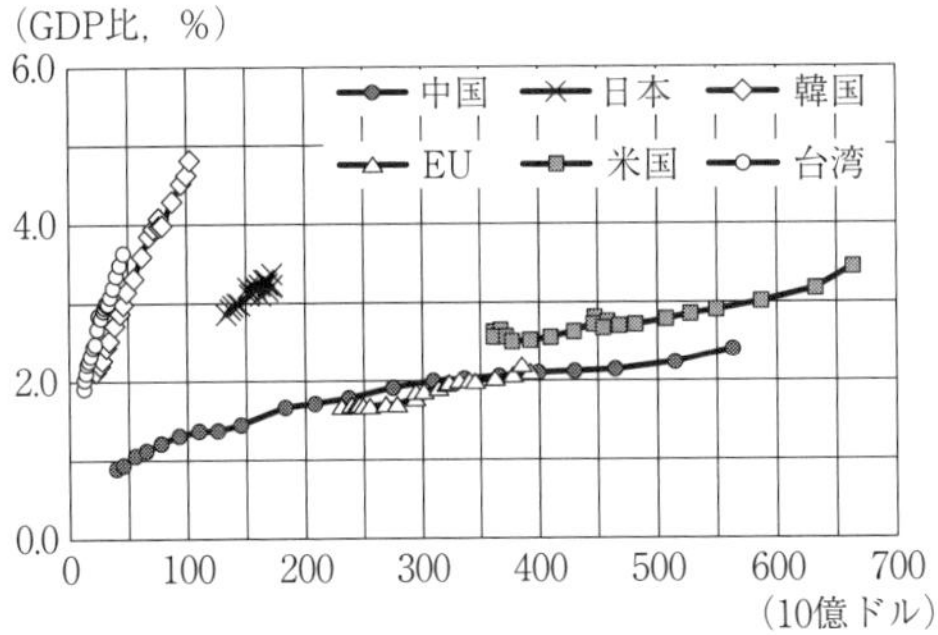

図表３－４　主要国・地域のR&D支出（2000～20年）
（注）EUはOECD区分に従う27カ国.
（資料）OECD資料より作成.

中国が先進国に追いつくための「飛び道具」と考えているのが資金力である。中国のＲ＆Ｄ支出は、ＧＤＰ比でみると韓国、台湾、日本を下回るが、支出額は２０２０年で５６３３億ドルと、日本の３・４倍、ＥＵの１・５倍だ（図表３－４）。中国は、「第14次５カ年計画」（２０２１～25年）でＲ＆Ｄ支出を年７％増やすとしており、Ｒ＆Ｄは早晩米国に匹敵する規模に達すると見込まれる。

もちろん、Ｒ＆Ｄ支出を増やせば自動的に「製造強国」のトップになれるわけではない。だが、中国企業が太陽光パネルで世界を席捲し、液晶パネルで韓国企業に追いついたように、市場の動きを的確に捉え、生産を迅速に大規模化できるか否かが競争力を左右する産業は少なくない（経済産業省［2019］）。新興産業の資金調達を支援する「政府引導基金」や補助金などを通じて中国企業だけが政府の支援を受けられるとすれば、中国が世界最大のシェアを握る産業はさらに増えるかもしれない。

米国が「中国製造２０２５」を目の敵にする背景には、中国が産業政策という力技、つまり、補助金や資金の優先的供給など、市場ルールを無視して、その実現を図ろうとしていること、そして、それを裏付けるように中国企業の存在感が高まっていることがある。追われる立場にある米国にとって、「中国製造２０２５」は政府が市場介入によって国力の増強を図る「国家資本主義」を象徴するものであり、習近平政権がみせる「強国」への執着はいやがうえにも米国の不安を刺激するのである。

３　習近平政権の不安と自信

潜在成長率の低下

習近平政権が「強国」を志向する背景には、歴代政権が決して経験しなかった不安と自信がある。習近平政権が抱える最大の不安は、潜在成長率の低下が政権、ひいては共産党に対する求心力に悪影響を及ぼすことである。中国は、労働力人口の急激な減少や都市化のスピードダウンといった中国特有の要因によって、潜在成長率の低下が避けられない。北京大学の王輝教授は、２０１３年に10億5８2万人に達した15～64歳の人口が２０５０年に７・６億人に減少すると予測する。

加えて、中国は「後発性の利益」の消失などによる生産性の低下も避けられない。国際通貨基金は、２０２２年1月に発表したレポートで、中国の２０１０年代の全要素生産性（ＴＦＰ）の年平均伸び率がわずか０・７％と、２０００年代の３・５％から大幅に低下したとした（ＩＭＦ[2022]）。ＴＦＰとは、資本や労働といった生産要素の量的増加を除いた、技術進歩や生産の効率化など質的な成長要因を指す。

「第13次５ヵ年計画」（２０１６～20年）の年平均成長率は、期末にコロナ禍に見舞われたこともあり、目標を下回った（図表３－５）。実績が目標を下回るのは初めてで、習近平政権にとって屈辱的であったはずである。景気刺激策により成長率を一時的に押し上げることは可能であるが、それは過剰債務問題を再燃させ（第6章参照）、中長期的な成長の持続性を損なう危険性がある。習平政権は歴代政権のように目標成長率を大幅に上回る成長を達成することで共産党に対する求心力を高めるという手法が使えないのである。

世界銀行と中国政府のシンクタンクである国務院発展研究センターが２０１９年9月に公表した報告書では、中国が積極的な改革を意味する「包括的な改革」に取り組んだとしても、年平均の潜在成長率は２０２１～30年に５・１％、２０３１～40年に４・１％、２０４１～50年には３・０％に低下する。改革に消極的な「限られた改革」の場合は、潜在成長率はもう一段低下し、それぞれ４・０％、１・７％、２・３％となる。

世界銀行が過去に推計した潜在成長率と実際の成長率には大差がないため、習近平政権は２０２

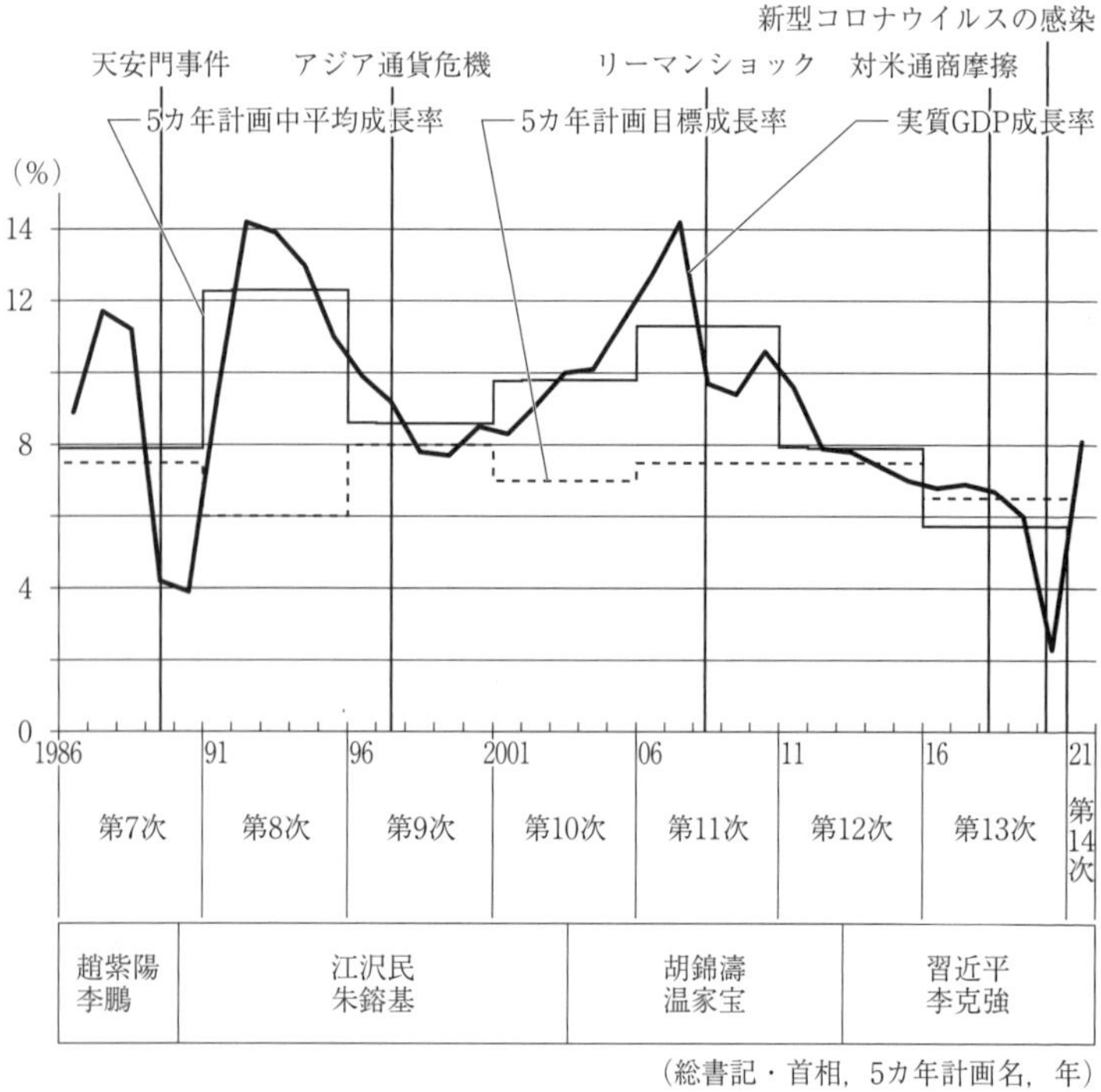

図表３‐５　中国の５カ年計画および暦年の実質・年平均・目標成長率

(注)「第14次５カ年計画」(2021～25年) では，期間中の目標成長率は示されなかった.

(資料) 国家統計局資料より作成.

0年代に目標成長率を4%台に引き下げることになる。同政権は、「新常態」により高成長時代は終わったことを国民に周知する一方で、「強国」を打ち出すことで国民の先行きに対する不安を打ち消す必要があった。「強国」は習近平総書記が打ち出したスローガンであるが、高成長の終焉という時代が「強国」を掲げる強い指導者を求めたと解釈することもできる。

米国を上回る牽引力

習近平政権が「強国」志向を強めた背景には不安だけではなく、自信もある。そのひとつは改革開放政策により「離陸」を果たし、長期にわたって安定的な経済成長を遂げた結果、世界第二の経済大国になったことである。これは、前述の不安と矛盾するようにみえるが、改革開放政策の実績に対しては共産党だけでなく、国民の多くも肯定的である。改革開放政策が本格化する前の1990年時点で、中国の経済規模は米国の6・7%にすぎなかったが、その差は急速に縮まり、IMFは2027年には94・1%に達すると予想する(図表3-6)。

目覚ましい経済発展により、中国は開発途上国の共通課題である貧困削減でも大きな成果をあげた。世界銀行によれば、1990年に世界全体で36・3%であった貧困人口比率は2018年に8・6%に低下した。これは中国なしには達成しえなかった成果といえる。中国の同比率は同期間で66・3%から0・1%へと劇的に低下した。2009年11月に初めて訪中したオバマ前大統領は、中国における貧困削減を「人類史上前例のない業績」と称えた。なお、貧困人口比率とは、1日当たり1・9ドル(2011年購買力平価)の貧困ラインを下回る人の割合を指す。

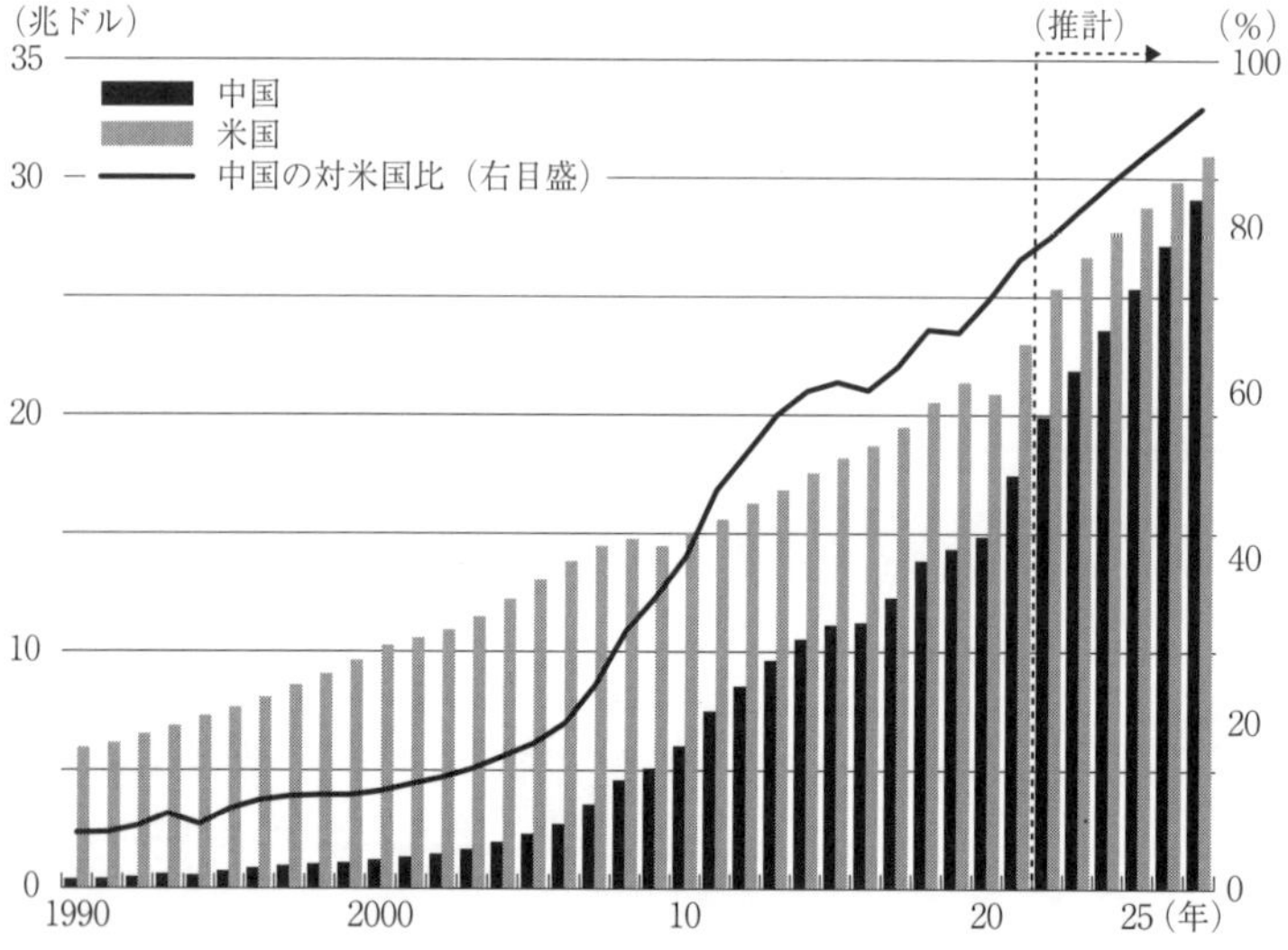

図表3-6　中国と米国のGDP規模
(資料) IMF, WEO April 2022より作成.

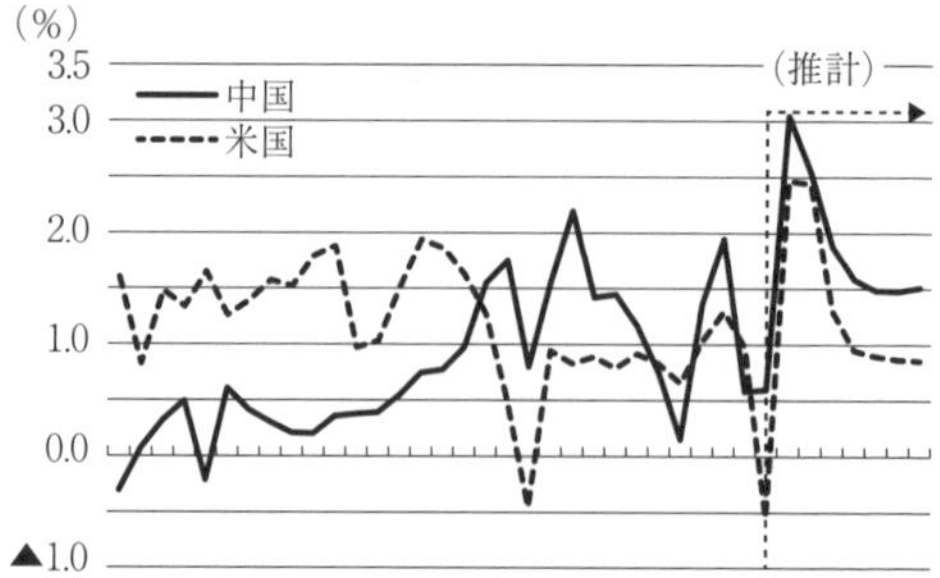

図表3-7　世界経済の名目成長率に対する寄与度
(資料) IMF, WEO April 2022より作成.

世界経済における中国の存在を知らしめることになったのは、2008年のリーマン・ショックである。中国は4兆元の景気対策を打ち出し、世界経済を下支えする役割を果たした。世界経済の成長に対する中国の寄与度はリーマン・ショック前の20

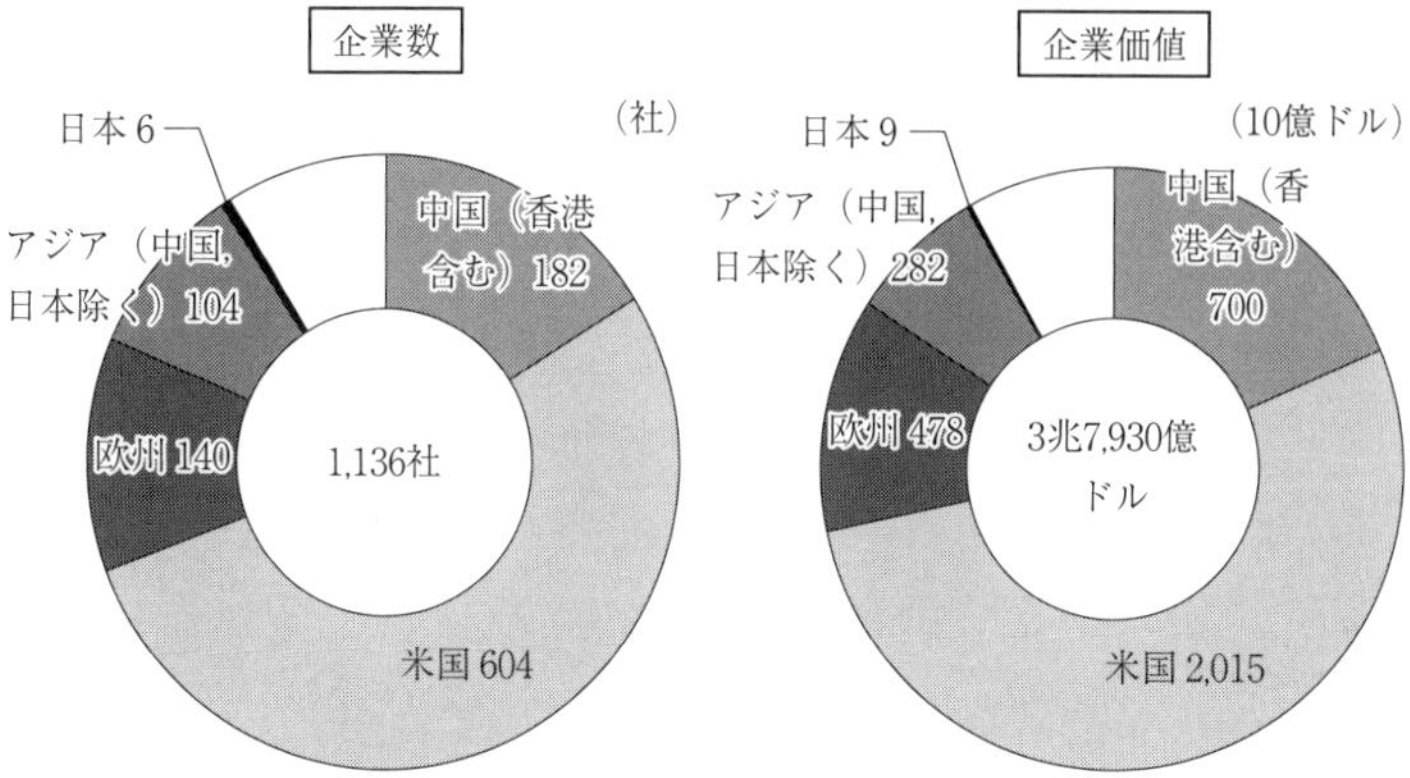

図表3－8　世界のユニコーンに占める主要国・地域の割合
（注）2022年5月時点.
（資料）CB Insights 資料より作成.

０７年に米国を上回っており、その後もおおむね米国を凌駕している（図表３－７）。これが中国に大きな自信を与えたのは間違いない。２０１７年の第19回共産党大会において、習近平総書記が「わが国の経済力、科学技術力、国防力、総合国力は世界トップレベルに上昇し、中華民族は全く新しい姿で世界の東方にそびえ立っている」としたのは、決して自画自賛ではない。

このほか、評価額が10億ドル以上の未上場のスタートアップ企業「ユニコーン」が相次いで誕生していることも自信になっていると思われる。その勢いは２０１９年頃をピークに弱まったものの、世界のスタートアップ企業やベンチャーキャピタルなどの動向を調査する米 CB Insights によれば、２０２２年５月時点で、世界のユニコーン１１３６社のうち１８２社、企業価値３兆７９３０億ドルのうち７０００億ドルが中国（香港を含む）であり、国別にみると引き続き米国に次ぐ規模を誇る（図表３－８）。

中国のスタートアップ専門メディア胡潤研究院によ

れば、2020年時点で企業価値の高い世界のユニコーン100社のうち、中国は企業数では32社と米国の49社に劣るものの、企業価値は5兆4950億元と米国の4兆4430億元を上回る。これは、同院がアリババの子会社である金融テクノロジー企業アント・グループ（螞蟻集団）をユニコーンに含めるなど、ユニコーンをベンチャーキャピタルが支援している企業に限定していないためであるが、自信を深めるのに十分なデータといえる。

ただし、中国で次々とユニコーンが生まれるのは、必ずしも起業のための環境が優れているからではない。米国の国際アントレプレナーシップ開発機関（GEDI）が起業を支えるエコシステムの優劣を測るために開発したグローバル・アントレプレナーシップ指数をみると、中国は2018年で137カ国中43位と、米国（1位）はもちろん、日本（28位）にも劣る。それでも相次いでユニコーンが生まれる背景には、ICT分野では製品・サービスの利用者が増えれば増えるほど利便性が増す「ネットワーク効果」が働くため、新設の企業でも市場を占有しやすいことがある。もともとの経済規模が大きい点、国有企業がサービス業に弱く、デジタル化によって新たな市場が生み出される余地が大きい点で、中国はユニコーンが生まれやすい。

「中国模式」の普遍性

習近平政権が抱くもうひとつの自信は、「中国模式」の普遍性が高まったことである。米中両国において「中国模式」の有無を議論する段階は終わったと指摘したが、アフリカを中心とする開発途上国ではこれと並行して「中国模式」に対する支持が広がった。アフリカで世論調査を行う非営利組織アフロバロメーターは、「アフリカにとって最良の国家開発モデルはどこか」という質問に対し、「中国」と回答した人が24%と、「旧宗主国」の13%を上回り、「米国」(30%)に肉薄していることを明らかにした(図表3-9)。

一般市民を対象にした世論調査において、中国に対する高い支持が示されたことは注目に値する。中国は「内政不干渉」の原則に基づき、融資に当たって構造改革の実行といった前提条件を付けないことから、反米色の強い開発途上国との親和性が高い。その一方、欧米では、中国の開発支援は本国から労働力を派遣するため、現地の雇用に寄与しない、あるいは、多額の資金を貸付け、「債務の罠」に陥れているといった批判がある。アフロバロメーターの調査はそうした批判が一般市民に浸透しているわけではないことを示している。

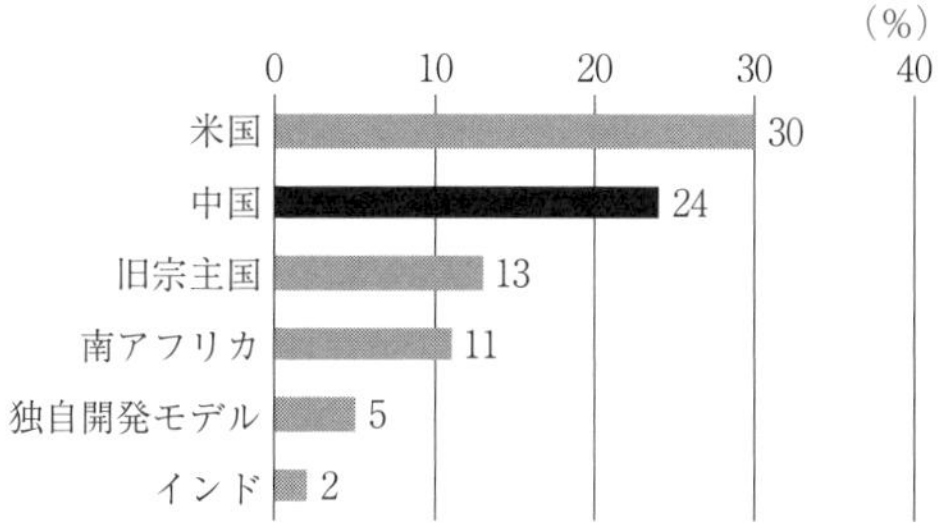

図表3-9　アフリカにとって最良の国家開発モデルはどこか

(注)「その他」「わからない」などの選択肢があり，合計は100にならない．35カ国，5.4万人（1カ国当たり約1,500人）の成人を対象とした調査.

(資料) Lekorwae, Chingwete, Okuru and Samson［2016］より作成.

もっとも、アフリカの一般市民が中国と米国の国家開発モデルの違いを具体的にイメージしたうえで中国を選択したわけではあるまい。「アフリカにとって最良の国家開発モデルはどこか」に対する回答は、中国政府および企業の存在感の高まり、および、インフラ開発など各国経済への目に見える貢献を評価した結果と考えるのが妥当である。

実際、中国の開発支援を評価する人の割合が高い国ほど、中国の影響力を肯定的に捉える人の割合が高いため（図表3－10）、最良の国家開発モデルとして中国を選択した人の割合は支援規模の拡大によって増えた可能性が高い。米ボストン大学によれば、2000年に1億3900万ドルにすぎなかった中国のアフリカ向け融資はピークの2016年に284億ドルと、実に204倍に増えた。

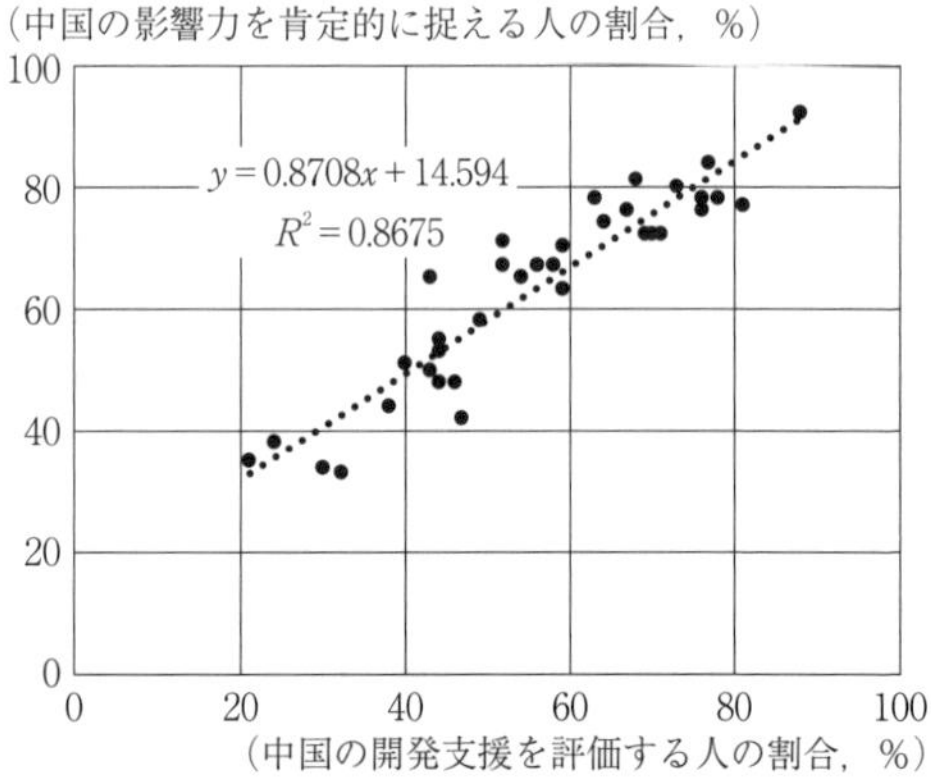

図表3－10　中国の開発支援と影響力に対する評価の相関（2014～15年調査）
（資料）同前.

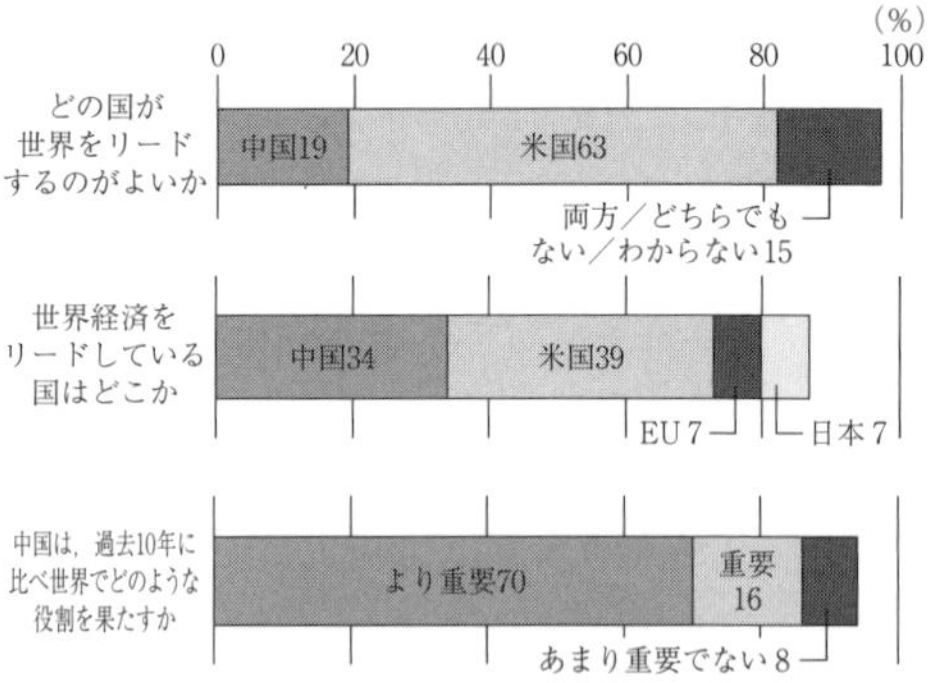

図表3－11　世界における米中の役割に対する認識
（資料）Devlin［2018］より作成.

米調査機関ピュー・リサーチ・センターが2018年春に実施した25カ国[7]を対象にした世論調査

によれば、「世界経済をリードしている国はどこか」という質問に対して「中国」と回答した人は34％と「米国」（39％）と拮抗している。「どの国が世界をリードするのがよいか」という質問に対して「中国」と答えた人は19％と、「米国」の63％を大幅に下回るが（図表3-11）、習近平政権が中国経済および対外融資の拡大により、その割合を引き上げることができると考えたとしても不思議ではない。

中国は貿易という日常的な経済活動においても開発途上国にとって欠かせない存在になっている。IMFの貿易統計（Direction of Trade Statistics：DOTS）からは、中国のWTO加盟を機に、対中貿易が対米貿易を上回る国が急速に増加し、2009年に両者の関係が逆転したことがわかる（図表3-12）。これと同時に対中貿易依存度が5％を上回る国も増えていることから（図表3-13）、中国は自国に依存する国を増やすとともに、依存度を深めさせることにも成功している。習近平総書記が2017年の第19回党大会で「人類運命共同体」を掲げ、グローバルなガバナンスを変革するとした背景には、開発途上国の盟主、あるいは、米国に肩を並べる大国として確固たる地位を築きつつあることに対する自信がある。

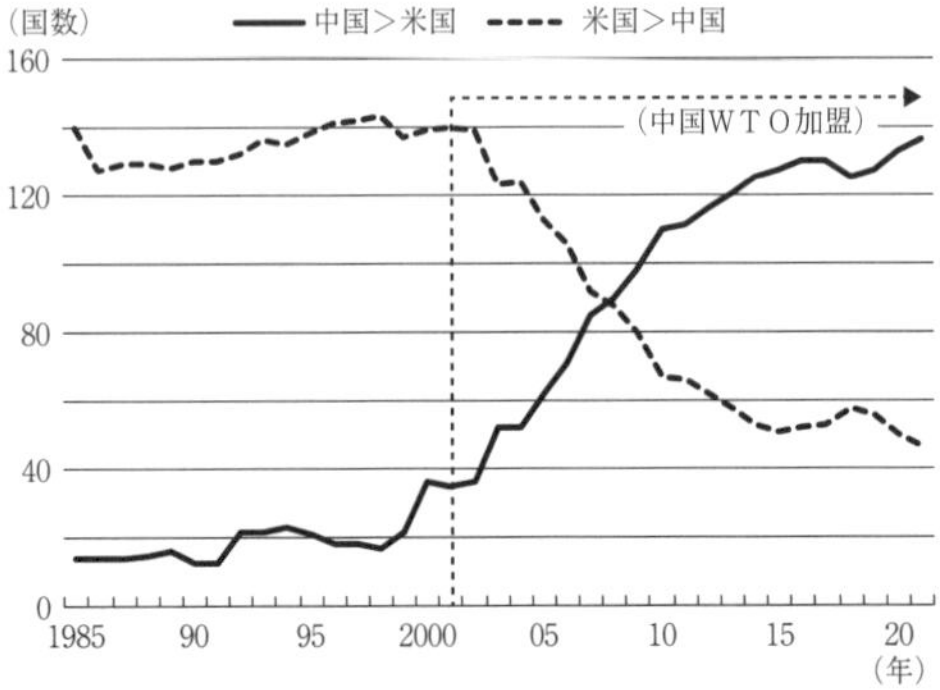

図表3-12　世界各国の対中および対米貿易額の比較
(注) 貿易額は輸出と輸入の合計.
(資料) IMF, DOTSより作成.

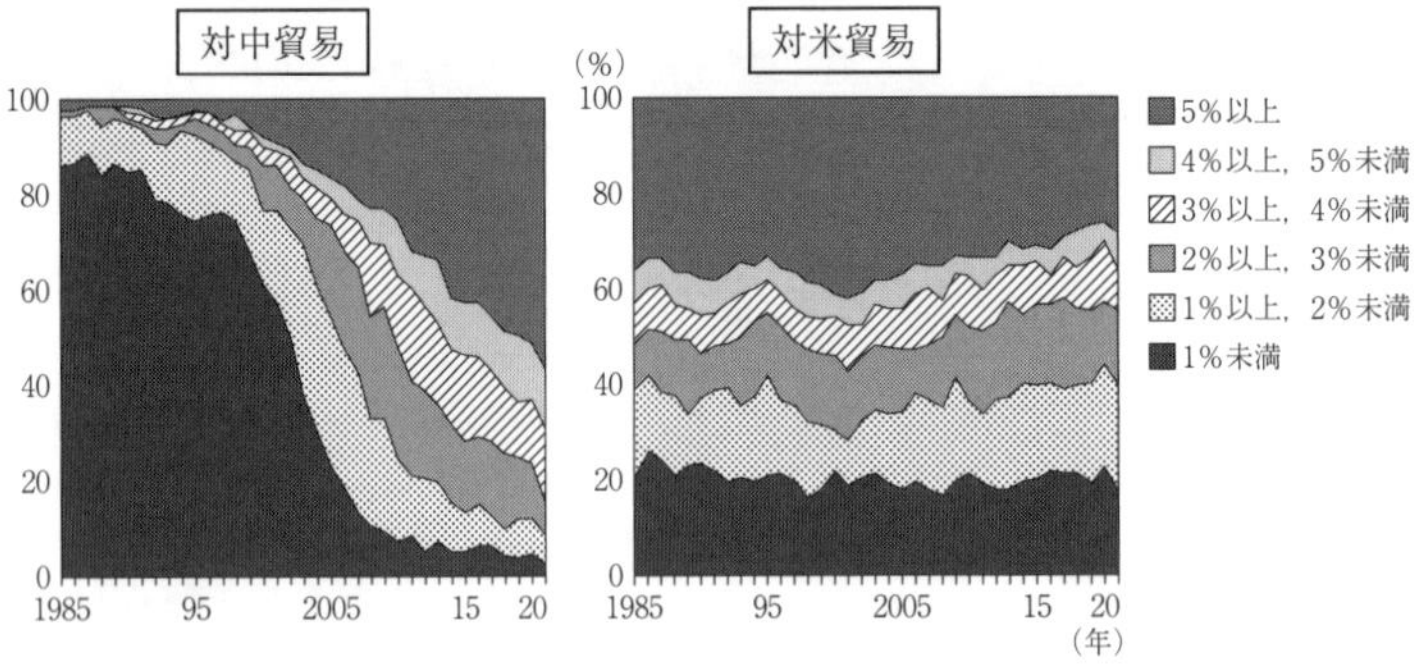

図表-13　世界各国の対中および対米貿易依存度の変化
(注) 貿易依存度＝(輸出＋輸入)／GDPで算出, データが有効な国は年によって異なるが, 両国とも140〜190カ国.
(資料) IMF, DOTS, WEOより作成.

4 折れない「強国」路線

内と外の使い分け

習近平総書記は、オバマ元大統領に向けた「太平洋には米中両大国を受け入れる十分な空間がある」とする発言を、トランプ前大統領にも繰り返すなど、「強国」に対する思い入れは相当に強い。この野心は中国を「責任あるステークホルダー」と位置付け、価値観の相違を脇に置いて、協力関係の強化を模索したブッシュおよびオバマ政権の対中政策（飛鳥田［2016］）によって育まれた側面がある。

中国は、政権が変わっても米国の「関与政策」――中国を国際社会に積極的に取り込むことによって市場経済化と民主化が進み、同国が信頼に値するパートナーになると期待する政策――が変わらないと見込んでいたようにみえる。しかし、米国民の対中感情は習近平政権の発足を受け大幅に悪化し、対中関係は新たな局面を迎えることとなった。

この変化を読み取り、大統領に就任したのがトランプ氏である。同大統領は、2017年末の「国家安全保障戦略」において期待は裏切られたとし（White House［2017］）、歴代政権が採用してきた「関与政策」を全面的に否定した。米通商代表部（USTR）は、2018年1月、議会宛ての報告で、中国の市場経済化を促進し、WTOの責任あるメンバーにしようという試みは失敗したとし、2019年には、中国はWTO加盟によって多大な利益を享受したにもかかわらず、加盟時の約束を履行しなかっただけでなく、「中国製造２０２５」によって市場を歪め、米国の利益を損なおうとしていると激しく非難した。

米国との通商摩擦が先鋭化することを懸念した習近平政権は、米国の対中強硬派を刺激しない配慮をみせるようになった。李克強首相は、２０１９年３月の全国人民代表大会における政府活動報告で「中国製造２０２５」に対する言及を避けた。また、「第14次５カ年計画」（２０２１～25年）で目標成長率を示さなかったことも、米中逆転を意識させないための配慮とされる（丸川［2021］）。習近平政権は、〝才能を隠し、力を蓄える〟伝統的な外交政策「韜光養晦《とうこうようかい》」へ回帰したといえるかもしれない。

しかし、「強国」路線を放棄したわけではない。習近平総書記は、２０１９年10月の建国70周年の演説で「偉大な祖国の地位を揺るがすいかなる勢力もなく、中国人民と中華民族の前進を妨げるいかなる勢力もない」と、「強国」に向け邁進する意思を示した。同総書記は国内向けと海外向けの演説を使い分け、前者では強い指導者を演出する強気な発言を続ける一方、後者では嫌中感情の高まりを意識した慎重な発言が目立つ。

習近平総書記は、２０２１年4月、ダボス会議のアジア版として中国が毎年主催するボアオ・アジア・フォーラムにおいて、「中国はどこまで発展しても、覇権を唱えず、拡張せず、勢力範囲を求めず、軍備競争をしない」、そして、２０２２年4月には「冷戦思考は世界平和を損ない、覇権と権力政治は世界平和を危険にさらし、ブロック間の対立は21世紀の安全保障を悪化させる」とし、米国で勢いを増す中国脅威論を牽制した。

低い米国依存度

中国がウクライナに侵攻したロシア寄りの姿勢をみせたことを受け、米国の対中感情はますます悪化した。これは習近平政権の対米外交を軟化させる要因になるであろうか。残念ながらその可能性は低いようにみえる。習近平総書記は、米中通商摩擦が激しさを増す2019年5月に「長征」の出発地である江西省瑞金を訪れ、「今こそ新たな「長征」に出なければならない」としたように、長期戦を見据えている。

「長征」とは、共産党の初期の軍隊である「紅軍」が拠点としていた瑞金を放棄し、国民党軍と戦闘を交えながら1万2500キロメートルを歩いて移動したことを指す。2年間に及ぶ苛酷な移動に伴い30万の兵士はわずか数万に減ったものの、「長征」は中国共産党の不屈の精神が最終的に勝利を引き寄せたことを象徴する歴史的な出来事のひとつと位置付けられる。

この発言は、米国との対立が長引くことを見越し、あらためて国民を鼓舞するとともに、強い指導者像をみせ、求心力を高める演出と解釈することができる。しかし、中国にとって米国の重要性が低下しつつあり、中国は米中対立の長期化に耐えうる、そして、長期戦は中国に有利に働くと考えている可能性がある。

米国との通商摩擦に翻弄された日本からみると、中国がなぜそこまで強気に出られるのかはなかなか理解できない。しかし、日中両国の米国依存度を比較すると、その理由がわからなくもない。

中国の輸出に占める米国の割合は、2005年の21・4%をピークに緩やかに低下し、2021年には17・1％となった。これは、1980年代後半の日本の半分の水準でしかない。現在の中国と当時の日本とでは米国依存度が全く異なるのだ。

通関ベースの貿易をみると、中国の輸出を支えているのは開発途上国であり、その割合は4割に達する。開発途上国市場の重要性が高まっていることは、中国ブランドが同市場に浸透し、成長を遂げていることからもうかがえる。IT専門調査会社IDCによれば、インドの2022年1〜3月期におけるスマートフォン市場のブランド別シェアは、1位が小米（シャオミ）で23・3％を占め、以下、サムスン（19・0％）、realme（リアルミー、16・4％）、vivo（ビボ、15・0％）、OPPO（オッポ、9・6％）である。リアルミーとビボはオッポのサブブランドであり、中国ブランドが6割強を占める計算だ。

IDCは、アフリカの2020年4〜6月期におけるシェアでも、アフリカ市場に特化した深圳《しんせん》の新興企業、伝音科技（Transsion、トランシオン）傘下のテクノ（Tecno）、インフィニックス（Infinix）、アイテル（Itel）の3ブランドが47％と最大のシェアを占め、大手ブランド・サムスン（19％）を大幅に上回るとする。シャオミとオッポもそれぞれ9％と8％を占めることから、中国ブランドはここでも6割強を占める。

対内直接投資における米国の重要性は低下している。中国の対内直接投資は香港が約6割を占める一方で、香港の対内直接投資の約3割を中国が占めることから、多分に循環的側面があり、国・地域の多寡を比較することは難しい。それでも、米国の後退は鮮明である。米国は2000年時点で外資利用実行額の10・8％を占め、主要投資国のひとつであったが、2020年はわずか1・

6%と、シンガポール（5・3%）、韓国（2・5%）、日本（2・3%）を下回る。

このほか、イノベーション能力の向上も習近平政権の強硬姿勢を支える材料になっている。世界知的所有権機構（WIPO）は2021年の中国の特許出願件数が6万9540件と、米国の5万5570件を上回り、3年連続で世界一になったとした。ただし、出願件数が増加した背景には補助金に依存した出願促進政策があり、汎用性や応用実績が高い「優良特許」の割合は低いとされるように、質が伴っていないという批判は中国国内にもある。国家知識産権局は「2019年中国特許調査報告」で、実用新案の6割が登録から5年以内に放棄されているとする。

それでも、中国がイノベーションで頭角を現し、先進国に追いつき、一部の分野で追い抜いているのは確かである。WIPO、経営大学院INSEAD、コーネル大学らが作成しているグローバル・イノベーション指数（Global Innovation Index：GII）をみると、中国は2019年に日本を追い抜き、2021年に12位となった。GIIは、①制度、②人的資本、③インフラ、④市場洗練度、⑤ビジネスの洗練度、⑥知識・技術、⑦創造性の点からイノベーション能力を総合的に評価するもので、中国はイノベーションを生み出す環境が先進国並みに整っていることを示す。

民主主義の後退

民主主義という先進国が共有する価値が大衆迎合主義（ポピュリズム）によって揺らいでいるという、より大きな環境の変化が習近平政権の「強国」路線を支えていることも見逃せない。自由と民主主義をモニタリングする国際NGOフリーダムハウスは2022年に発表した年次報告書において、世界の民主主義は2006年以降16年連続で後退したと評した（Freedom House［2022］）。

民主主義の後退は、それを世界に広める役割を果たしてきた米国でも顕著である。フリーダムハウスによると、政治的権利と市民的自由から構成される自由に対する米国のスコアは2010～20年で10%ポイント低下し、2021年も前年比3%ポイント低い83となった（100が満点）。調査会社Ipsosが2021年末に実施した世論調査では、米国民の7割が民主主義は危機に瀕していると感じている（Ipsos［2022］）。

米国における民主主義の後退は、国際社会における米国の地位低下を招来している。米世論調査企業ギャラップ社の国際世論調査では、米国のリーダーシップを「承認」（approve）する人の割合は2017年に30%に低下し、「不承認」（disapprove）の43%を下回った。バイデン政権の誕生により「不承認」が「承認」を上回る状況は解消されたものの、アフガニスタンからの撤退に伴い、49%あった「承認」は再び43%に低下した。中国には、米国が世界をリードする資質だけでなく、気概をも失ったと映っているに違いない。

第4章　米中対立の行方

習近平総書記は、中国を米国と対等の力を持つ国にすることができるであろうか。その結果、世界経済は権威主義国と民主主義国が対立するブロック化へ向かうのか。米中のデカップリングは避けられないのか。以下では、習近平政権が目指す、脱「中国依存」に揺るがない「自立自強」は実現不可能であるため、米中対立が急速に悪化する可能性は低いという見方を示す。

1　「自立自強」の課題

遠い「知財大国」への道のり

世界の製造業の中心である中国が放つ磁力は強く、多くの企業が中国から離れられないだけでなく、新たな企業が次々と引き寄せられていく。しかし、中国からみれば、中国で操業する外資企業は国有企業のように共産党や政府に従順な存在ではない。このため、外資企業による生産の拡大による内製化の進展は、必ずしも世界のGVCにおける中国の中心性の高まりを意味しない。ウクライナ侵攻によってロシアで操業する欧米企業が相次いで撤退したように、外資企業は最終的に母国の政府や世論に配慮せざるを得ない。

このため、習近平政権は欧米諸国で進む脱「中国依存」に揺るがない自立的な経済発展を意味する「自立自強」の必要性を説く。「自立自強」はどこまで進んだのか。鍵となるのは科学技術力である。科学技術力は、特許出願件数、引用論文件数、R&D支出など一国内の動向を数値化し、それを国際比較することで相対化されることが多いが、誰もがその妥当性を支持する決定版は存在しない。

ここでは、個々の技術の質や量ではなく、国境を跨いで取り引きされる技術の価値を評価基準に据え、科学技術力を評価してみたい。製造業の現場では自国だけでなく他国の特許も用いられる。つまり、科学技術は一国のなかで完結するものではなく、往々にして国境を越えて取り引きされる。有用な技術ほど取引が多く、それは国際収支統計の知的財産権等使用料の収支に反映される。

知的財産権等使用料の輸出（受取）という点でみると、中国の科学技術力は飛躍的に向上した。中国は2020年に85億ドルと、データの採れる101カ国中8位である。しかも、米国と日本がいずれも過去10年間で1・5倍しか増えていないのに対し、中国は11・5倍に増えた。その一方、中国は輸出を遥かに上回る輸入（支払）を計上しているため、2020年の知的財産権等使用料の収支は293億ドルの赤字で、分析対象101カ国のなかで最大である。100億ドルを超える赤字を計上しているのは中国だけだ。これは、中国には外資企業など外国の特許を利用して製造する企業が多いことを示す。

科学技術力を比較するために、国際収支の知的財産権貿易から顕示比較優位（Revealed Comparative Advantage：RCA）指数を試算する（第2章参照）。RCAは特定の財の輸出が輸出全体に占める割合を世界平均と比較することで、競争力の高低を判定するもので1を上回れば競争力が高い、逆に1を下回れば、競争力が低いと考える。

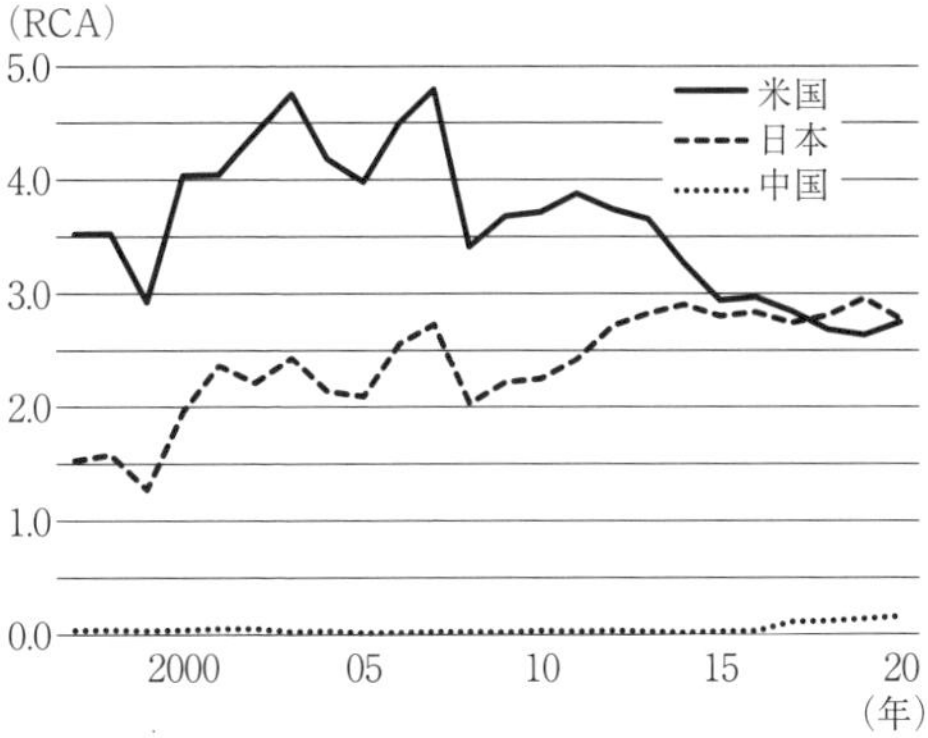

図表4－1　日米中の知的財産権等使用料のRCA
（資料）IMF，BOPより作成.

輸出を国際収支の財・サービス輸出に、特定の財の輸出を知的財産権等使用料の輸出（受取）に置き換え、日米中3カ国のRCAの推移をみると、中国はゼロに近い水準で推移しており（図表4－1）、日米に大きく劣後している。2021年9月、共産党と政府は共同で「知的財産強国建設要綱（2021－2035）」を発表したもの[8]の、科学技術は相互依存的であるという前提で競争力を評価すれば、習近平政権が目指す「知財強国」への道のりは遠い。

弱いサービス業と投資依存

最新の通信規格5Gや人口知能（AI）など、中国の科学技術力に目をみはるものがあるのは確かだ。しかし、中国は容易には克服できないいくつかの弱点を抱えている。

そのひとつはサービス業が弱いことである。輸出の主体はいずれの国でも製造業であり、サービス業の役割は大きくないと考えられてきた。ＩＭＦの国際収支統計によれば、世界の財・サービス輸出に占めるサービスの割合は２０２０年時点で２割にすぎず、８割を財が占める。しかし、TiVAをみると、世界の付加価値輸出に占めるサービス業の割合は、一貫して４割を超え、ＯＥＣＤ加盟国では５割前後に達する。

輸出に含まれるサービス業の割合が先進国ほど高いのは、経済発展に伴いサービス業そのものの輸出が増えるのに加え、製造業に投入されるサービスが増加するためである。自動車や電機・電子機器といった世界貿易を支える製造業は、巨額の投資を必要とするＲ＆Ｄや高度なロジスティクスはもちろん、金融・保険・リース、人材、通信・コンピュータ・情報、法律・会計などのサービス業の支援なしには成り立たない。今日の製造業は単なるモノづくりではなく、多様なサービスの投入によって新たな価値を創造している。

このことを端的に示す事例のひとつがアップルのiPodである。同社はiPodというモノではなく、それにiTunesというプラットフォームを組み合わせて提供することで、「いつでも、どこでも、好きな音楽をワンクリックでダウンロードでき、自分だけのジュークボックスを手軽につくれる」という新しい価値を創造し（松本［2014］）、当時の音楽再生市場を席捲した。

TiVAによれば、中国の製造業輸出は米国の２倍であるが、サービス業輸出は５分の１しかない。

輸出に占めるサービス業の割合が製造業の高度化を示す指標のひとつと考えれば、中国が米国に追いつくにはまだかなりの時間がかかる。サービス貿易に対する規制の度合いを表すＯＥＣＤのサービス貿易制限指数（Service Trade Restrictiveness Index：ＳＴＲＩ）をみると、中国は０・４１７で１人当たりＧＤＰが同水準のマレーシアの０・３３５よりも高く、サービス業は強い規制によって守られている（図表４－２）。

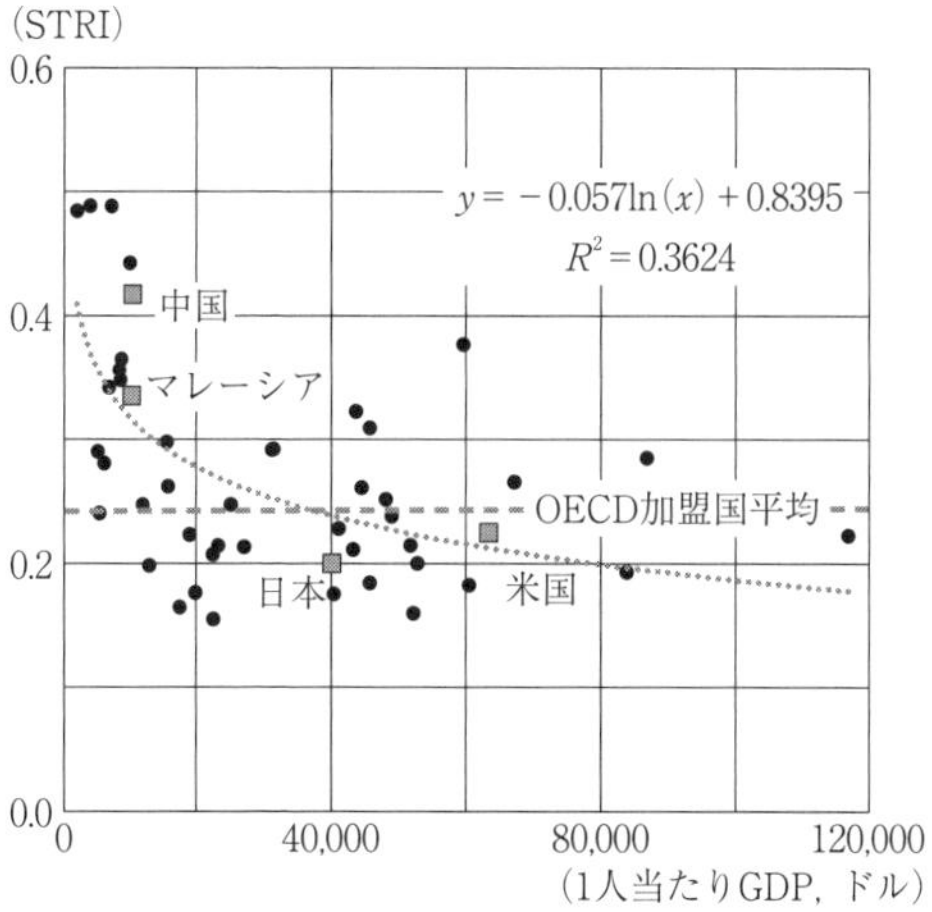

図表４－２　発展段階とSTRIの関係（2020年）
（注）各国のＳＴＲＩは22産業のＳＴＲＩの単純平均，OECD加盟国平均（0.238）は各国の単純平均．
（資料）OECD，IMF，WEOより作成．

もうひとつの弱点は、投資依存体質が強いことである。半導体産業は「中国製造２０２５」を受け、投資こそ急増したものの、国有半導体大手の紫光集団は短期借入を増やす一方で、ハイリスクのＭ＆Ａを繰り返す「短貸長投」と称される経営が仇となり、２０２１年７月に経営破綻した。また、「１０００億元プロジェクト」の触れ込みで注目を集めた武漢弘芯半導体製造（ＨＳＭＣ）は、２０２１年２月に資金不足により工場完成間近で頓挫した。

中国の半導体産業は「自立自強」とはほど遠い状況にある。巨額投資を前提とした産業育成策が所期の成果をあげていないという不満は政府内にもあり、国家発展改革委員会は、経験、技術、才能のない「三無」企業が参入し、資金を浪費していると警告した。しかし、それは銀行融資、補助金、基金などあらゆる手段を通じて育成・強化したい産業に巨額の資金を投入する産業政策に起因するものであり、企業はそこに群がったにすぎない。

「中国製造2025」に象徴される中国の産業政策は政府が莫大な資金を動員するため、米国では「国家資本主義」の強さを象徴するものと捉えられている（第3章参照）。米国が台湾の半導体製造企業TSMCの半導体工場に補助金を交付するのは、「国家資本主義」と同様の政策を採らなければ、競争に勝てないと考えるためである。しかし、「国家資本主義」はプレイヤーだけでなく、審判も同じフィールドでプレイするため、優れたプレイヤーが育たないという構造的な欠陥を有する。

2　経済ブロック化は進むのか

習近平政権が貿易依存度の低下を「自立自強」に向けた前進と捉えれば、世界経済がブロック化するリスクは高まる。実際、中国がウクライナに侵攻したロシア寄りの姿勢を維持し、欧米諸国との対立を深めていることから、東西冷戦時代のように、世界は米国陣営と中国陣営に分かれ、相互の人、モノ、資金の往来がないブロック化へと進み、最終的に第三次世界大戦へと発展するのではないかと懸念する声がある。

しかし、GVCの観点からは中国がブロック化に向けて積極的に動くとは考えにくい。中国は最終財だけでなく、中間財の輸出国として擡頭し、世界のGVCにおいて欠かせない存在となった。これは中国が技術力を高めただけでなく、先進国市場への依存を深めたことを意味する。また、中国は世界最大の中間財輸入国としての顔も持つ。世界の製造業は中国なしには立ち行かないが、中国の製造業も世界なしでは成り立たない。日本では中国からの輸入が滞るリスクが注目され、日本の立場の弱さが強調されがちであるが、GVCが相互依存的である以上、中国も同じリスクを抱えている。

このことは、中国地場企業の半導体生産能力が非常に低いことをみても一目瞭然だ。中国は世界最大の半導体市場であるが、米調査会社IC Insightsによれば、本社国籍別でみると中国地場企業の半導体生産額は2021年で世界の4%を占めるにすぎない[9]。米国が半導体の禁輸に踏み切れば、中国はたちまちスマートフォンとパソコンの供給が不足する事態に陥る。さらに、組み立て工場や部品を納める工場が軒並み操業停止に追い込まれるなど、影響は需要サイドだけでなく供給サイドにも広がる。台湾の鴻海（ホンハイ）精密工業だけで中国国内で100万人を雇用しており、半導体禁輸は中国の雇用に深刻な影響を与える。

スマートフォンの部品数は300点とされ、そのひとつである半導体は500〜1000工程のプロセスを経て生産される[10]。GVCの発展により、ひとつの工業製品を作るためのサプライチェーンは飛躍的に長く、そして、複雑になった。貿易依存度の低下は中国が「自立自強」に近づいたことを意味しない。そればかりか、中国が独創的なイノベーションにより「自立自強」に近づいたとしても、GVCに依存しない経済を構築するというのは非現実的といえよう。

中国地場企業は企業数でアップルの最大のサプライヤーになったものの、iPhoneの中核部品は依然として日米韓の3カ国が占めるように、[11]中国の多くの産業は付加価値の高い部品や工程を国外、あるいは、中国に進出した外資企業に依存している。中核部品の国産化が進まない一方で、非中核部品の国産化が進んだことにより、中国は以前にも増してGVCへの依存を強め、サプライチェーン寸断のリスクに脆弱になった。

中国は、ロシアと同じ権威主義国家であり、抗米という共通点を持つため、米国の警告にどこまで耳を傾けるかが懸念されているものの、今のところロシアに対し軍事支援は行っていない。戦争の長期化が予想されるなかで、早い段階でロシア支援を明確にすれば、「勝ち馬に乗る」タイミングを失う、あるいは、対中外交において米国と一線を画してきた欧州諸国との関係悪化を懸念している、とする政治的な解釈には首肯できる部分が多い。

しかし、GVCを構成する主要国のひとつとして先進国との結びつきが強い中国はそもそも彼らの猛反発が予想されるロシア支援には慎重であるはずだ、という経済的な解釈が成り立つことも見逃すべきではない。TiVAによれば、2018年の中国の付加価値輸出と輸入に占めるロシアの割合は2018年でわずか2・8%と3・7%で、日米欧の48・9%と38・8%とは比較にならないほど小さい。中国にとってロシアはエネルギー供給源のひとつでしかなく、製造業のGVCを通じた連関がほとんどないことから、ロシアと経済ブロックを形成するメリットはなく、GVCにおける日米欧との関係を断ち切られることにより、中国経済が孤立するデメリットの方が遥かに大きい。

中国はレアアースの輸出を制限することで日本の産業界を混乱させ、コロナ禍で自動車部品の輸出が滞り、日本の自動車メーカーが一時的に操業停止を余儀なくされるなど、日本では中国から調達ができない、つまり、中国を震源とするリスクが強く意識されるようになった。しかし、当然のことながら、中国の輸出は企業の収益、そして、雇用を支える基盤になっている。中国にとって、経済制裁の応酬による経済ブロック化は是が非でも回避しなければならない最悪のシナリオだ。GVCが発達した今日、相互依存関係にある国の貿易戦争においてどちらか一方だけが勝者になることはない。中国はこのことを米国との通商摩擦で学んだはずである。

3 「トゥキディデスの罠」の現実味

デカップリングは難しい——クアルコムとアップルの事例

習近平政権が「強国」路線を放棄しない一方で、米国の対中感情が悪化しつづければ、ハーバード大学のグレアム・アリソン教授が『米中戦争前夜』（ダイヤモンド社）で指摘した「トゥキディデスの罠」が現実味を帯びてくる。同教授は、1939年の英独戦争を振り返り、擡頭する新興国の夢と挑戦を受ける覇権国の不安が戦争へと発展する危険性を指摘した。

当時の両国は、王室が姻戚《いんせき》関係にあり、経済的にも相互依存関係が強かったにもかかわらず、相手国に対する猜疑《さいぎ》心が深まるなか、同盟国を巡る紛争が引き金となり、戦争に突入した。米中はそもそも価値観が異なるため、対立はより深刻で、戦争に突入するリスクが高いようにみえる。

しかし、現在の米国と中国はGVCの発達により、アリソン教授が分析したどの時代の覇権国と新興国よりも深く結びついている。海上輸送費は1930年の5分の1に、通信費はほぼゼロになったため（OECD［2007］）、グローバル化は一気に加速した。同時に、関税率が低下するとともに非関税障壁も撤廃されたため、直接投資や貿易を通じた各国の相互依存関係は過去とは比べものにならないほど深化した。世界第1位と2位の規模を有する両国の間では、戦争はおろか相互依存の解消を意味するデカップリングさえなかなか進まないというのが実情だ（第1章参照）。

「世界の工場」である中国を代替できる国はなく、デカップリングには莫大なコストがかかる。このため、デカップリングは安全保障にかかわる分野などごく一部の分野で、しかも限られた地域でしか進まない。その一例として、中国通信機器大手ファーウェイの排除が挙げられる。トランプ前大統領は、2018年11月、安全保障上のリスクがあるとの理由から同盟国に対し同社の通信機器を使用しないよう求めた。日本を含むほとんどの同盟国はファーウェイを排除することになったが、同社の通信機器は競合他社に比べコストが圧倒的に安いため、世界規模で排除する動きには至らない。

米国企業がファーウェイと完全に縁を切ったわけではないことにも留意する必要がある。同社は米半導体業界にとって重要な顧客である。米商務省は、2019年5月、ファーウェイを貿易上の取引を制限するエンティティリスト（EL）に追加し、米企業が同社に製品を供給することを規制した。これに伴い、アンドロイド搭載スマートフォン向け半導体開発最大手クアルコムの2019年度の中国向け売上高は前年比23・4％減の116億ドルとなり、売上に占める中国（香港を含む）の割合も47・8％と前年の67・0％から低下した。

しかし、ファーウェイに対する措置の緩和を求める半導体各社の声を無視できない米商務省は、2019年11月、制裁を一部緩和し、最新の通信規格5Gに使うハイテク製品以外については輸出を容認する方針を示した。この結果、クアルコムの売上に占める中国の割合は2020年に59・5％、翌2021年に67・1％に上昇し、EL追加前の水準に戻った。

これは、あくまでも半導体完成品の販売にかかわる問題であり、バイデン政権が日米韓台の4カ国・地域で「半導体同盟」（Chip4）を結成し、その供給網（サプライチェーン）を強化するという議論とは別の問題であるが、米国の半導体産業が中国なしでは成り立たない、つまり、デカップリングが難しいことを端的に示している。

デカップリングが難しいことを示すもうひとつの事例として、アップルの生産拠点が中国から動かないことを指摘できる。同社は、収益基盤となっているiPhoneだけでなく、タブレットやパソコンのほとんどを中国で組み立てている。2019年6月、同社はサプライヤーに対し生産拠点の15～30％を中国以外に移した場合のコストを見積もるよう要請し、iPhoneの生産を手がける台湾の電子機器の受託製造サービス（EMS）企業は、インドないしベトナムを中国に代わる生産拠点として検討しはじめたとされた。

アップルは、実際にインドでiPhoneの生産を始めたが、その規模は限られており、中国の生産拠点を大々的に移転することはなかった。それどころか、部品調達における中国依存は強まっており、ますます中国から離れ難くなっている（第2章3節参照）。

上海市のロックダウンに伴う生産・物流機能の低下を受け、アップルは再び生産拠点の中国外への移転を検討し始めたとされるが、サプライヤーの4分の1が中国で操業しており、その数は今後も増えると見込まれること、そして、iPhone の中国市場におけるシェアは2021年で15・1%と低く、上昇の余地が大きいことから、インドやベトナムに生産拠点を移す動きが本格化する可能性は低い。

当初は戦争に突入すると予想されなかった20世紀初頭の英国とドイツの相互依存関係は深く、欧州の域内輸出は最大でGDP比10%であったとされる（Ortiz-Ospina, Beltekian and Roser［2018］）。一方、2020年の世界の財・サービス輸出はGDP比26・5%に達する。1970年の12・8%と比べても、貿易が各国の経済に与える影響は格段に大きくなっており、よほどのことがない限り止めることはできない。

このことは貿易そのものの中身が大きく変わったことを考えればわかりやすい。20世紀初頭の輸出の6割は一次産品であったが、今日では農産物と資源などの一次産品が占める割合は3割に低下し、残りの7割は工業製品である。工業製品の貿易を牽引するのは完成品ではなく、部品や中間財である。

世界中から調達した部品を組み立て、再び世界に輸出するというスマートフォンのような生産形態をとる工業製品が現れたのはごく最近のことで、アリソン教授が考察対象としたどの時代にも存在しなかった。デカップリング、経済ブロック化、そして、第3次世界大戦。メディアは盛んにそのリスクを強調し、我々の不安を刺激するが、それに踊らされていないかを落ち着いて考える必要がある。

盟主としての求心力を維持できるか

米中対立に「トゥキディデスの罠」が当てはまらないと考えるもうひとつの理由として、中国が開発途上国の盟主として米国に対抗する存在になり得るかという問題がある。習近平総書記は、2017年の第19回党大会で「人類運命共同体」を提唱し、グローバルなガバナンス・システムの変革を促すとした。実際、中国は世界経済および世界をリードする国として存在感を増すとともに、開発途上国との関係を着実に深化させてきた。

しかし、対中貿易の拡大に比例するかたちで中国の求心力が強まるとは限らない。中国のWTO加盟を機に、多くの国で対中貿易依存度が上昇したものの、それに比例して対中貿易赤字が拡大した。開発途上国の2021年の対中貿易は4070億ドルの赤字である。その一方、対米貿易は6983億ドルの黒字で、開発途上国にとって両国の存在はいかにも対照的である。

各国の対中国貿易収支をGDPで除すことによって、その「深さ」を求めると、2021年でデータが有効な188カ国のうち、黒字ないし赤字がGDP比1・0%未満の国は27・7%で、2000年の81・9%から激減し、資源国以外は対中貿易赤字が急速に拡大している（図表4-3）。その一方、対米貿易収支が黒字ないし赤字がGDP比1%未満の国はおおむね7割を超える水準で安定的に推移している。

米国は、自国市場を積極的に開放することでアブソーバーとして機能してきたが、「世界の工

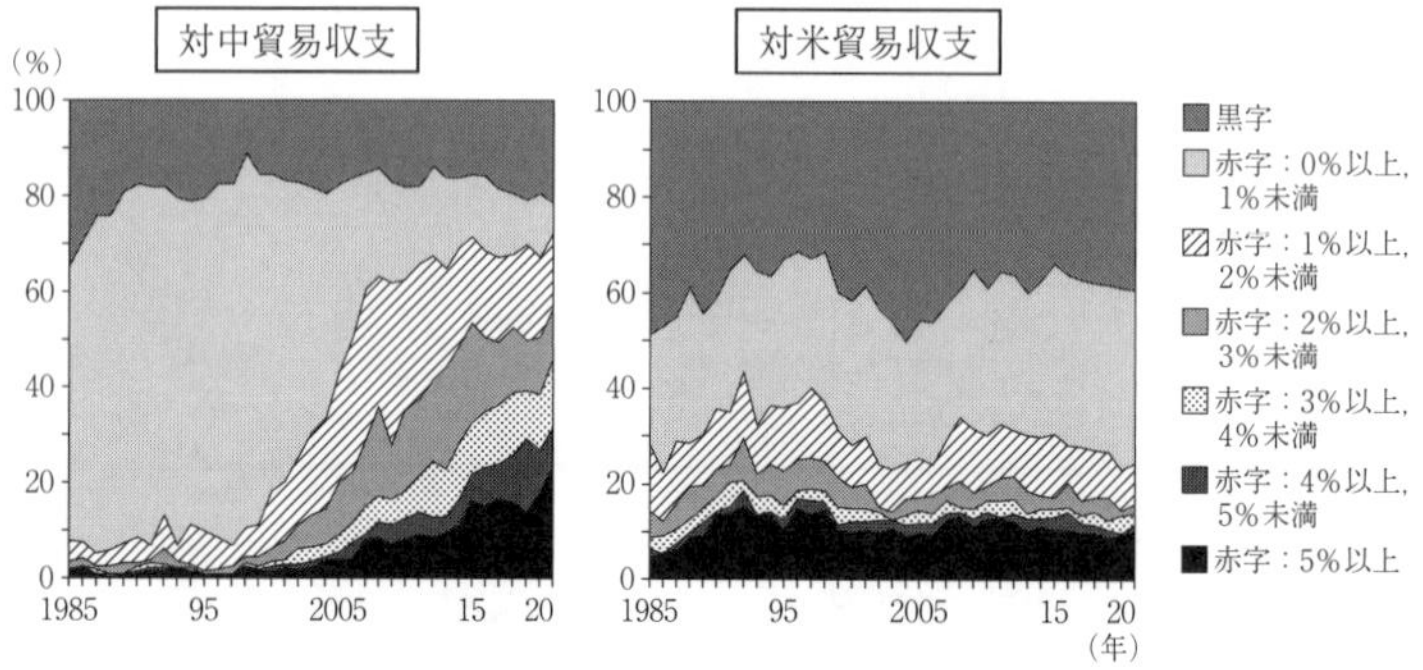

図表4－3　世界各国の対中および対米貿易赤字の深さの比較
（資料）IMF，DOTS，WEOより作成．

場」である中国は国内市場が拡大したとしても需要は中国国内で満たされる。中国は米国を代替する役割を果たし得ないのだ。これは対中貿易赤字が急速に拡大している開発途上国にとって大きな問題となる。東アジア地域包括的経済連携（RCEP）から「離脱」したインドはその好例である。

インドがRCEP離脱を表明した背景には、関税障壁の撤廃により、中国製品が大量に流入し、「草刈り場」にされてしまう、つまり、競争力が低い国内産業が淘汰されかねないという不安がある。「メイク・イン・インディア」を掲げ、製造業の強化を図ろうとしているモディ首相にとって、対中貿易赤字をいかに解消するかは政権の浮沈、そして、インド経済の将来を左右する重要な問題なのである。

国内における求心力低下

習近平総書記は、就任当初から中国が「新常態」にあり、もはや従来のような高成長を望めないことを強調してきた。中国では、当時、8・5～11・5％の成長率が「超高速」であり、新常態によって6・5～8・5％の「中高速」へ移行し、その期間が10〜15年続くと考えられた。[12] しかし、「中高速」はわずか6年で終わり、6・5％未満の「中低速」へ移ってしまった。

習近平政権は2022年の目標成長率を5・5％としたが、IMFは2022年7月の世界経済見通しにおいて、ゼロコロナ政策によるロックダウンにより3・3％となると予測した。「中低速」以下の成長率が具体的に定義されているわけではないものの、中国は「中低速」も通り過ぎ、「低速」に突入する可能性がある。

低所得国を脱した国の成長率が低下することは「中所得国の罠」としてよく知られるが、中国も労働力人口の減少や生産性の低下などによって成長鈍化が見込まれる。しかし、それらは、経済発展に伴う不可避的な問題というより、長年にわたる一人っ子政策の維持や国有企業改革の先送りなど、共産党および政府の不作為に起因するもので、溜まったツケが習近平政権のもとで一気に噴出した格好だ。

もちろん、習近平政権にも責任の一端はある。同政権は、国有企業を「做強做優做大」（より強く、より優秀に、より大きくする）としているように、国有企業は強い中国を体現する存在でなければならないと考える。中国には、電子商取引（EC）最大手のアリババや動画投稿アプリのティックトック（TikTok）を運営するバイトダンスなど、世界的にみても競争力と知名度が高いIT企業が多い。しかし、それらはあくまで民営企業であり、中国を代表する資格を持たない。国有企業を重視する同政権が国有企業改革に踏み込む可能性は皆無である。

しかし、その国有企業は中国経済の基盤を侵食しつづけている。国有企業の資産がどれだけの利益を生み出したかを示す総資本利潤率をみると、２００７年をピークに断続的に低下している。その一方、資産負債比率はほとんど変化していない（図表４‐４）。国有企業は過剰債務下で成長が鈍化する中国経済を象徴する存在である。

より深刻な問題は、国有企業の穴を埋めてきた民営企業も不振に喘いでいることである。鉱工業分野の私営企業（民営企業の一形態で、国有資本の割合が最も少ない小規模企業群[13]）の総資本利潤率は２０２０年に５・４％となり、２０１１年の11・２％の半分以下となった（図表４‐５）。民営企業

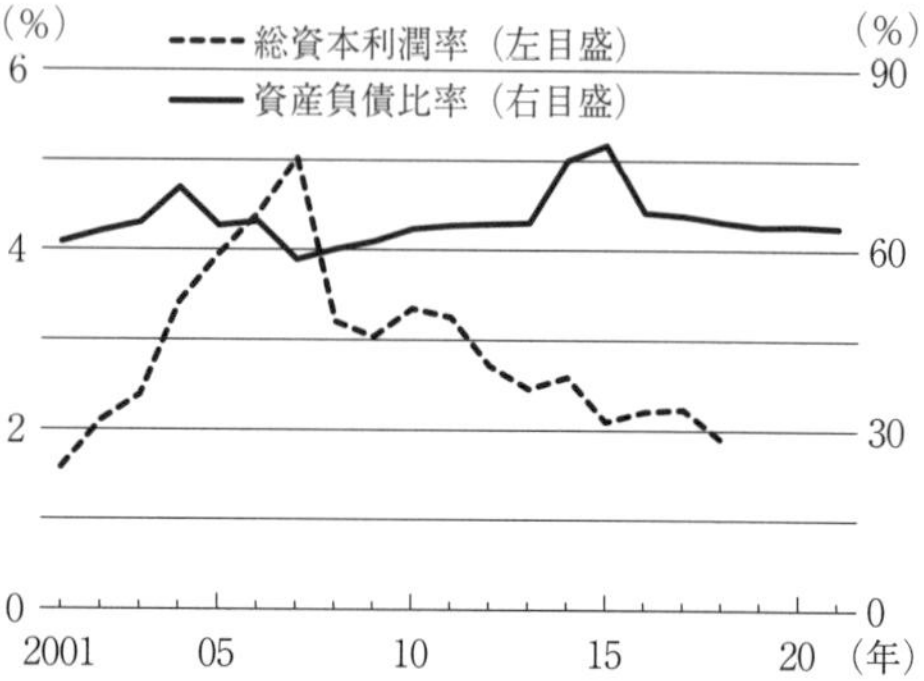

図表４‐４　国有企業の総資本利潤率と資産負債比率
（注）2019年以降は資本および負債額が公表されなくなったため，総資本利潤率は不明.
（資料）財政部資料より作成.

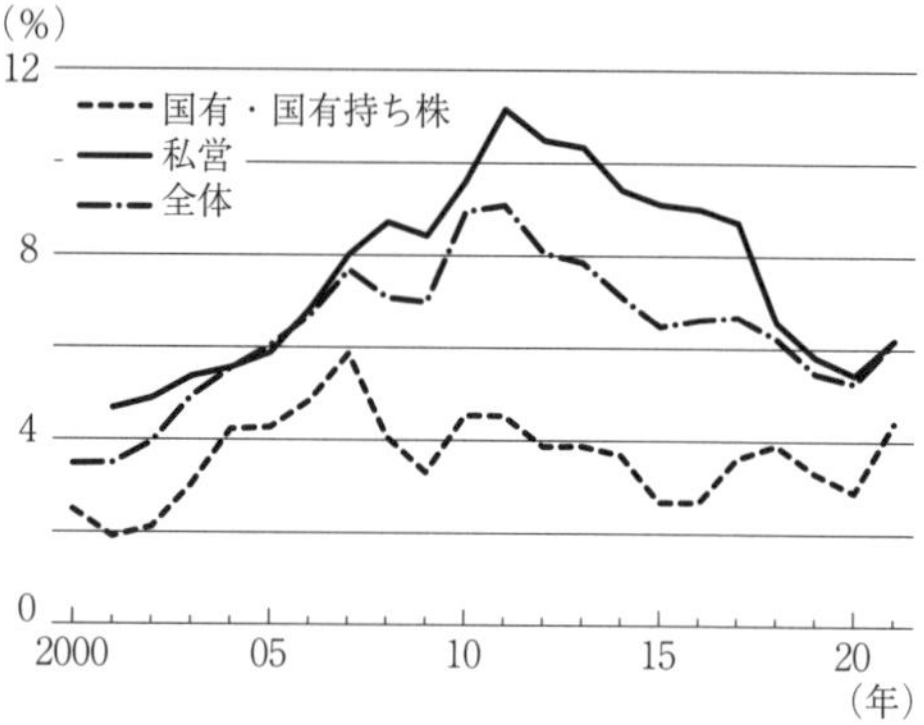

図表４‐５　所有形態別にみた鉱工業分野の総資本利潤率
（資料）CEICより作成.

は2000年代に企業の爆発的増加によって主管業務収入と利潤がともに年平均50％前後の伸びを記録したが、もはやその面影はない。

電子商取引（EC）や金融とITを融合させたフィンテック（Fintech）に代表されるデジタル経済の減速も懸念材料である。中国のデジタル経済は2020年にGDPの4割を占め、経済を牽引する役割を果たしてきた[14]。しかし、習近平政権が「共同富裕」を唱え、IT産業に対する引き締めを強化しはじめたことによって、同産業を取り巻く環境は大きく変化した。この問題は第7章で詳しく取り上げるが、共産党のグリップはますます強まり、IT産業の発展を阻害すると見込まれる。

習近平政権は、改革を通じた成長率の引き上げではなく、反腐敗キャンペーンなどの綱紀粛正や情報統制によっていかに求心力を維持するかに腐心してきた。反腐敗に対する取り組みは国民の支持を得ており、国家統計局（NBS）によれば2012年に75％であった満足度は2016年に92・9％に上昇した。情報統制もよく効いており、政治体制はもちろん経済政策についてでさえ、政権批判は許されない。

とはいえ、「低速」であることによる求心力の低下は免れない。米国との対立はこの問題から国民の関心をそらす材料のひとつであり、習近平政権は「強国」の看板を降ろすことはなく、新疆ウイグル自治区の人権問題や台湾統一に介入する米国に反発し、牽制を続けるであろう。ただし、それが行き過ぎ、米国の経済制裁を誘発するような事態は回避するはずである。経済制裁が広がれば、成長率目標を議論することさえできなくなる。

2022年4月、欧米諸国を舌鋒鋭く批判してきた中国外務省の趙立堅副報道局長が「米軍が新型コロナウイルスを中国に持ち込んだ」とする以前の発言を訂正した。これは欧米諸国における嫌中感情の高まりを警戒したためとみられる。習近平政権が自らの意思で米国との対立を先鋭化させ、求心力を高めるという暴挙にでる可能性は極めて低い。イノベーションを起爆剤にした知識集約的経済への移行を加速することで「中低速」へ回帰するというのが優先されるシナリオである。

第5章　不動産バブル崩壊を防げるか

日本では、〝中国の不動産バブル崩壊は間近〟とする見方が強まっている。以下では、政府の価格下支えに対する期待が強く、直ちにバブルが崩壊するわけではないことを明らかにする。住宅市場を取り巻く環境は厳しいものの、市場の安定を重視する政策が採られるという見方を示す。習近平政権はそれによって国民皆を豊かにする「共同富裕」が遠のくジレンマに直面する。

1　中国の不動産市場

中国の不動産バブル崩壊の可能性について議論する前に、社会主義国家の建設を建前とする中国になぜ不動産市場が存在するのかという基本的な問題に触れておこう。

中国共産党は社会主義国家の建設を目指し、毛沢東共産党主席（当時）のもとで鉄鋼や農作物の大増産運動「大躍進政策」（1958〜61年）を進めた。しかし、大量の餓死者を出すなど、急進的な社会主義化は失敗した。これを受け、共産党は中国の発展段階は遅れており、旧ソ連のように一足飛びに社会主義化することが難しいため、社会主義市場経済という経済体制を採り、経済が十分に発展したところで社会主義に移行するとした。

社会主義市場経済は、市場原理を積極的に採り入れる、つまり、市場経済化を進めながら、経済発展を促すことを意味し、改革開放政策の導入を図った鄧小平氏によって提唱され、1992年の第14回共産党大会で承認された。これにより、配給制や価格統制といった社会主義経済特有の制度は姿を消し、中国経済のほとんどの部分は市場メカニズムで動くようになった。中国には不動産市場だけでなく、証券市場や債券市場も存在する。

中国で不動産市場が誕生したのは、1990年代後半、朱鎔基首相（当時）が国有企業改革を進めたことが大きい。当時の国有企業は「単位」とよばれ、住宅、学校、病院など、従業員の生活全てを支える存在であったが、国有企業の業績悪化に伴い財政負担が拡大する悪循環に陥った。朱鎔基首相は、改革により国有企業を削減するとともに、住宅、学校、病院を企業から切り離した。住宅は従業員に払い下げられ、国有企業の従業員は住宅の所有者となった。これにより都市部に不動産市場が誕生した。

中国では土地は全人民、つまり、国家の所有であり、住宅の所有者は期限付きの土地使用権を持っているにすぎないが、都市の住宅は日本と同様に新築、中古ともに需要と供給に基づく市場価格で取り引きされる。なお、農地は集団所有で、農民に期限付きの耕作権が与えられているにすぎないため市場化の対象外である。また、政府は食糧の安定供給を確保するため、農地の宅地転用を厳しく制限している。

地方政府が宅地開発用の土地使用権の供給を制限する一方、高成長下で人口増加と都市化が進んだことにより、都市の住宅需要が急速に拡大したため、住宅価格は右肩上がりで上昇し、不動産開発業は中国経済を支える屋台骨となった。国家統計局によれば、GDPに占める不動産開発業の割合は2020年で7・3％であるが、ハーバード大学のケネス・ロゴフ教授らは、不動産開発業は関連産業を含めるとGDPの29％（Rogoff and Yang［2020］）、スタンダード・アンド・プアーズ（S&P）も30％と推計する[15]。

それに伴い住宅価格の下落が経済に与える影響も大きくなった。不動産開発業の負債額は2020年で85・7兆元と鉱工業全体の負債額73・6兆元を上回り、住宅ローン残高も34・4兆元と銀行融資残高の2割を占めることから、住宅価格の下落は金融セクターを直撃し、不安定化させる。このため、中国の住宅市場は官製市場の色合いが一段と濃くなっている。2022年に入り政府による住宅価格下支えの動きが顕在化したほか、同年後半には未完成物件の所有者が住宅ローンの支払いを拒否することで政府の介入により住宅の完成を期待する動きが広がった。

2　価格低下が続く住宅市場

先行き楽観論は後退

中国の住宅市場は一見すると好調である。国家統計局（NBS）によれば、2021年の住宅開発投資は前年比6・4％増の11・1兆元、販売額は同5・3％増の16・3兆元、1平方メートル当たりの住宅価格は同12・9％増の1万139元となり、全て前年比プラスの伸びを維持した。しかし、その要因は、コロナ禍で2020年前半の経済活動が停滞したことが大きい。

月ベースの住宅価格の対前月比変動幅をみると、2021年9月以降、市場が急速に変化していることがわかる。前月を100とした70都市の前月比増減率の中位数（メジアン）を採ることで、価格変動の動きを捉えると、2021年9月以降の低下幅は2014年に比べまだ小さい（図表5-1）。しかし、新築と中古ともに価格が上昇する期間が2015年6月から75カ月も続いたことから、価格下振れリスクは高い。中国では住宅価格が断続的に低下する「降価潮」が7年ぶりに現れたとされている。

この問題は、2022年に入って顕在化したオミクロン株の感染拡大によって拍車がかかった。上海市のロックダウンをはじめ、多くの都市で行動制限が課されたことを受け、不動産専門シンクタンクの易居房地産研究院は2022年4月の新築住宅の平均販売価格が下落し、前年同月比マイナス0・1％になったとした。新築住宅価格が前年同月比でマイナスを記録するのは2015年12

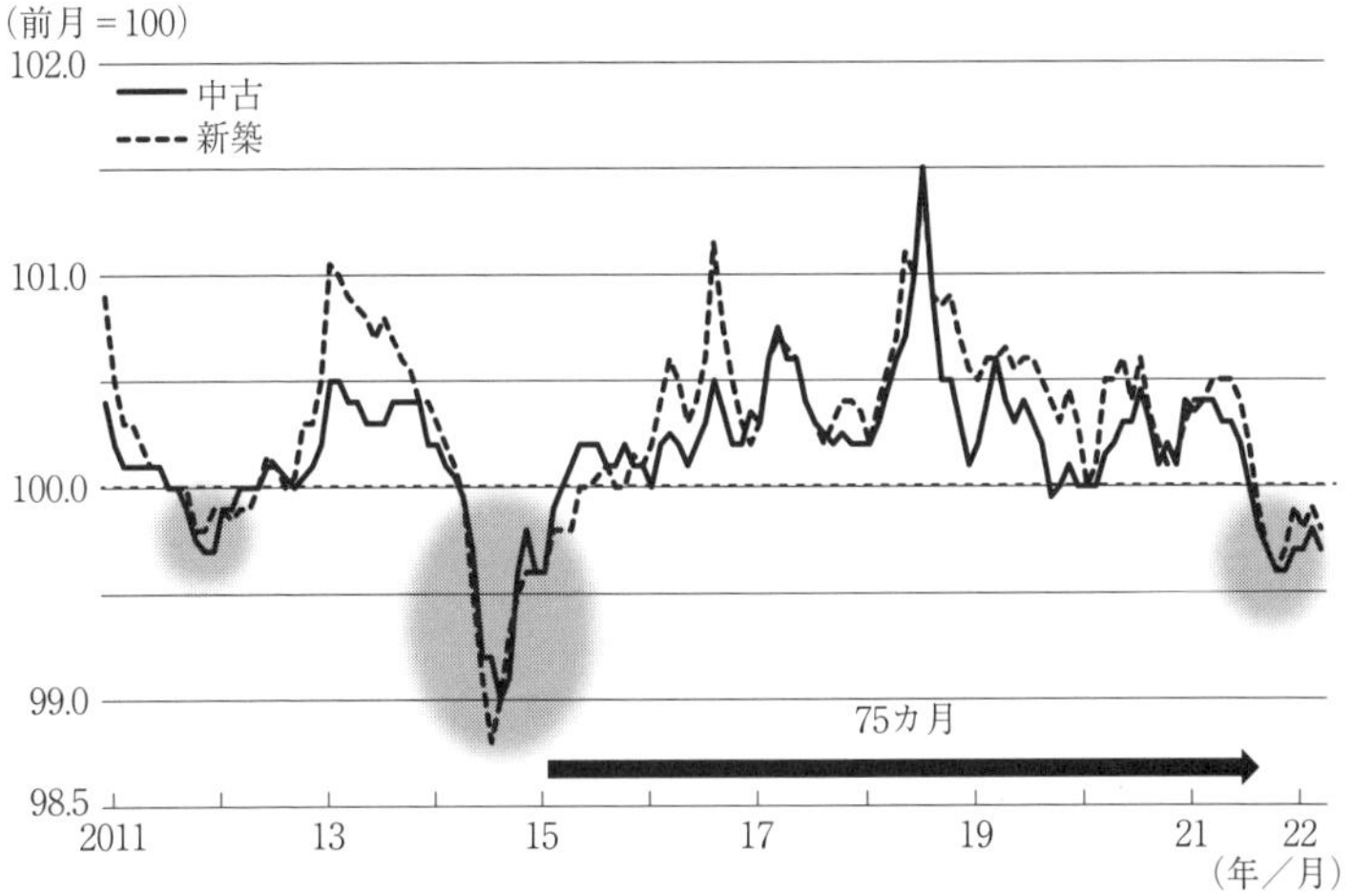

図表5－1　70都市の住宅価格の前月比増減率の推移（中位数）
（資料）CEICより作成.

月以来である。

中国の住宅価格は、年ベースでみれば統計がとれる1991年から上昇を続けており、前年比マイナスとなったのは1999年（マイナス0・5％）と2008年（マイナス1・7％）しかない。住宅価格は、2021年末から2022年初めにかけて持ち直しの気配がみられ、不動産市場をモニタリングする貝殻研究院は、2022年の住宅価格は前年比2～3％上昇するとした。しかし、こうした楽観的な見通しは後退しつつある。

住宅価格の低下は地理的な広がりをもって進んでいる。国家統計局は、主要70都市の住宅価格を新築と中古に分け、前月比伸び率を「上昇」「不変」「低下」の3つに分類した統計を公表している。2021年11月、新築は84・3％に相当する59都市で、中古は90・0％に相当する63都市で「低下」を記録した（図表5－2）。

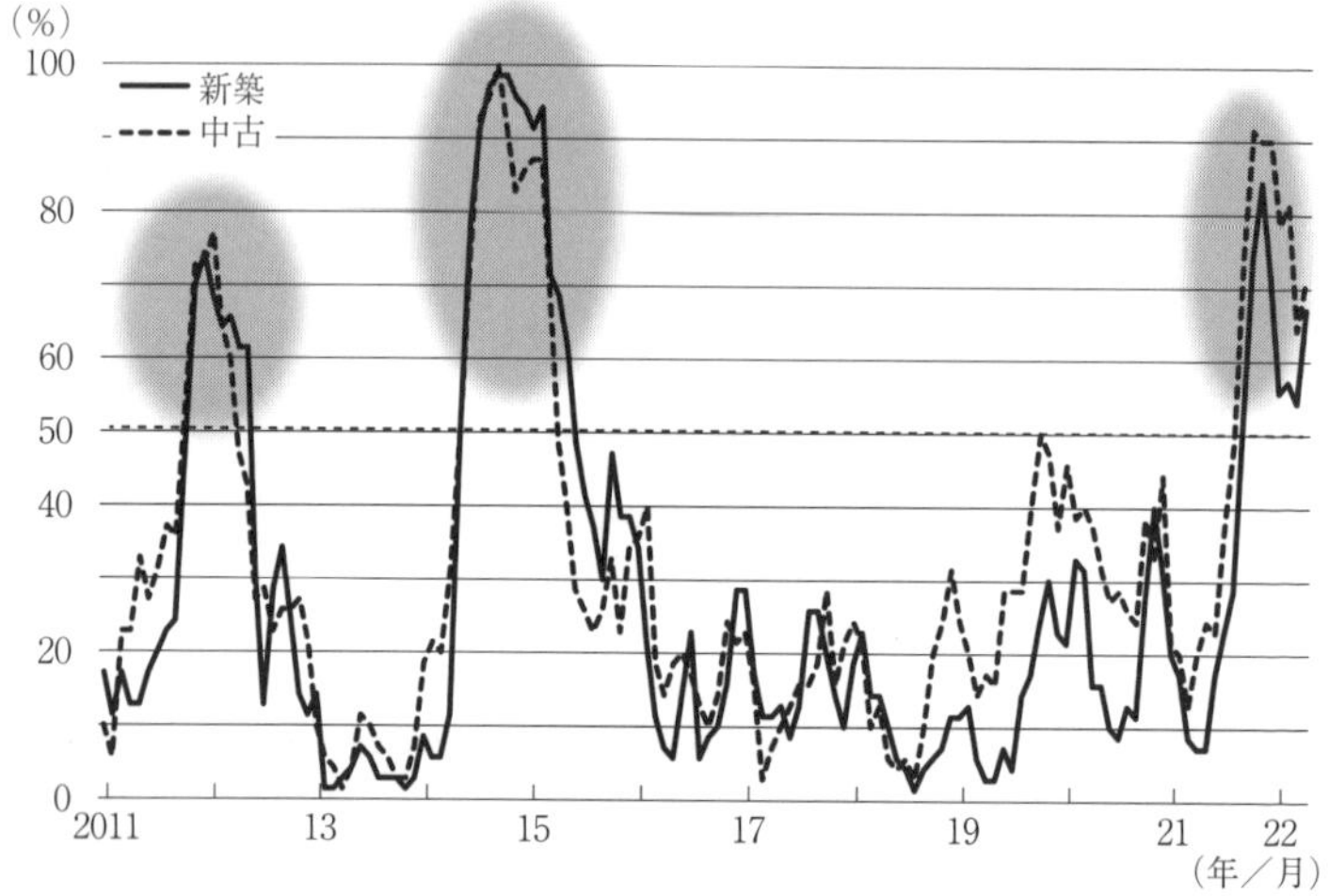

図表5－2　70都市のなかで住宅価格が低下（前月比）した都市の割合
（資料）同前.

いずれも2022年に入り持ち直すかにみえたが、オミクロン株の感染拡大に伴い再び「低下」が増加している。

住宅市場の先行きは、在庫が積みあがっていることからも厳しいといえる。国家統計局は、1990年代後半から住宅建設面積と住宅販売面積を公表している。前者は文字どおり建設された面積であり、後者は売買契約が成立した面積である。両者の差を在庫とし、それを当該年の月平均販売面積で除したものを在庫処分に要する期間（在庫処分期間）とすると、2021年末時点の在庫処分期間は37・5カ月となり、ピークを記録した2014年の水準に近づいている（図表5－3）。

2021年の月平均住宅販売面積は年前半が好調であったことから、前年比1・1%増の1億4230万平方メートルとなった。しかし、販売面積が落ち込んだ年後半（7～12月）の月平均住宅販売面積は前年同期比17・4％減の1億2908万平方メートルである。在庫をこれで除した場合の在庫処分期間は41・4カ月に伸びる。ゼロコロナ政策によって、2022年も住宅販売が低迷すれば、在庫は2014年を上回り、過去最高の水準に達する可能性がある。

不動産開発大手恒大集団の債務不履行（デフォルト）に象徴されるように、不動産開発企業の債務削減を通じた経営健全化が急務となっていること、日本の固定資産税にあたる不動産税の導入が決まり、市場の先行き不安が強まっていることから、住宅価格の低下は長期化する可能性が高い（第7章参照）。格付け大手のスタンダード・アンド・プアーズ（S&P）は、2022年の住宅販売額は前年比10％減、2023年も同5～10％減となり、この間住宅価格が3・0％程度低下するとみる。[16] ここにはオミクロン株の感染拡大の影響は含まれていないことから、実際の低下幅は3％を超えると見込まれる。

図表5－3　住宅在庫面積と在庫処分期間

（注）在庫処分期間＝（累計住宅建設面積－累計住宅販売面積）／当該年の月平均住宅販売面積.

（資料）同前.

ゼロコロナ政策はいつまで

上海市のロックダウンは、ゼロコロナ政策が住宅市場はもちろん、生産・物流機能を低下させ、経済および社会に甚大な影響を与えることを明らかにした。ウィズコロナ政策に転じた日本を始めとする先進国は、非合理的なぜゼロコロナ政策に固執する習近平政権を半ばあきらめの気持ちでみている。経済が失速するだけでなく、脱「中国依存」が加速するとともに、厳しい私権の制限により政権に対する反発が強まるなど、ゼロコロナ政策の代償は大きい。

習近平政権はなぜゼロコロナ政策に固執するのであろうか。理由のひとつと考えられるのが、防疫政策における中国の優位性を誇示したいという習近平政権の思惑である。ジョンズ・ホプキンス大学によれば、新型コロナウイルスの感染による中国の死者は、2022年6月8日時点で1万4612人と、米国の100万8857人の1・4%にすぎない。両国の人口は14・1億人と3・3億人であり、国民の生命を守るという点で中国は突出した成果をあげている。

習近平政権は、2020年の湖北省武漢市における感染を抑え込んだことを「勝利」として内外に宣伝してきた。オミクロン株の感染力が高いからといって、ウィズコロナに転じてしまえば、それがかすんでしまう。これは面子の問題であり、日本からみるとなぜそこまで拘るのかがなかなか理解できない。しかし、習近平政権が「勝利」を単なる防疫政策の優劣ではなく、中国共産党の一党支配という政治体制の優位性を象徴するものと考えているとすれば、ウィズコロナに転じられないのはもっともといえる。

もうひとつの理由は、ゼロコロナ政策が機能しうると考えていることである。日本では、食料調達もままならない上海市のロックダウンの苛酷さが盛んに紹介されたが、そのほかの都市におけるゼロコロナ政策は機能している。IT産業が集積する深圳市は2022年3月14日にロックダウンに踏み切り、世界に衝撃を与えたが、わずか1週間で解除に至った。吉林省長春市も3月11日から約7週間で終わった。一時、45都市に広がったロックダウンは、2022年6月末に5都市になった。

ロックダウンの期間は期初の感染者の多寡によって左右される。深圳市のロックダウン当初の感染者はわずか29人であったのに対し、長春市は190人、上海市は4382人であった。習近平政権が、早い段階でロックダウンに踏み切れば、感染拡大は抑制可能、と考えたとしても不思議ではない。天津市和平区は、5月25日から3日間踏み切ったが、同日の感染者はわずか18人であった。防疫政策は小さい行政単位で早目にロックダウンに踏み切る、というのが標準になるであろう。

最後の理由は、ウィズコロナ政策の採用が難しいことである。中国は感染拡大の抑制に成功したため、免疫を獲得した人の割合が少ない。ワクチン接種を完了した人は、2022年6月初めの時点で12億人を超えるが、国産ワクチンは旧世代の不活性化ワクチンであるため効果が低く、オミクロン株の脅威に無防備な人が多い。生物医学ジャーナル誌『ネイチャーメディスン（Nature Medicine）』は、2022年5月、ゼロコロナ政策がなければ、中国はオミクロン株の感染拡大により、医療崩壊が起こるとともに、9月までに150万人の死者を出す可能性があると指摘した⒄。

ゼロコロナ政策は必然的に長期戦となる。中国政府もそう考えていることは、2022年5月に翌年6月に予定されるサッカーアジア大会の開催を辞退したことからも裏付けられる。習近平政権は、ゼロコロナ政策によって感染拡大を抑制し、経済を正常軌道に戻すことができるのか。北京市はロックダウンこそしていないが、感染者の増加によりロックダウンへの警戒感が高まり、スーパーに長蛇の列ができるなど、市民生活は混乱した。

ゼロコロナ政策の問題は、ウイルスが頻繁に変異し、いつ終わるのかという着地点がみえないことである。新型コロナウイルスは重症化しにくくなる一方で、感染力を高める方向に変異しているようにみえる。2022年7月、オミクロン株の感染拡大が収まり、正常化に向けようやく動き出したと思った矢先に、今度はオミクロン株の派生型で感染力がより強いとされる「BA.5」が確認された。感染者ゼロが難しいことは明らかである。

このため、企業や市民はいつまでたってもロックダウンの不安から解放されず、リスクに備える抑制的な行動を採らざるを得ない。これが投資や消費を停滞させ、中国経済に影響を与えるのは言うまでもない。習近平政権はどこかの段階で感染者よりも死者が少ないことに重点を置くかたちで、ゼロコロナ政策の見直しに踏み切らざるを得ないであろう。

経済成長率の鈍化に脱「中国依存」の動きが重なれば、いつまでもゼロコロナ政策に固執するわけにはいかない。ファイザーやモデルナといった外国製ワクチンの輸入は、ウィズコロナ政策への近道である。しかし、内外で有効性が高いとしてきた国産ワクチンを否定する、つまり、中国の技術力が米国に劣ることを政府自らが認めることになるため、それが実現する可能性は低い。

批判を許容しない閉鎖的な言論空間によって、選択できる政策の幅が狭まっている習近平政権にとって、ウィズコロナ政策への転換を可能にするのは効果の高いワクチンの開発を進め、8割程度とされる高齢者のワクチン接種率を引き上げることである。中国は先進国と同じメッセンジャーRNAワクチンを開発し、2022年6月には従来の不活性化ワクチンに比べ高い効果がある、という治験結果を公表した。

価格低下の経済的・社会的影響

①高まるデフォルト懸念

話を住宅市場に戻そう。価格の低下に伴う住宅市場の落ち込みは、経済や金融、そして、社会や政治の安定性にも影響を与える。主だったものを検証していこう。

第1に挙げられるのは、恒大集団のデフォルトに象徴される不動産開発企業の経営不安である。中国の不動産開発業は2020年末の負債額が85・7兆元、資産負債比率が80・7%と、鉱工業の73・5兆元、56・4%を大幅に上回る。住宅価格は必ず上昇し、造れば売れるという前提で借入を最大限に膨らませるレバレッジを効かせた不動産開発企業の経営手法は中国経済を牽引する役割を果たしてきたが、現在は腰折れを引き起こすリスク要因と見做されている。

恒大集団は2021年9月にデフォルト懸念が高まり、中国経済の先行きを象徴する存在となった。同集団は、それ以降も幾度となく危機をかろうじて回避してきたが、12月についに格付け大手フィッチ・レーティングス（Fitch Ratings）が猶予期間を過ぎたドル建て債を部分的なデフォルトと認定した。同集団は、広東省政府の支援を受け、外貨建て債務の再編や住宅の完工・引き渡しを進めている。それでも、2022年に入り香港証券取引所で株式の取引が再停止されるなど、先行き不安はなかなか払拭されない。

デフォルトは恒大集団にとどまらず、他の不動産開発企業に広がっている。2021年から2022年5月までにデフォルトに陥った企業で、不動産業協会による2020年のトップ500にランクインしている企業として、融創中国（4位）、世茂集団（11位）、華夏幸福（12位）、正栄地産集団（19位）、藍光発展（28位）、佳兆業（30位）、新力控股（38位）、禹洲集団（39位）、花様年（71位）、当代置業（78位）、協信遠創（91位）、陽光100（100位）、天房集団（184位）などがある。

デフォルトに陥ったのはほとんどがオフショア市場で発行したドル建て社債で、不動産開発企業の2021年のデフォルト額は468億ドルと、前年の180億ドルの2・6倍となった。問題は銀行融資にも及び、S&Pは2021年の不動産開発企業向け融資の不良債権比率が5・5%と、前年の2・0%から大幅に上昇し、その後も高水準で推移するとみている（図表5-4）。2021年には396社の不動産開発企業が破産に追い込まれた。

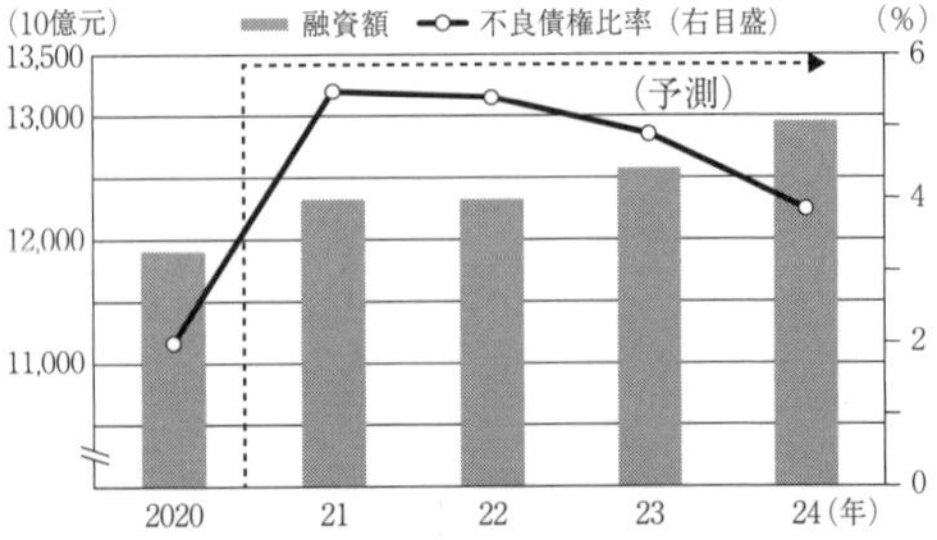

図表5-4　不動産開発企業向け融資と不良債権比率
（注）2021年以降は予測値.
（資料）S&P資料より作成.

資金調達環境が一向に改善しない背景には、不動産開発企業の過剰債務があまりにも深刻で、解消に向けた道筋がなかなかみえないことがある。政府は、2020年9月、同企業の債務削減を促すことを目的に「三道紅線」を導入した。「三道紅線」は3つのレッドラインを意味し、①前受金を除く負債資産比率70%以下、②純負債比率100%以下、③保有現金の短期債務比率100%以上という目標を設け、その達成度によってその後の有利子負債をどこまで増やせるかが決まる仕組みである。

不動産開発企業は、①3つのラインをひとつも達成していない「赤」に該当する企業、②1つを達成した「オレンジ」に該当する企業、③2つを達成した「黄」に該当する企業、④3つのラインを全て達成した「緑」に該当する企業に分類される。3つの目標を達成した「緑」企業は有利子負債を前年実績の115%まで増やすことができるが、易居不動産研究院が97社を対象にした調査によれば、2021年6月末時点で「緑」企業は44社と2020年末の39社から5社しか増えておらず、ゴールがなかなかみえない。

背景には、不動産開発企業が銀行借入や社債発行による資金調達が難しくなる一方で、販売低迷により前受金も入らない二重苦に直面していることがある。不動産専門の民間シンクタンク中指研究院によれば、不動産開発企業の2021年の銀行融資以外の資金調達額は前年比26・3%減の1兆7652億元であった。トップ100社の販売面積は5億6943万平方メートルと同1・6%増となんとかプラスの伸びを維持したものの、値下げにより収益率が低下しているとみられる。

②地方政府の歳入減

第2に挙げられるのは、地方政府の歳入減少である。不動産開発企業の資金繰り悪化と住宅市場の先行き不透明感の高まりを受け、宅地に対する需要が減少し、土地使用権譲渡収入に依存する地方政府の歳入に影響が及んでいる。一般公共予算収入と特別会計に相当する政府性基金収入を合わせた歳入全体に占める土地使用権譲渡収入の割合は2020年に44・3%に達したが、2021年には42・5%となった（図表5‐5）。

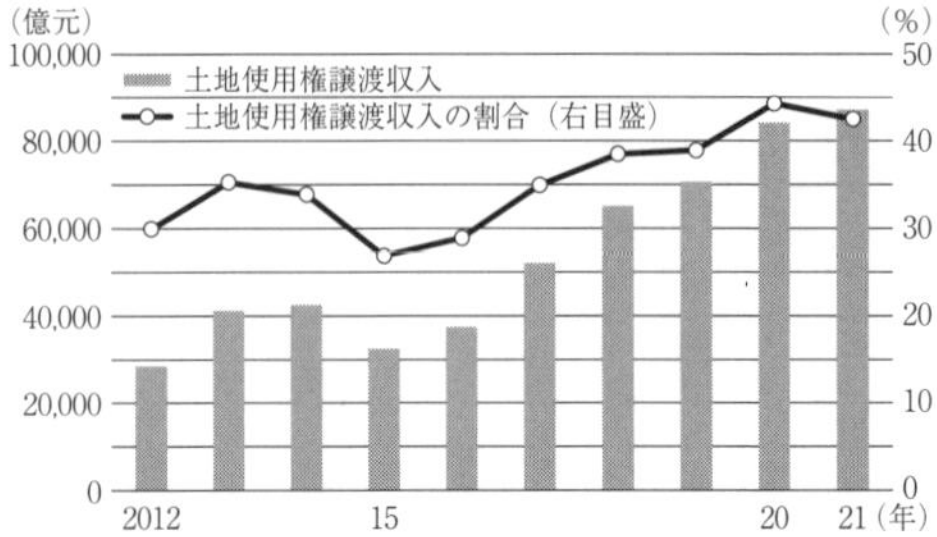

図表５－５　土地使用権譲渡収入とその地方政府の歳入に占める割合

（注）歳入は一般公共予算収入と政府性基金収入の合計.

（資料）財政部資料より作成.

低下幅は小さいが、土地使用権譲渡収入の月次ベースの伸び率をみると、２０２１年は前半と後半で様相が大きく変化しており、先行きは楽観できない。年前半は前年同期比22・４％増と高い伸びとなったものの、後半は一転、同６・１％減となった。２０２２年の住宅市場が前年後半と同様の停滞を強いられることになれば、土地使用権譲渡収入は大きく落ち込み、地方政府の歳入に占める土地使用権譲渡収入の割合も低下する。

ロイターが１０００件の公示情報を調べたところ、２０２１年６～10月に開催された入札のうち入札が中止された、あるいは、応札がなかったものが全体の４割に及ぶという。中国国内でも同様の指摘があり、中指研究院が22都市を対象にした調査では、２０２１年に入札にかけられた区画のうち最低価格による入札となった区画の割合が前年の56・２％から62・８％に、入札が成立しなかった区画の割合も７・６％から21・３％に増えたとされる。

２０２１年末、黒竜江省鶴崗市が市職員の採用を見送り、事実上の財政破綻に陥ったことが明らかになった。同市の破綻は資源枯渇に伴い基幹産業である石炭産業が衰退し、人口流出が続いたことが主因である。その一方、同市は２０１９年４月時点で住宅価格が全国平均の10分の１と、最も価格が安い都市とされた。住宅価格の低下と財政悪化は往々にして同時に起こる。土地使用権譲渡収入の減少が長期化すれば、財政破綻都市がそこかしこに出現することになろう。

③住宅購入者の抗議

住宅価格の低下に起因する社会的な問題としては、住宅購入者による集団抗議の広がりが挙げられる。不動産開発企業に対する抗議としては、2021年9月に社債の利払いが滞り、広東省の恒大集団本社に個人投資家が押し寄せたことが記憶に新しい。同集団では、2022年1月にも同様の問題が発生し、全国の支社に個人投資家が押しかけることとなった。投資資金の返却を求める抗議は、デフォルトが不動産開発企業全体に広がるのに伴い今後も頻発する可能性がある。

最近注目されるようになっているのはマンション購入後に値下げを知った人々が差額の返還を求める抗議である。購入金額に差が生じればトラブルに発展するため、中国においても日本と同様に原則として新築マンションの値下げが行われることはない。にもかかわらず、同企業が値下げに踏み切るのは資金繰りに行き詰まり、値下げをしてでも当座の資金を確保する必要があるためだ。

値下げ幅は地域や企業によって異なるが、天津市では1平方メートル当たりの価格が1万3000元から7000元へと46・2%、雲南省昆明市では1万6000元から1万元へと37・5%の値下げがなされた。これは値下げ前に購入した人にとって看過できない問題であり、資金の返還を求める集団抗議は2021年9〜11月だけで20件に及ぶ。中国では価格低下を受け、住宅購入を見合わせる人が増える一方で、値下げを好機とみる人が依然として多いことから、こうした抗議は今後も発生すると見込まれる。

住宅購入者がかかえるもうひとつの問題として、不動産開発企業の建設会社への支払いが滞り、工事がストップした結果、頭金を支払い、住宅の引き渡しを待っていた人が、住宅を手に入れられないことがある。こうした物件は恒大集団だけで100万戸以上あるとされる。政府は住宅購入者の権利を保護するとし、不動産開発企業に住宅の完工・引き渡しを急がせている。もっとも、いずれの問題も地域と利害関係者が狭い範囲に限定されるため、デモなどの抗議は散発的であり、社会不安を招来する問題に発展する可能性は低い。

3　浮上する住宅バブル崩壊の懸念

「過冷」からバブル崩壊へ進むのか

中国では住宅価格が想定を上回って低下する「過冷」を危惧する見方が現れはじめている。「過冷」とは、住宅購入側からみると、価格の「低下」を予想する見方が強まる→買い控えが広がる→実際に価格が低下する→「低下」に対する見方がさらに強まる、という循環によって起きる現象といえる。「過冷」は、不動産開発業はもちろん不動産向け融資の依存度が高い銀行、住宅が保有資産の7割を占める家計に影響を与え、中国経済を腰折れさせかねない。

常に「過熱」が懸念されてきた中国の住宅市場で「過冷」が懸念されるのは2014年以来であ

る。実際、一部の都市では買い控えの動きが表面化している。２０２１年に住宅価格の上昇が最も顕著であった深圳市では、２０２２年１月２日に販売が始まったマンション３４４戸のうち売約済となったのは７日時点でわずか１戸だけであった。これは住宅購入熱が冷めたことを象徴し、２０２２年の波乱を予感させるニュースとされた。

　同市では、不動産開発企業への土地使用権の譲渡区画が２０２０～21年に過去に例をみない規模で増えたため、今後も供給過多が続き、価格、立地、設備などで優位性がなく、売れない物件が頻出するとみられる。深圳市の注宅価格は図表５－１で示した70都市のなかで、２０１５年６月からの上昇幅と、２０２１年後半の低下幅が最も大きく、先行き不安が強まる住宅市場を象徴する都市となっている。

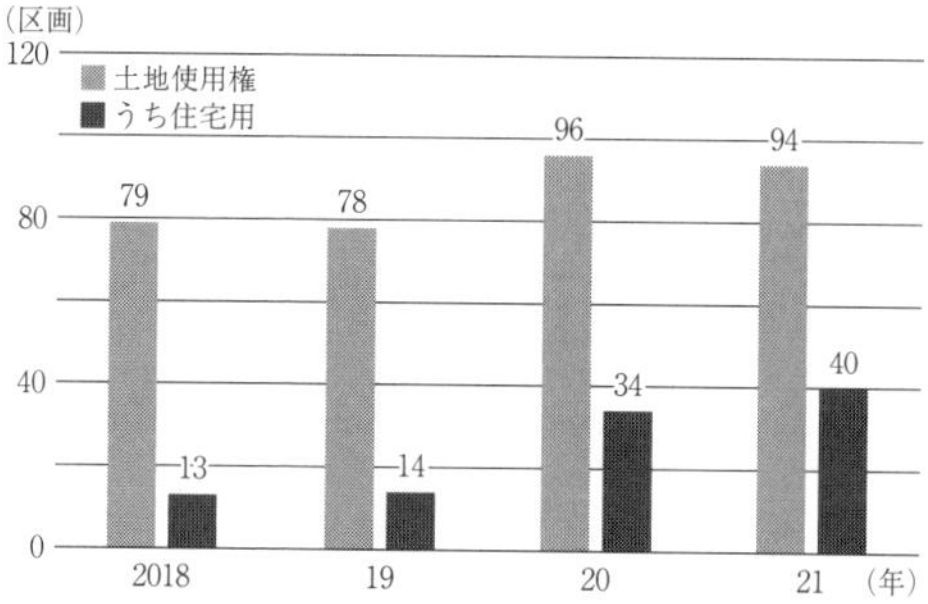

図表５－６　深圳市における土地使用権譲渡実績

(注) 区画の面積は2021年平均でみると，１区画＝14.4万平方メートル．

(資料) 現地報道資料より作成．

　土地使用権は、住宅価格が上昇している局面においては不動産開発企業にとって打ち出の小槌であり、成長を実現する方程式は事業拡大路線、つまり、借入を最大限に増やし、入札を通じて地方政府から購入した土地にできるだけ早くマンションを建設し、地方政府に支払った土地使用権料を回収、次のプロジェクトに着手することであった。しかし、こうした事業展開は習近平政権が格差の是正を通じて国民の誰もが豊かさを実感できる共同富裕を掲げ、不動産開発業に対する規制を強化したことにより行き詰まった（第7章参照）。

資金繰りの問題を抱える不動産開発企業は、土地使用権の入札に参加できなくなり、2021年の土地使用権購入面積は前年比15・5％減の2・2億平方メートルとなった。これは住宅価格の低下に対する正常な反応といえるが、深圳市の場合は、販売に至らない土地を抱える不動産開発企業が資金確保のため住宅価格の引き下げに踏み切り、それが買い控えを誘発し、さらなる引き下げを余儀なくされる悪循環に陥っている。

「過冷」は他の都市でも起こる可能性がある。不動産開発企業の土地使用権の購入実績に関する統計はまだ十分に整備されていないが、上海市の不動産開発企業の2021年の土地使用権購入面積は前年同期比39・2％増の377万平方メートルであった。天津市と北京市もそれぞれ同45・7％増（389万平方メートル）、同57・1％増（231万平方メートル）と、沿海大都市の不動産開発企業は土地使用権の購入に積極的であった。これは住宅需要が底堅いことを見込んでいたためと思われるが、今後は価格引き下げ圧力に晒されることとなろう。

価格上昇が見込めない住宅を買う人はいない、あるいは、「鬼城」と称されるゴーストタウンの出現が暗示するように在庫が積みあがっているとして、バブル崩壊は必至という見方が日本では示されるようになっている。販売側と購入側の双方が図らずも住宅価格低下を誘発する動きを強めていること、また、これ以上の価格上昇を見込むのは非現実的であることから、バブル崩壊説の説得力はかつてなく高まっている。

しかし、バブル崩壊説は住宅価格がどのように変化するとみているかという住宅購入者の認識に

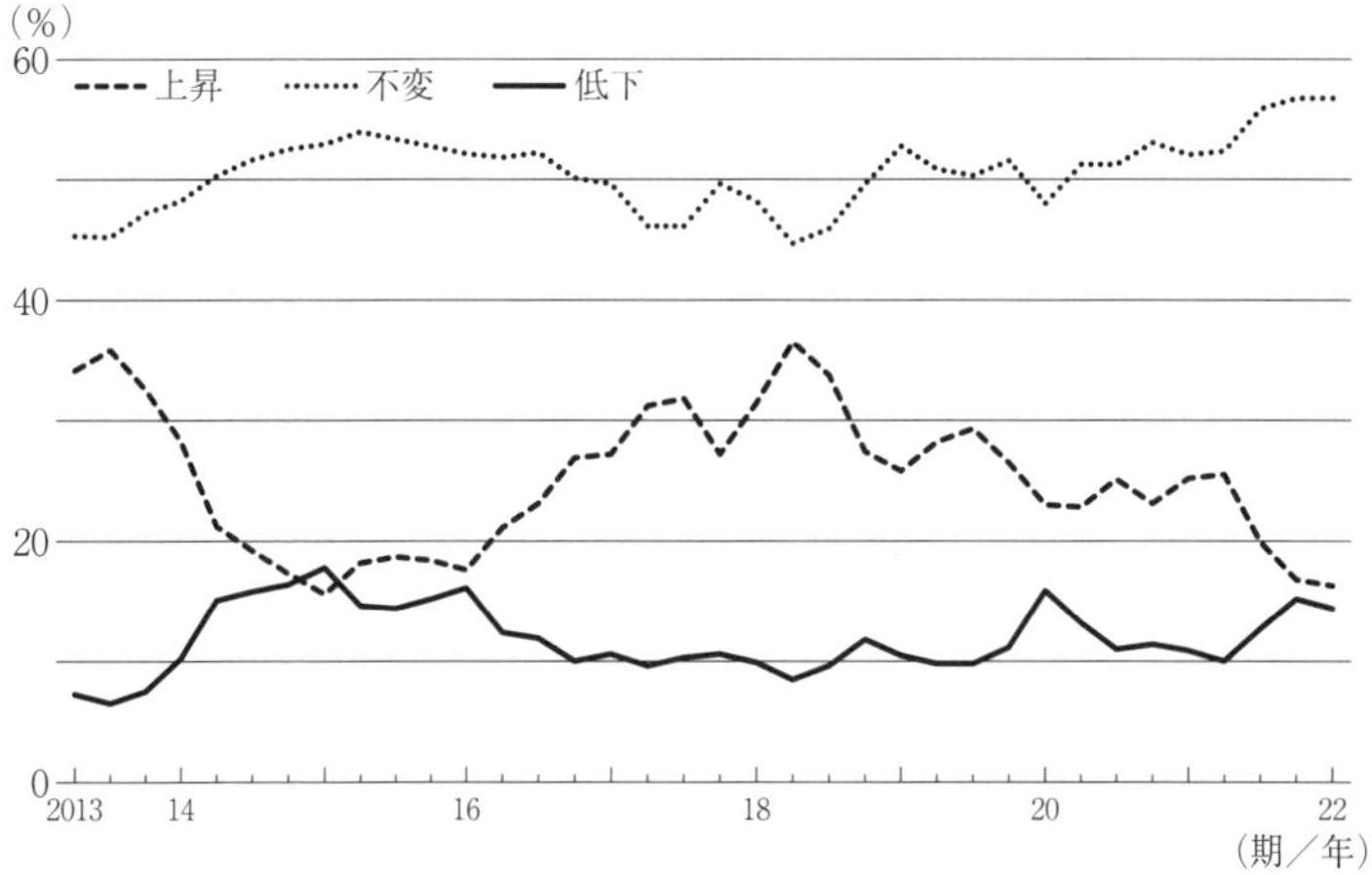

図表5－7　都市家計調査による次期四半期の住宅価格予想（2013年4～6月期から2022年1～3月期）
（注）「わからない」は除く.
（資料）中国人民銀行「城鎮儲戸問巻調査」より作成.

ついて言及していない。中国の住宅市場が「過冷」からバブル崩壊に突き進むか否かに大きな影響を与えるのが市民の住宅価格に対する見通しである。中国人民銀行の都市家計調査によれば、次期四半期の住宅価格の「低下」を予想する人の割合は２０２１年７～９月期から上昇しているものの、２０２２年１～３月期においても14・4％と低く、依然として「上昇」の16・3％を下回る（図表5－7）。最も多いのは「不変」であり、「低下」が支配的というわけではない。価格上昇が見込めない住宅を買う人はいないが、「低下」を見込んでいる人はそれほど多くないのである。

「低下」が実際の価格を反映しない背景には、次に指摘するように政府の住宅価格への介入に対する期待がある。住宅価格はかならず上昇するという「神話」は以前ほど頑強ではない。とはいえ、恒大集団の債務再編に広東省政府が介入したように、国民の多くは経済、金融、家計への影響が大きい住宅価格の大幅な低下を政府が放置するはずがないと考えている。

広がる価格下支えの動き

実際、中央政府と地方政府は値下げ制限といった直接的な市場介入だけでなく、不動産開発企業の資金繰り支援や家計の住宅購入意欲を刺激するローンの緩和など、多様な住宅価格下支え策を打ち出している。銀行業と保険業を監督する銀行保険監督管理委員会（銀保監会）の郭樹清主席は、住宅価格が下がる前の２０２１年６月、「住宅価格が決して下落しないという賭けにでている人は最終的に重い代償を払う[18]」としたが、それはあまり効果のない脅しであった。

住宅価格下支えの動きとして第１に指摘できるのは、地方政府で導入されている住宅価格の値下げ制限である。値下げ幅は地方政府が示した価格の15％を超えてはならないとするものが多い。その狙いは住宅価格の大幅な下落により、市場秩序が崩壊するのを防ぐことにある。制限を導入した都市は２０２２年６月時点で21都市に限られるが、大幅な値下げはメディアで取り上げられることから、制限を導入していない都市でも値下げをしにくい状況にある。

第２は、銀行融資の拡大である。中国政府は、２０２１年12月、窓口指導により合併・買収（M&A）向け融資は「三道紅線」による規制の対象外とするなど、銀行に不動産開発企業に対する融資制限を緩和するよう命じた。中国人民銀行は、不動産開発プロジェクトのM&Aは業界の抱えるリスクを緩和する最も効果的な方法と位置付けた。これを受け、企業の淘汰が進めば不動産開発業が再び有力な投資対象になるとする資産運用会社も出始めた。

また、政府は２０２１年10月に一部の銀行に対し住宅ローンの拡大を促した。実際、中国人民銀行は同月の住宅ローン残高が前月比３４８１億元増の37・7兆元となり、前月の１０１３億元増から約３倍になったことを明らかにした。同行が四半期ベースでしか公表しない住宅ローン残高の月次データを明らかにするのは初めてで、住宅価格下支えに積極的に動いていることをアピールする狙いがあると捉えられている。２０２２年２月には、住宅ローンの頭金比率を３割から２割に引き下げる都市が現れはじめた。

第３は、補助金の拡大である。２０２２年４月時点で、20以上の都市が住宅購入に対する補助金を給付している。それらは、表向きは学歴を基準にした高度人材、あるいは子供の数を基準にした多子世帯の定住を促すことを目的としているものの、住宅需要を喚起する政策であることに変わりはない。

第４は、金利の引き下げである。中国人民銀行は、２０２１年12月、住宅ローン金利の基準となる５年物の最優遇貸出金利（ローンプライムレート：ＬＰＲ）を２年ぶりに５ベーシスポイント（ｂｐ）引き下げ４・６％に、そして、２０２２年５月にも15ｂｐ引き下げ、４・４５％とした。これにより、銀行の住宅ローン金利が引き下げられ、市場のテコ入れに繋がると期待されている。

第５は、預託口座からの資金引き出し規制の緩和である。中国では、不動産開発企業は住宅を完成前に販売することが認められているが、売却で得た資金は住宅の完工・引き渡しを保証するため預託口座に入金しなければならない。しかし、恒大集団のデフォルト危機を契機に資金の流用が判明し、多くの都市で預託口座からの資金の引き出しが制限された。政府は企業の資金繰り支援のため、2022年1月に「商業住宅の販売前資金の監督を規制することに関する意見」[19]を公布し、この制限を緩和した。

第6は、住宅公積金を使った融資の拡大である。中国には企業と従業員が折半で負担し、住宅購入の資金を積み立てる住宅公積金がある。2022年に入り、住宅公積金を利用する際の頭金比率を引き下げ、ローンを組みやすくする動きが相次いでいる。

ここで紹介した住宅価格下支え策のうち、銀行融資の拡大と金利の引き下げ以外は、地方政府の裁量によるもので、対象地域が限られる。しかし、住宅価格の低下幅が大きく、市場の秩序が崩壊しかねないと予見されれば、地方政府は価格下支え策を打ち出すことを躊躇《ためら》わないであろう。住宅価格の「低下」を予想する人の割合がなかなか上昇しない背景には、中央政府と地方政府が繰り出す融通無碍な価格下支え策がある。

市場飽和を見据えた動き

住宅市場の飽和を見据え、供給を調整する動きがみられることも、バブル崩壊懸念を緩和する材料といえる。地方別の住宅販売戸数をみると、住宅の供給は需要の伸縮に応じて調整されてきた。北京市では、2005年に都市人口1000人当たり18・6戸の住宅が販売されていたが、2020年にはわずか3・6戸と、市場は15年で5分の1に縮小した。同様の現象は上海市でもみられる（図表5－8）。

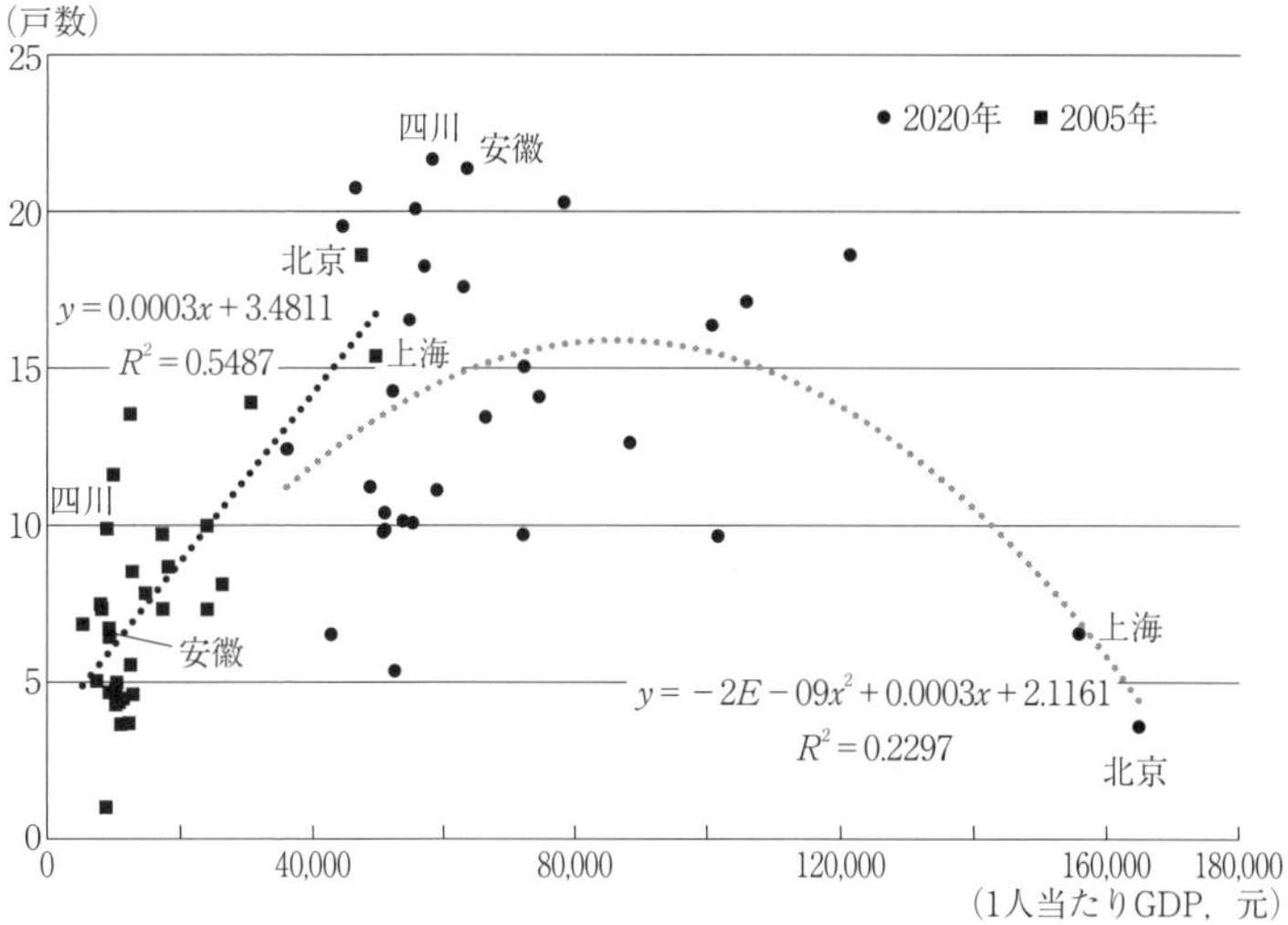

図表5－8　1人当たりGDPと都市人口1,000人当たりの住宅販売戸数の関係

（資料）CEICより作成.

その一方、四川省は２０２０年の都市人口１０００人当たり住宅販売戸数が21・7戸と、２００５年の９・９戸から倍増した。１人当たりＧＤＰが最も低い部類に入る安徽省も２０２０年の同住宅販売戸数が21・4戸と、２００５年の６・４戸から３倍以上に増えた。図表５‐８からは、１人当たりＧＤＰが６万元に達すると人口当たりの住宅販売戸数は減少に転じるといえるため、四川と安徽両省の住宅市場はピークに差しかかっており、今後緩やかに縮小に向かうと見込まれる。

中国では長い間住宅は造れば売れる状況にあった。ここに地方政府の杜撰な都市計画が加わり、内モンゴル自治区オルドス市をはじめとするいくつかの都市でゴーストタウンを意味する「鬼城」が生まれた。中国では市場のニーズよりも政府の思惑を受け、先行投資が行われるケースが多いため、政府が介入す

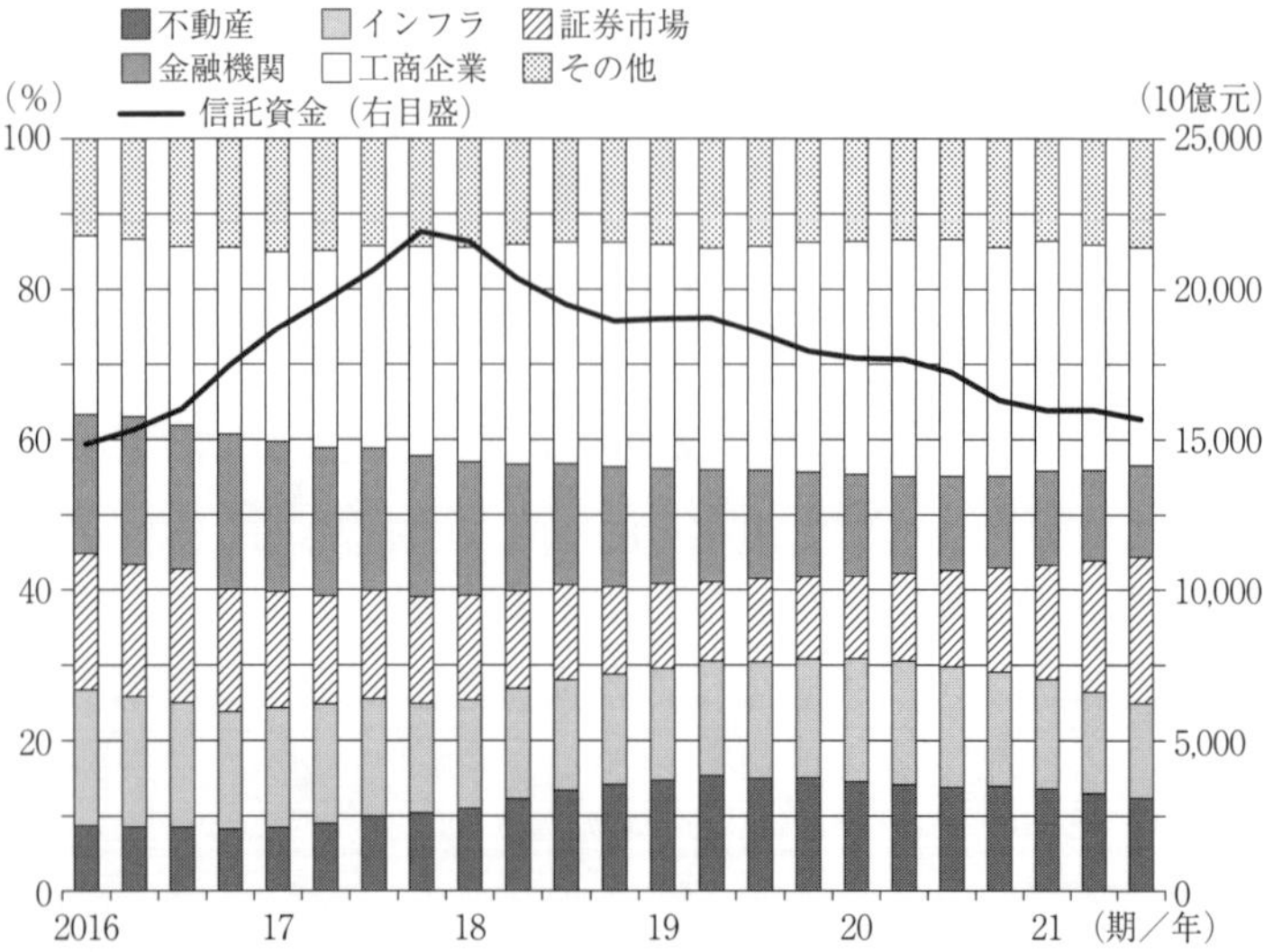

図表5－9　信託資金の規模と投資先
（資料）同前.

る産業では供給過剰が起こりやすく、在庫が積みあがっているのは確かである。しかし、図表5－8は「鬼城」があくまで例外的な存在であることを示している。

住宅市場に向かう資金が減少しはじめたことも、価格下振れリスクの緩和という点で好ましい材料といえる。中国信託業協会によれば、２０２１年７～９月期の不動産向け信託資金は１・９兆元と、２０１９年４～６月期の２・９兆元から１兆元も減少した。これに伴い信託資金全体に占める不動産の割合も15・４%から12・４%へと低下した。不動産と対照的な動きをみせているのが証券市場である。同市場向け信託資金は２・０兆元から３・１兆元へと増加し、全体に占める割合も10・５%から19・５%へ上昇した（図表5－9）。

中国が住宅市場の飽和に適切に対応でき

るか否かは、地方政府、不動産開発企業、住宅購入者が市場は飽和に向かっており、住宅価格が右肩上がりで上昇する時代、不動産開発業が成長を牽引する時代は終わったという認識を共有できるかどうかにかかっている。習近平政権がこの問題をどこまで意識していたかは不明であるが、共同富裕によって不動産開発業の発展方式が変わるとしたのは妥当なタイミングであった（第7章参照）。

4　住宅市場の長期展望――不動産税、人口減少、都市化の影響

不動産税――市場に与える影響を配慮か

中国政府は、不動産投機を抑制するため不動産税の導入を決めた。不動産税は最終的にどのようなかたちになるのか。投機目的の住宅需要を抑制することに繋がるのか、あるいは、市場に与える影響に配慮し、課税対象を限定し、税率も低く抑えるのか。この問題は住宅市場に大きな影響を与えるため、内外で盛んに議論されている。

しかし、不動産税の全貌はなかなかみえてこない。不動産税を巡る議論のなかで最も関心が高いのが課税の仕組みと税率である。メディアで妥当性が高いとしてよく紹介される財政部財政科学研究所の張学誕主任の提言は、1人当たり40～60平方メートルを控除した残りの面積に対し、評価額の0・2～1・2％の税を課すというものである。3人で120～180平方メートル以下の住宅に居住している場合は、不動産税の対象にならない。

国家統計局は2020年の住宅販売戸数を1356万戸、販売面積を15億4879万平方メートルとしているため、戸当たりの平均住宅面積は114平方メートル、一方、都市の世帯平均人数を2・57人としているため、都市の1人当たり平均住宅面積は44・5平方メートルとなる。控除面積が最も狭い40平方メートル、税率が最も高い1・2%に設定されたとしても税負担が重いとはいえない。

一方、複数の住宅を保有する富裕層は2件目以降の住宅は全て不動産税の課税対象となる。中国人民銀行が2019年に実施した都市家計資産調査によれば、保有戸が1戸のみという世帯は58・4%であるため、不動産税の課税対象は都市世帯の4割に及ぶ。その一方で、住宅賃貸ビジネスの収益率は目安の3・5%を下回り、1%程度に低下しているとされる。住宅価格の低下に不動産税の導入が加わり、住宅保有コストが上昇すれば、富裕層が住宅を保有する意味はなくなる。

不動産税は住宅価格の「過冷」を加速し、住宅バブル崩壊の引き金になるリスクがある。控除面積と税率をどのように設定するかは、政府の予想する住宅価格に依存する。住宅価格の上昇が見込めないなかで、中間層の税負担を軽くすると同時に、不動産税が住宅価格に与える影響を小さくしようとすれば、控除面積は最大の1人当たり60平方メートル、税率は最低の0・2%にするしかない。

人口減少――問われる市場の調整能力

中国は想定を上回るペースで少子化が進み、早ければ2022年に人口減少社会に転じる。中国の住宅市場を展望するにあたってこの問題の影響を考えないわけにはいかない。

中国国内には少子化に歯止めがかかり、住宅需要は盛り返すという楽観論がある。習近平政権は想定を上回る少子化に危機感を強め、2015年末に「一人っ子政策」の廃止により子供を2人持つことを[20]、そして、2021年6月には3人まで容認するなど[21]、歪んだ人口構造の是正に乗り出した。これを受け、出産・育児休暇の延長、出産助成金の給付といった少子化対策を打ち出す地方政府が増えた。楽観論はこれらの対策が成果をあげると期待している。

しかし、物欲が乏しく、競争、勤労、結婚、出産に消極的になる「横たわり」や、皆が競争を勝ち抜く努力をしているため、努力の価値が下がり、皆が疲弊するだけとする「内巻」が社会現象となっているため(第7章参照)、少子化対策が期待どおりの成果をあげるとみる人は国内でも少ない(陳・徐・唐・高 [2021])。2021年の出生数は前年比140万人減の1062万人と過去最低となる一方、死亡数は同16万人増の1014万人と過去最高となった。自然増加分はわずか46万人で、自然増加率も0・34‰(パーミル)に落ち込んだ(図表5-10)。もはや2016年以降の傾向は変わらず、人口減少に転じるのは時間の問題だ。

人口減少は住宅市場に暗い影を落とす。住宅都市農村建設部の元チーフエコノミストの趙慧氏は、住宅を購入する20~40歳の人口は2000年と2010年時点でいずれも4・4億人であったが、2020年に4億人、2030年には3・3億人に減少することから、住宅需要が盛り返すことはないとした。

ただし、価値観やライフスタイルの変化に伴い未婚のまま住宅を購入する人が増えていることか

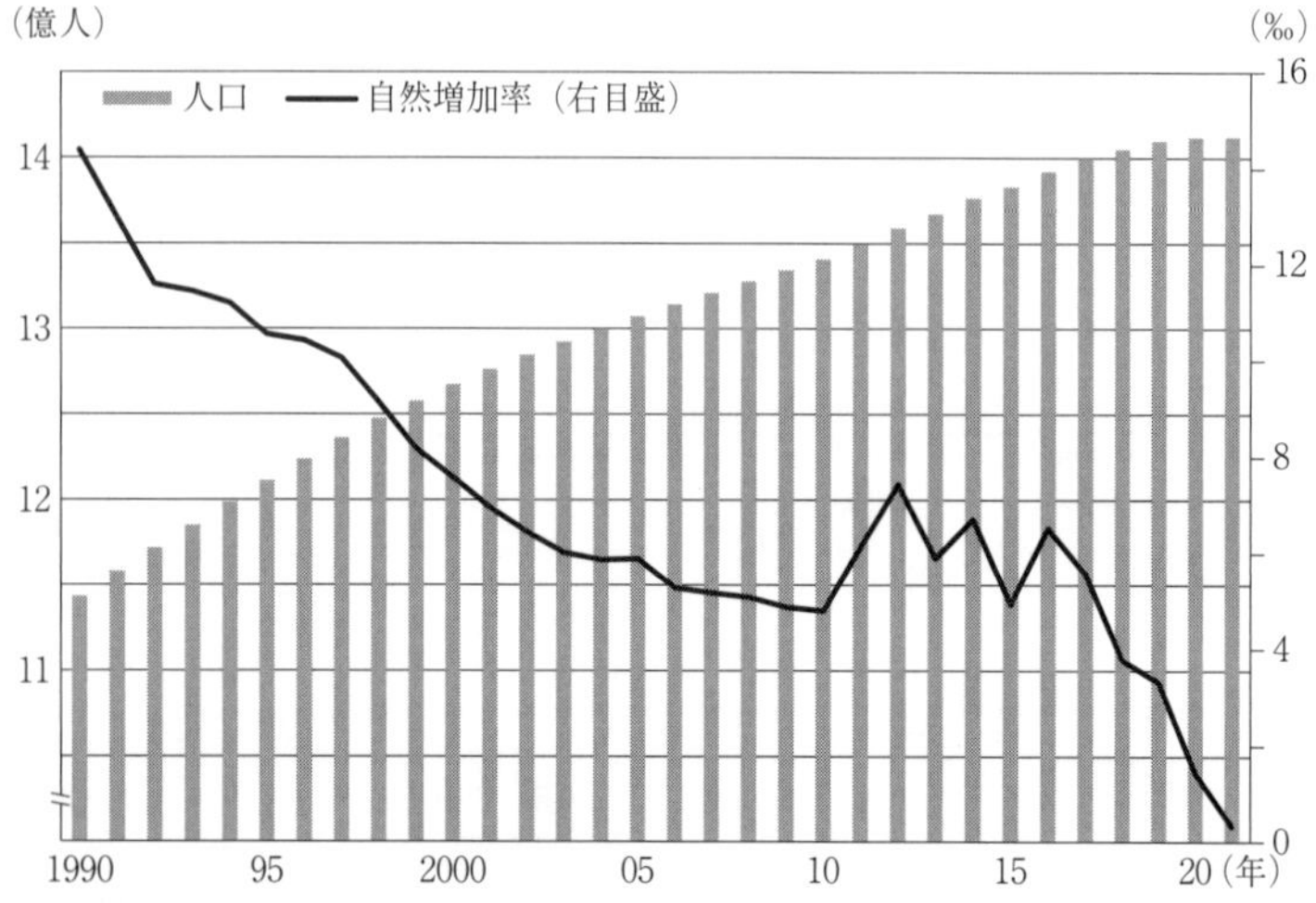

図表5-10　中国の人口と自然増加率
（資料）国家統計局資料より作成.

ら、人口減少が住宅需要に与える影響は当面緩和される。共産党の下部組織である共産主義青年団が2021年10月に公表した都市未婚者調査によれば、1995〜2009年に生まれたZ世代に属す女性の43・9%が「結婚するつもりがない」、あるいは、「結婚するかどうかわからない」としている。[22] これは独身用の住宅需要が増えることを示唆する。実際、貝殻研究院が2021年5月に発表した「独身者不動産購入調査研究報告」によると、7割以上が「住宅を購入したい」、そして、女性の6割以上が「結婚前に住宅を購入する必要がある」と考えている。[23]

しかし、独身用の住宅需要の増加が非婚化に起因するものである以上、少子化が加速し、住宅需要の減退を招来するのは確実である。中国における住宅の供給量は需要の伸縮に応じて調整されてきたものの、不動産開発企業は市場を沿海都市から内陸都市に移すことで成長を続けてきた。人口減少という国全体を覆う需要の減退、つまり、市場全体の縮小を見据えた調整が円滑になされるか否かは不透明である。

内陸部の中小都市は、沿海大都市の規制を嫌った需要に支えられるかたちで住宅価格が底上げされてきた一方で、人口の流出や減少による住宅市場の縮小が大都市より顕在化しやすいことから、価格下支え策への依存を強める危険性がある。西南財経大学の「2017中国城鎮住房空置分析」によれば、都市の空き家率、つまり誰も住んでいない住宅の割合は2017年に21・4%に達し、日本の13・5%を上回る。いわゆる2線都市と3線都市は空き家率がそれぞれ22・3%、21・8%と、1線都市の16・8%を上回り、供給過剰が深刻化しやすい[24]。

相続住宅の増加も需要の減退に拍車をかける。1979年に「一人っ子政策」が導入されて43年が経過し、「4－2－1」の血縁構造を持つ家庭が増えた。「4－2－1」は夫婦の上に4人の親が、下に1人の子どもがいることを示し、現役世代の介護負担が大きいことを象徴する数字として紹介されることが多いが、相続という点からみると、子供が将来3戸の住宅を相続する可能性が高いことを示す。

都市化——人口増加が期待できるのは沿海大都市だけ

都市化、つまり、農村から都市への人口流入も都市の住宅需要に大きな影響を与える。中国国内には、今後10年間で8000万人の農民が都市に流入することから、住宅需要は底堅いとする見方がある。しかし、この見方は2016年に2620万人であった都市人口の増加幅が5年後の20

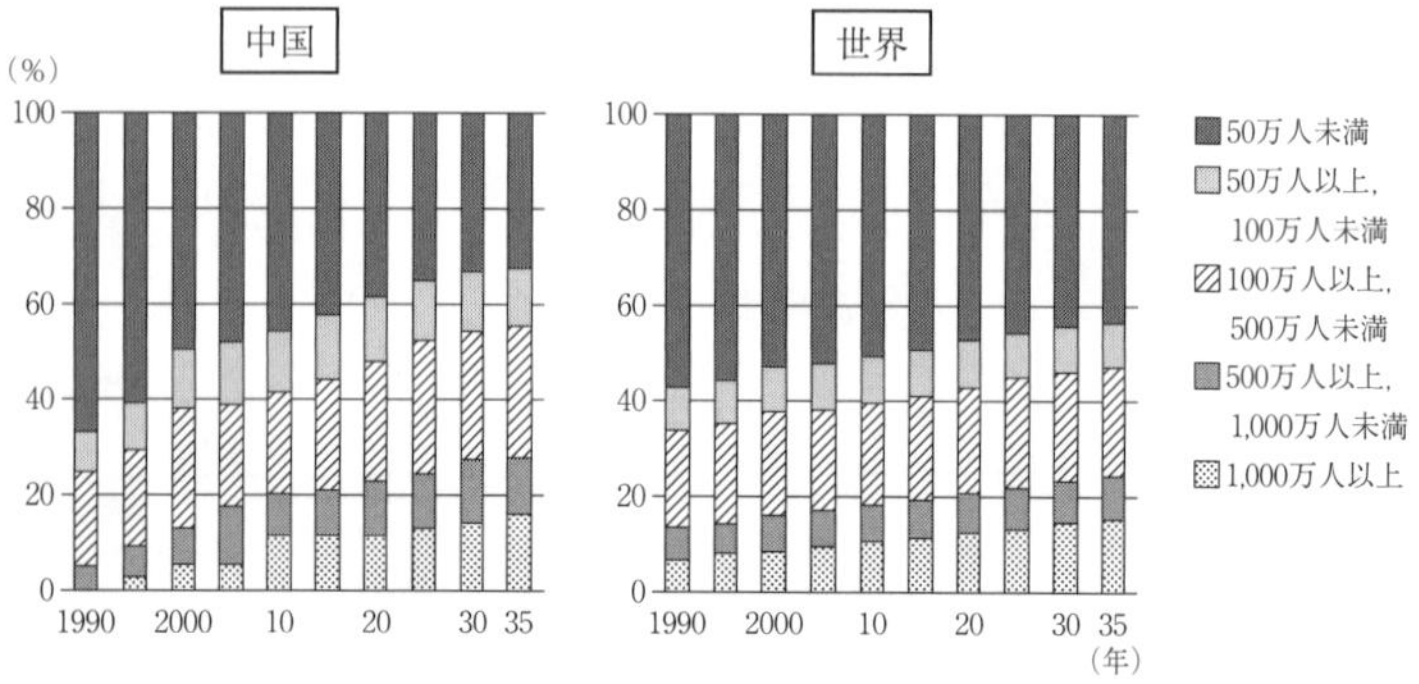

図表5-11　中国と世界の都市規模別にみた都市人口の構成
（注）2020年以降は予測値.
（資料）UN, *World Urbanization Prospects 2018*より作成.

21年に1210万人に半減したことを踏まえればいかにも楽観的である。2020年以降はコロナ禍によって減少した側面があるとはいえ、年平均800万人が農村から都市へ移住するという見通しは楽観的にすぎる。

都市化を展望する際に留意すべきもう一つの問題として、流動人口は全ての都市に向かうのではなく、大都市へ集中しやすいことがある。中国における都市人口規模に応じた都市化の進展をみると、人口50万人未満の小規模都市の人口が都市人口全体に占める割合が低下する一方、1000万人以上の都市の割合が上昇している（図表5-11）。所得および就業面で魅力的な大都市が人を引き付ける現象は世界共通であり、今後も大都市への人口集中が進むと見込まれる。

中国には、都市部の人口が1000万人を超える「超大都市」として、北京、上海、重慶、広州、深圳、天津の6都市がある（2022年の「第7次全国人口普査」〔人口センサス〕を受け、成都が加えられた）。環境汚染、交通渋滞、失業といった受容能力を上回る人口流入に伴う都市化の問題を回避するため、政府は２０１４年に中小都市への移動を促す一方で、大都市の人口流入を抑制する都市化計画を打ち出した（三浦［2014］）。しかし、６つの超大都市の都市部の人口が中国全体の都市人口に占める割合は２０２０年時点で12・１％と２０１５年の12・４％からほとんど変化しておらず、都市化政策が想定どおりの成果をあげたとはいい難い。

この背景には、重慶、広州、深圳の３市が流動人口を積極的に受け入れたことがある（図表５－12）。大都市への人口流入を抑制する都市化政策に従ったのは北京市と上海市だけで、天津市の２０１５～20年の伸び率がマイナスとなったのは成長減速に伴い人口流出に見舞われた結果にすぎない。大都市の人口流入を抑制するという都市化政策は明らかに形骸化している。

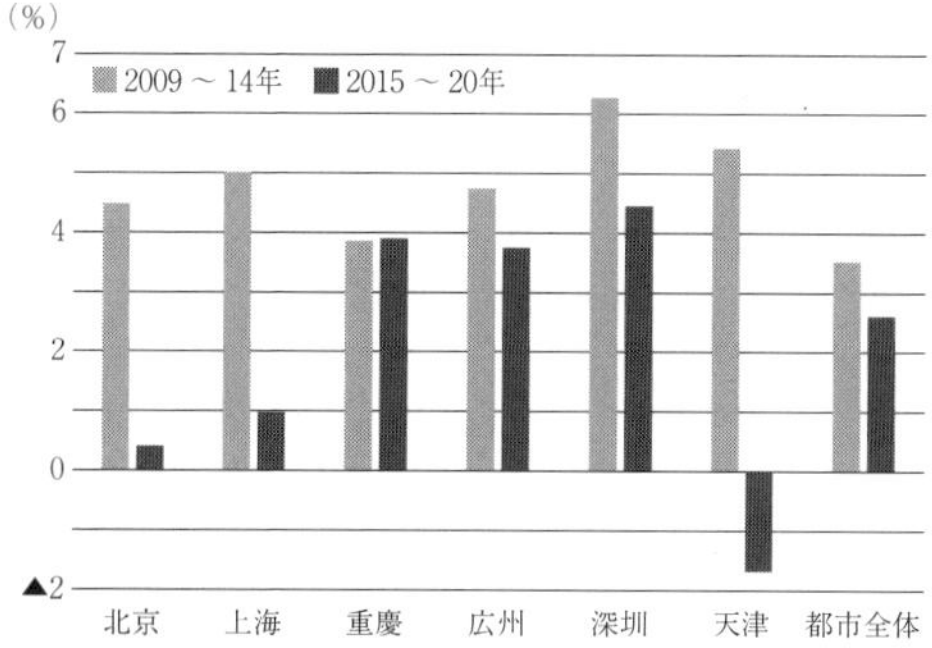

図表５－12　超大都市の都市部人口の年平均伸び率
（資料）CEICより作成.

政府は、２０２０年から人口３００万人未満の都市については人口流入を制限する規制を撤廃し[25]、３００万人以上の都市についても緩和の方針を示すなど[26]、大都市への流入を容認する姿勢を示している。広州市と深圳市という２つの「超大都市」を抱える広東省は、２０２１年末、両市を含めた都市化の加速により、２０２０年に９３４４万人であった都市人口を２０２５年に１億人に引き上げる目標を掲げた。中国全体の人口が減少に向かうなかで、５年間で都市人口を７００万人増やすというのは極めて野心的な目標といえる。

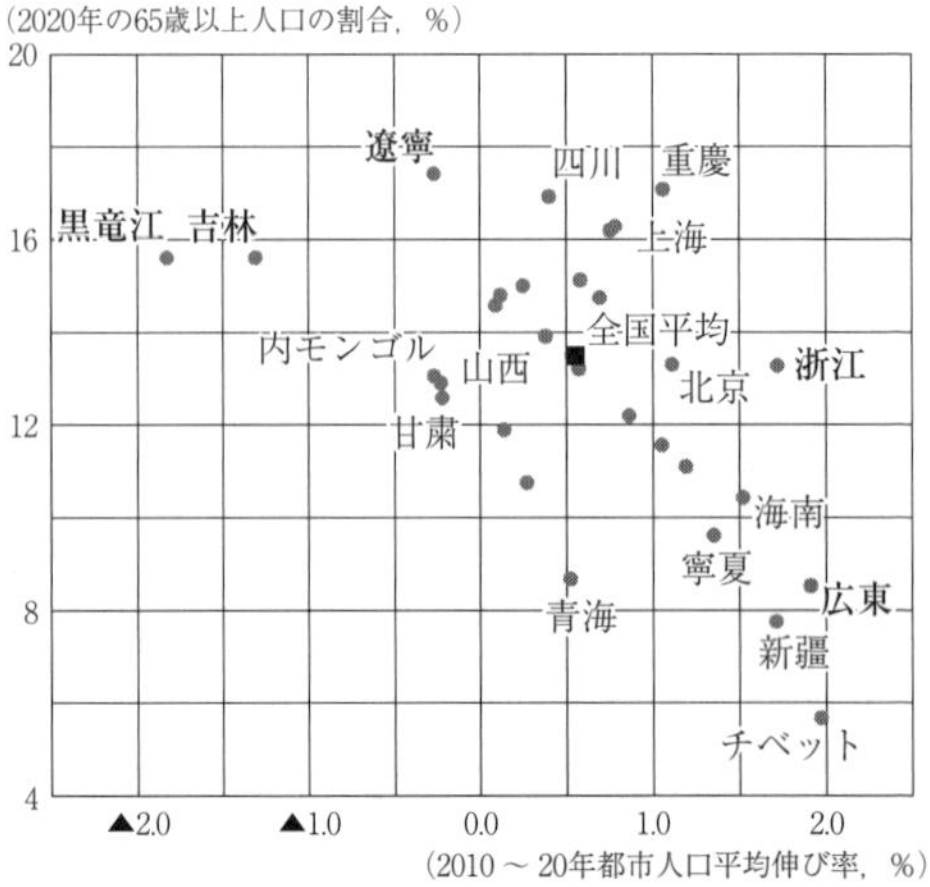

図表5-13　31省・市・自治区の都市人口平均伸び率と65歳以上人口の割合
（資料）国家統計局「2020年第7次全国人口普査数居」より作成.

製造業の集積地である広東省は大量の未熟練労働力を必要とし、中央政府の都市化政策に素直に従うわけにはいかない。人口減少が顕在化するなかで、住宅需要の減退を緩和する、あるいは、生産要素のひとつである労働力を確保するという点において、いかに人口を増やすかは今や全ての都市に共通する重要な政策課題であり、流動人口の獲得に向けた都市間の競争はますます激化すると見込まれる。

人口規模の大きい大都市がこの競争に加わることによって割りを食うのが3線および4線都市と呼ばれる内陸部の中小都市である。2010～20年の都市人口の年平均伸び率と2020年の人口に占める65歳以上の割合を地方別にみると、広東省や浙江省は流動人口の獲得、人口高齢化の阻止という点で望ましい人口構造を有している（図表5-13）。広東省の都市人口の伸び率は1・9％と全国平均の0・5％を上回る一方で、65歳以上人口の割合は8・5％と全国平均の13・5％を下回る[27]。

広東省や浙江省と対極の位置にあるのが、黒竜江、吉林、遼寧の東北3省で、都市人口の伸び率はそれぞれマイナス1・8％、マイナス1・3％、マイナス0・3％、そして、65歳以上人口の割合は黒竜江と吉林が15・6％、遼寧が17・4％である。山西省や内モンゴル自治区といった石炭産業の依存度が高い地域も労働力の流出により人口高齢化が進むとみられる。内陸部の省・自治区は図表5－13の左上に移動し、そうした地域の都市は住宅需要の減退により、住宅価格は強い下押し圧力に晒されることになろう。

5　習近平政権が直面するジレンマ

住宅価格の大幅な低下が回避できれば、①複数の住宅を保有し、資産価値の減価を不安視する資産家、②在庫を抱え資金繰りに苦しむ不動産開発企業、③同企業向け融資の不良債権化が懸念される金融機関、④土地使用権譲渡収入の大幅な減少に直面する地方政府、そして、⑤不動産開発業の落ち込みと資産価値の減少に伴う個人消費の低迷による成長減速を懸念する中央政府にとって朗報となる。

既述のとおり、スタンダード・アンド・プアーズ（S&P）は2022～23年の住宅価格の低下幅を3％程度とし、価格は販売額ほど落ち込まないとみている。フィッチ（Fitch Ratings）はより厳しく、住宅価格は2022～23年にそれぞれ年3～5％程度低下すると予想する（Fitch Ratings [2021]）。それでも、2020～21年の住宅価格の上昇が欧米諸国に比べ抑制されていたこと、経

都市名	2009年		2012年		2015年		2018年		2021年	
	倍率	順位	倍率	順位	倍率	順位	倍率	順位	倍率	順位
北京	22.3	6	28.6	17	33.1	6	48.1	1	41.7	5
上海	18.1	12	30.4	10	26.7	15	42.8	2	36.0	7
深圳	－	－	41.2	3	20.8	34	40.3	4	46.3	2
広州	－	－	28.1	18	25.4	20	20.9	12	30.5	12
東京	10.5	31	19.0	35	8.7	238	13.8	63	15.4	77
ニューヨーク	7.9	41	10.7	134	8.9	232	12.3	79	10.1	206
ロンドン	14.7	23	14.9	59	16.6	63	22.2	8	15.7	74
平均／対象都市	12.0	65	10.0	383	9.8	488	10.0	275	10.3	502

図表５－14　中国の主要都市の住宅所得倍率と調査対象都市における順位の推移
（倍，順位）
（注）「－」はデータなし．
（資料）NUMBEO 資料より作成．

済成長によって需要が底割れしないことから、大幅な価格低下によるバブル崩壊シナリオを排除する。

住宅価格の低下幅を抑制し、経済成長を維持できたとしても、それは住宅バブルが崩壊しない、あるいは、住宅価格の高位安定が支持されつづける、ことを意味しない。世界の主要都市の生活関連情報を整備しているNUMBEOによれば、住宅所得倍率、つまり、所得との対比でみた中国の住宅価格は世界的にみても非常に高い水準にある（図表５－14）。価格下振れリスクを緩和するため、そして、共同富裕を実現するため、習近平政権は住宅価格を中間層が手の届く水準に引き下げていく必要がある。

共同富裕の目的は国民ひとりひとりが豊かさを実感できる社会、より具体的には人生最大の買い物である住宅価格を引き下げ、中間層でも住宅を購入できる社会をつくることである。習近平総書記が住宅価格の低下が消費者の利益になるとしたのは、高い住宅価格が「横たわり」や「内巻」といった厭世的な思考を社会に広げ、経済発展の持続性ひいては共産党に対する信認を揺るがすと考えたからにほかならない（第7章参照）。

習近平政権は、経済の腰折れを回避するという目先の目標を優先することにより、共同富裕を実現するという長期的な目標が遠のくジレンマに直面している。銀保監会が2022年1月の工作会議において、「地価、住宅価格、期待の安定」（中国語「穏地価、穏房価、穏預期」）を挙げたように、住宅市場の安定は政権の最優先課題に浮上した。

問題は、「地価、住宅価格、期待の安定」を志向する政策が常態化しやすいことである。資産家、不動産開発企業、金融機関、地方政府は住宅価格の上昇による利益を共有してきた。彼らは共同富裕に前向きに取り組むインセンティブを持たない隠れた抵抗勢力であり、住宅価格が再び上昇することを望んでいる。ややゆとりのある生活を意味する「小康」は全ての集団が達成すべき目標として共有されたが、痛みを伴う共同富裕は簡単に形骸化する脆さを孕む。

共同富裕が形骸化するリスクは決して小さくない。習近平総書記は、経済成長により共産党に対する求心力を維持する従来の統治システムが人口減少などによる潜在成長率の低下によって機能しなくなることを予見し、共同富裕を掲げた。にもかかわらず、中間層に属す普通の労働者や、労働市場に参入する新卒の若者たちが、一生働いても住宅を購入できない社会が続くとなれば、「内巻」や「横たわり」はさらに増える。

このリスクは、人心の離反というかたちで静かに社会に広がる点、また、公安当局が拘束するといった効果的な対策がないという点において、共産党が警戒する一党支配を揺るがすどのリスクよりも深刻といえる。日本では、2022年に入り習近平総書記が秋の共産党大会で3期目を確実なものにするため、共同富裕を棚上げしたと報じられた。しかし、共同富裕を棚上げできるほど中国社会が高い安定性を維持しているわけではない。

第６章　過剰債務体質を改善できるか

社債の債務不履行（デフォルト）が増加したことを受け、企業の債務危機を指摘する見方が強まっている。以下では、過剰債務はなぜ解消されないのか。その原因はどこにあるのかを検証する。過剰債務は政府資本の入った企業に対する銀行融資の増加によって引き起こされ、前人未踏の危険水準にあること、そして、従来の成長パターンが限界を迎えていることを指摘する。

１　財政から銀行融資へ

国有企業は、洋の東西、あるいは、経済体制を問わず、赤字を計上しても簡単には潰れないため、財政赤字の元凶となる。中国においても、非効率な国有企業が財政を圧迫し、中国経済の発展を阻害する存在とみなされたことから、１９９０年代後半、政府は国有企業改革に踏み切った。国有企業改革は改革の対象が身内であり、強い反発や抵抗が予想されることから、改革を主導した朱鎔基首相（当時）は「棺桶を用意しろ」として、暗殺される覚悟を示したほどである。

改革により、国有企業は急速に減少した。企業の所有形態別の内訳がわかる鉱工業分野の統計をみると、国有企業と出資比率に占める政府出資比率が最も高く、政府が支配的な株主となっている「国有・国有持ち株企業」は、国有企業改革が始まる前の１９９６年時点で８万６９８２社あったが、朱鎔基首相の任期最終年の２００３年には６割減の３万４２８０社となった。国有・国有持ち株企業の就業者も８万６９８２人から６割減の３万４２８０人となった。

中国経済に占める国有・国有持ち株企業の割合も低下した。１９９６年時点で65・８％であった鉱工業分野の就業者に占めるその割合は２００３年に37・６％となった。政府は重要産業については国有企業による独占ないし寡占体制を維持しているものの、鉱工業を牽引する役割は国有企業から私営企業や有限責任企業の形態をとる民営企業に移った。

国有企業改革はスピードダウンしたものの、朱鎔基首相退任後も進められたこと、また、規制緩和やＩＴ産業の興隆に伴い、民営企業の成長余地が広がったことを受け、中国経済に占める国有・国有持ち株企業の割合はますます低下した。同企業は、２０２１年時点で鉱工業分野の企業数の５・４％、就業者の16・８％、資産の36・７％、売上の25・７％、利潤の26・１％を占めるにすぎない。国有企業は依然として効率が低く、財政に依存してはいるものの、財政赤字を誘発する厄介者とする見方は後退し、近年は世界最大の鉄道車両メーカーとなり、グローバルに活動する中国中車（中国中車股份有限公司）に象徴されるように、中国の強さを示す存在とする見方が強まっている。

その一方、企業の債務は拡大を続け、中国はいつ債務危機が起きてもおかしくない危険水準にある。これは、国有企業の損失を政府が補塡する従来の構造から、①政府が出資する企業、②政府の強い影響下にある企業、③不動産開発など政策的裏付けにより成長が見込める企業に銀行が優先的に融資を行う新しい構造に変わったことによるものである。この問題はリーマン・ショックに伴う4兆元の景気刺激策が打ち出されたのを契機に顕在化した。4兆元の景気刺激策は財政資金を国有企業に投じるのではなく、企業が銀行から融資を受けるかたちで実行された。

なお、国有・国有持ち株企業は政府の出資比率が50％を超える企業に対する呼称である。つまり、政府の出資比率が50％未満であれば国有・国有持ち株企業とはならず、民営企業となる。民営企業ではあるが、政府の出資を受けている企業は増加している。その全体像を捉えた統計はないものの、上海および深圳証券市場に上場する約4200社（金融機関を除く）の3分の1は政府の出資を受けている。過剰債務というかたちで中国経済の基盤を侵食しているのは、政府の出資比率が50％未満であるため国有ではないが、純粋な民営でもない「グレーな企業」である。

このグレーな企業は、資金調達が容易であるという点で国有企業と酷似する存在である。例えば、「地方融資平台」と称される地方政府がインフラ投資を行うための資金調達を担う企業の多くは、政府の出資比率が低いため、有限責任企業の形態をとっている。しかし、政府の強い影響下にある、あるいは、政策的裏付けにより成長が見込める企業であるため、銀行は国有企業と同様の安全な融資先とみなし、積極的に融資を行う。政府が融資に介入し、返済を保証することもある。保証は関係者の暗黙の了解を前提とするものが多いため、「暗黙の政府保証」と称される。「暗黙の政府保証」は、過剰債務問題の元凶である。この問題は、2013年にわが国の会計検査院にあたる審計署が債務保証などを通じて地方政府が間接的な責任を負う偶発債務が急増していると指摘したことで、中国国内でも広く認識されるようになった。しかし、「暗黙の政府保証」は企業と銀行が政府の保証を期待し、政府もそれを否定しないというまさに暗黙の了解の上に成立しており、正確に捉えることが難しいこと、そして、政府が新たな出資者や借入先を手配することで企業を救済するなど、「暗黙の政府保証」の問題が表面化しないケースが多いことから、抜本的な解決に向けた道筋がみえないまま今日に至っている

2 「暗黙の政府保証」はなくならない

増えるデフォルト

中国では、2018年から社債のデフォルトが頻発している。2021年は253件、不履行金額2602億元と、2017年に比べ件数で6倍、金額で7倍に増えた（図表6-1）。2022年1～6月初旬のデフォルトは86件、994億ドルと、前年同期比3割減の水準にとどまるが、ロックダウンが頻発することになれば、前年を上回る可能性がある。

2021年の社債市場は、4月に財政部の出資により設立された不良債権処理会社、中国華融資

産管理（株式有限公司）のデフォルト懸念が高まったことを受け、「暗黙の政府保証」が見直されるのではないかとする見方が広がった。中国華融資産管理の事例は、財政部が出資する国有企業といえども救済されるわけではない、というメッセージを政府が発信している、つまり、国有企業はデフォルトを起こさない「国企信仰」、あるいは、債券は必ず償還される「剛性兌付」が崩れる前兆とみられた。

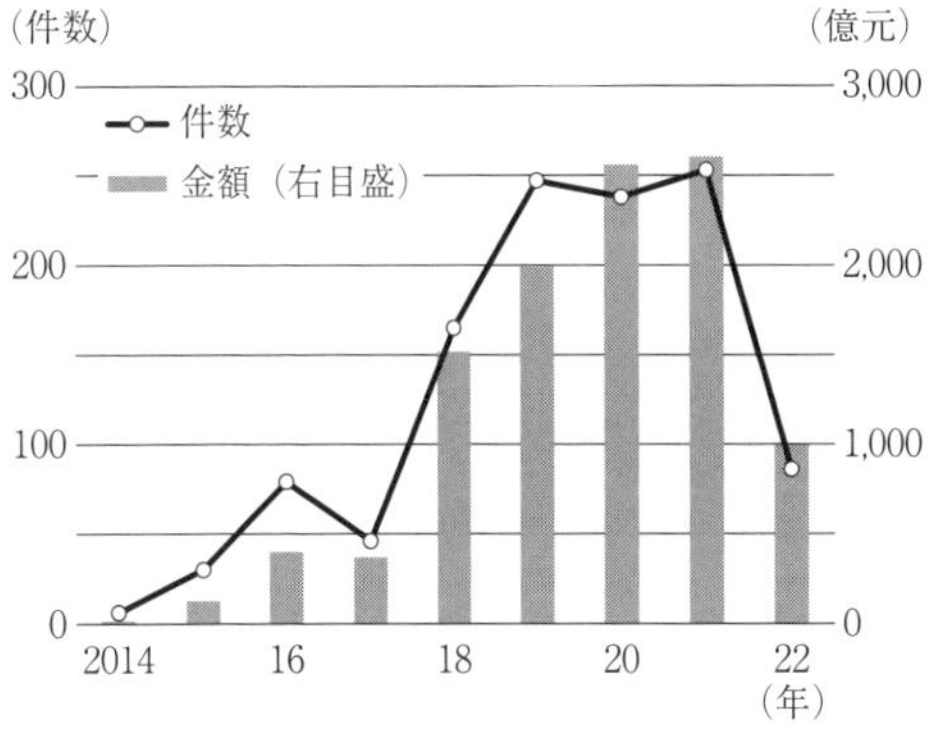

図表6－1　中国における社債のデフォルトの推移
（注）2022年は6月9日までの累計.
（資料）Windより作成.

「暗黙の政府保証」の見直しは、長期的にみれば社債市場の健全化に資するものの、短期的には中国経済、そして、世界経済の不確実性を高める。米国との対立が先鋭化し、新型コロナウイルスの感染が拡大するなかで、市場は前者よりも後者に注目した。華融資産管理のデフォルト懸念は、国有複合企業大手の中国中信集団（CITIC）が中心となる企業連合から資本注入を受けることでひとまず遠のいたが、デフォルト予備軍に属す国有企業は多く、先行きは予断を許さない。

当然のことながら、同じことは前述のグレーな企業にもいえる。政府の出資比率が50％未満の企業を民営企業から抜き出すことができる公的な統計は存在しないため、その実態は明らかではない。しかし、国有企業のように経営破綻による債務はそれを管轄する政府が責任を負うという政府と企業の関係が明示されているわけではないこと、そして、中国経済に占める割合は国有企業より高く、債務額も大きいと見込まれることから、グレーな企業の経営不安とそれに伴うデフォルトは国有企業のそれよりも経済に深刻な影響を与える。

保証の見直しは一時的

2021年にデフォルトに陥った社債のうち国有企業は件数および金額ベースで2割を占めるにすぎないが、市場の先行き不安は高まった。背景には、政府が「暗黙の政府保証」の見直しを強調しはじめたことにより、その影響が国有企業だけでなく、グレーな企業を含む広い範囲に及び、中国経済の下押し要因になると考えられたことがある。

国家発展改革委員会は、2018年末、工業情報化部、財政部などと共同で「「ゾンビ企業」（中国語「僵屍企業」）の過剰生産能力企業の債務処理作業の更なる改善に関する通知」を発出した。[28]そこでは、企業債務リスクを効果的に防止・解決するとともに、経済の質の改善と効率性の向上を促進するためゾンビ企業の清算を要請し、2019年7月の中国共産党政局会会議でもこのことを確認した。[29]ゾンビ企業とは、市場経済の下では破綻しているが、政府の有形無形の支援により生き延びている企業を指す。

習近平総書記も、2019年1月に開催された党幹部を対象にした学習会において、「第14次5カ年計画」（2021〜25年）が良好なスタートを切るため、「ブラックスワン」や「灰色のサイ」への警戒が必要だと説いた。[30]前者はめったに起こらないが、起これば壊滅的被害をもたらす問題を、後者は高い確率で起こり、甚大な被害をもたらすにもかかわらず、軽視されがちな問題を指す。「暗黙の政府保証」に起因する企業の過剰債務や不動産バブルは後者に属す。

中国人民銀行は、2020年11月に発表した「中国金融安定化報告」において、「ゾンビ企業は法律に従って清算すべきであり、企業の存続を「信仰」に依拠する時代は終わり、秩序ある市場ベースのデフォルトが新たな標準となる債券市場の再建が始まる」とした（中国人民銀行［2020］）。政治的な要請によりゾンビ企業を市場から退出させることには限界があるため、法律に従って進めるという、強硬姿勢に転じたのである。

しかし、清算は進んでいない。ゾンビ企業は依然として多く、法律に従って市場からの退出を進めると、経済に深刻な打撃を与えかねないからである。デフォルトの増加を「暗黙の政府保証」の見直しに結び付けるのは、ゾンビ企業の存在を無視した安直な議論といえよう。過剰生産能力の問題が顕在化した際の、上場企業を対象にした筆者の調査では、2013〜15年のゾンビ企業の割合は10％前後であった（三浦［2017］）。この問題は、その後あまり関心が払われなくなったが、それは必ずしもゾンビ企業が減少したことを意味しない。

鉱工業分野における一定規模以上の企業に占める損失計上企業の割合（損失企業比率）は、2018年から上昇に転じ、2020年に26・1％に達した（図表6-2）。損失計上企業とゾンビ企業の定義は同じではないが、前者が増加すれば当然のことながら後者も増加する。中国経済はコロナ禍からいち早く立ち直ったとされるが、企業はコロナ禍が始まる前から損失企業比率が上昇するとともに、損失額が増加する苦境にある。市場ベースのデフォルトが標準になっていれば、ゾンビ企業はこれまで以上にクローズアップされているはずである。「暗黙の政府保証」の見直しはあくまで一時的なものであり、見直しによりデフォルトが増えつづける、と考えるのは早計だ。

実際、中国では債権者が借り換えに応じるなど、デフォルトを回避するさまざまな措置がとられている。その一例として、これまでたびたび言及した不動産開発大手恒大集団を挙げることができる。同集団は、２０２０年11月、２０２１年１月末に償還を迎える１３００億元の社債のほとんどを転換社債に換えることで債権者と合意した。同集団は最終的にデフォルトに陥ったものの、都市化を背景にした不動産需要が安定しており、不動産価格は上昇を続けるという「信仰」が借り換えを可能にした。

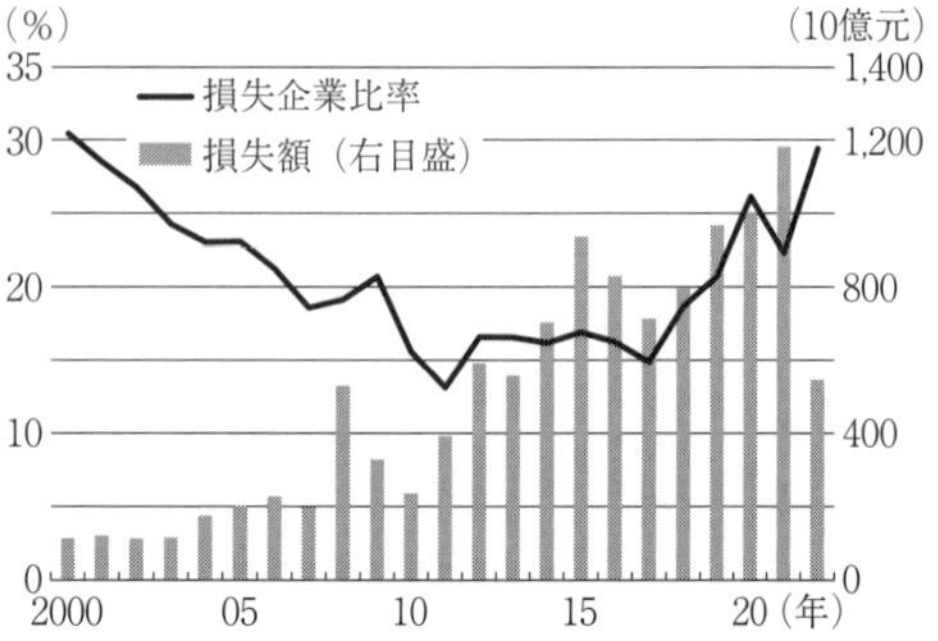

図表６－２　鉱工業分野における損失企業比率と損失額
（注）損失企業比率は年平均値，損失額は年末値，2022年は１～４月値.
（資料）CEICより作成.

また、「暗黙の政府保証」に対する期待から、デフォルト後に直ちに破産手続きに入るのではなく、償還期限の延期に応じる傾向が強い、という問題もある。その一例として挙げられるのが繊維大手の山東如意科技集団である。同集団は、２０２１年3月が期限となっていた社債の償還期限を3カ月延期することで債権者と合意した。同集団は民営企業であるが、２０１９年の売上が中国企業トップ５００の３０２位に入る、山東省を代表する企業である。地域を支える大企業であれば、国有企業でなくても償還期限が延期されうる。

デフォルトを起こした企業がその後資金調達に成功し、約束した元利を完済する割合は件数ベースで7・2%にすぎないとされ[31]、借り換えや償還期限の延期が問題の先延ばしにすぎないことは明らかだ。それでもゾンビ企業の延命を図ろうとする動きは絶えない。2020年7月、中央政府が管轄する大規模国有企業（央企）は資金調達を相互に支援する目的で「央企信用保証基金」を設立し、地方レベルでもこれに倣うかたちで国有企業と銀行が同様の基金を設立した。

いずれの信用保証基金も本来「暗黙」であった政府保証を制度化するもので、ゾンビ企業は清算すべきという政府のメッセージと明らかに矛盾する。政府は、ゾンビ企業が央企信用保証基金による保証の対象外であることを強調するものの、ゾンビと非ゾンビを区別する明確な基準があるわけではない。その区別は政治的な判断に委ねられることが多いため、信用保証基金がゾンビ企業の救済に利用される可能性は高い。

悲観シナリオの妥当性

日本では、社債市場におけるデフォルトの増加は中国経済の不確実性が高まっていることの表れであり、それが世界経済に及ぼす影響が懸念された。実際、恒大集団のデフォルトに対する懸念は2021年9月の世界同時株安の一因とされた。しかし、「暗黙の政府保証」の見直しがあくまでも一時的なものであることを踏まえれば、そうした悲観シナリオは明確な根拠を欠いているといえよう。

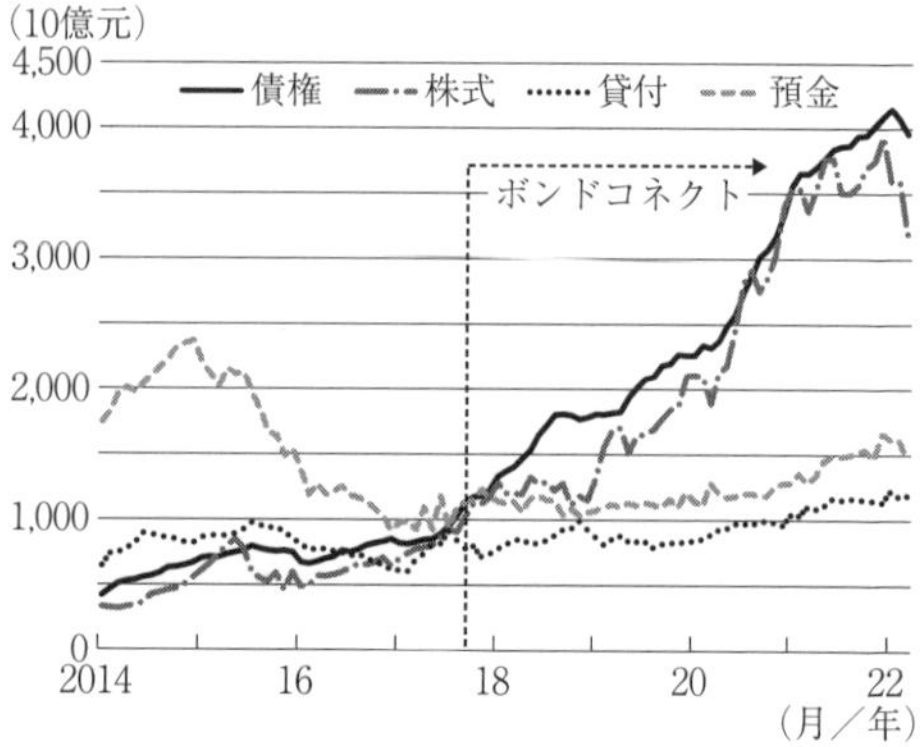

図表6－3　中国国外の法人・個人が保有する人民元建て国内金融資産
（資料）中国人民銀行資料より作成.

恒大集団のデフォルト懸念が高まった際、日本のメディアは同集団の1兆9665億元に上る負債総額がGDPの2%に相当するとして、その規模の大きさを強調した。しかし、2020年末時点で1年以内に返済期限を迎える同集団の債務は3355億元で、同年の中国全体の社債償還額の4・2%を占めるにすぎない。社債市場全体を俯瞰すると、同集団のデフォルトが社債市場を収縮させる可能性は低いはずであった。社債償還のピークが2021年であること、また、中国の社債はデフォルト率（デフォルトを起こした社債を償還期限に達した社債で除したもの）が低いことも無視された。中国の2020年のデフォルト率は1%に満たず[32]、国際的なデフォルト率2・7%を下回る[33]。このため、中国の債券は先進国の債券に連動しない、高い収益が期待できる投資先として評価されてきた（シン［2021］、チェン［2021］）。

中国人民銀行によれば、2021年末時点で中国国外の法人・個人が株式市場と債券市場で保有する人民元建て資産はそれぞれ3・9兆元と4・1兆元に達する（図表6－3）。債券市場の保有資産は、2017年7月に香港経由で中国本土証券を取り引きする仕組み（ボンドコネクト）が整備される前の4倍超に膨らんだ。

メディアの多くは、華融資産管理から恒大集団に至るデフォルト懸念を受け、社債市場でデフォルトが広がるリスクを指摘したが、今のところそれは現実のものとなっていない。金融資産が2022年に入って減少に転じたのはオミクロン株の感染拡大に伴うロックダウンの頻発を懸念した一時的なもので、5月には外国人投資家が再び買い越しに転じたように、社債市場は底堅い動きをみせている。

社債のデフォルトに限らず、中国経済に対する悲観論は不測の事態が発生した際に高まりやすい。この背景には、「暗黙の政府保証」に象徴される政策の不透明さや、公開情報の信憑性の低さがある、また、政権批判になりかねない敏感な問題に国内メディアや学者が意見を表明しなくなり、適切な政策が採られるかについて不安視されるようになったことも無関係ではあるまい。デフォルトを巡る過度な悲観論に振り回されないようにするためには、「暗黙の政府保証」が本当に見直されるのか否かを意識しておく必要がある。

3　注目すべきは過剰債務

デフォルトは「入口」

中国には国有企業やそれに準じるグレーな企業を優遇する仕かけがいたるところに設けられている。デフォルトがゾンビ企業の清算、その先にある過剰債務の削減に繋がるか否かを判断するには、

「デフォルト後」に目を向ける必要がある。デフォルトに陥った企業のうち破産手続きに進んだのは2割に満たず、6割が未払いの債務を「未解決」のまま放置しているとされる（シン［2021］）。中国では、デフォルトによって銀行取引が直ちに打ち切られるわけではないため、デフォルト前と変わらず営業を続ける企業が少なくない。

このため、中国におけるデフォルトは過剰債務問題解決の「出口」ではなく、解決に向けた長いプロセスの「入口」にすぎない、と捉える必要がある。仮に社債のデフォルトが増えたとしても、「暗黙の政府保証」が抜本的に見直され、ゾンビ企業の清算が進まない限り、デフォルトに注目する意味はない。目を向けるべきはデフォルトではなく、過剰債務だ。

中国は、社債の発行により投資家から直接資金を調達する直接金融よりも、銀行から資金を借り入れる間接金融が資金調達の主流である。過剰債務が削減に向かっているか否かにおいて重要なのは銀行融資である。中国人民銀行が発表する実体経済への資金供給量を示す社会融資規模統計をみると、銀行融資、社債、シャドー・バンキングなど資金調達方法別に実体経済にどのくらいの資金が供給されたかがわかる。銀行融資残高は２０２２年3月末時点で２００兆元と、社債発行残高の31兆元の6倍に達する（図表6-4）。

図表6-4からは、新型コロナウイルスの感染拡大を受け、社会融資規模残高が急速に増加したことがうかがえる。感染拡大前の２０１９年末にGDP比２５４・８％であった同残高は、２０２0年9月末には同２８１・０％と、26・2％ポイント上昇した。こうした大幅な上昇がみられるのは、同残高統計の変更が行われた２０１６年を除けば[34]、リーマン・ショックを受け大規模な景気対

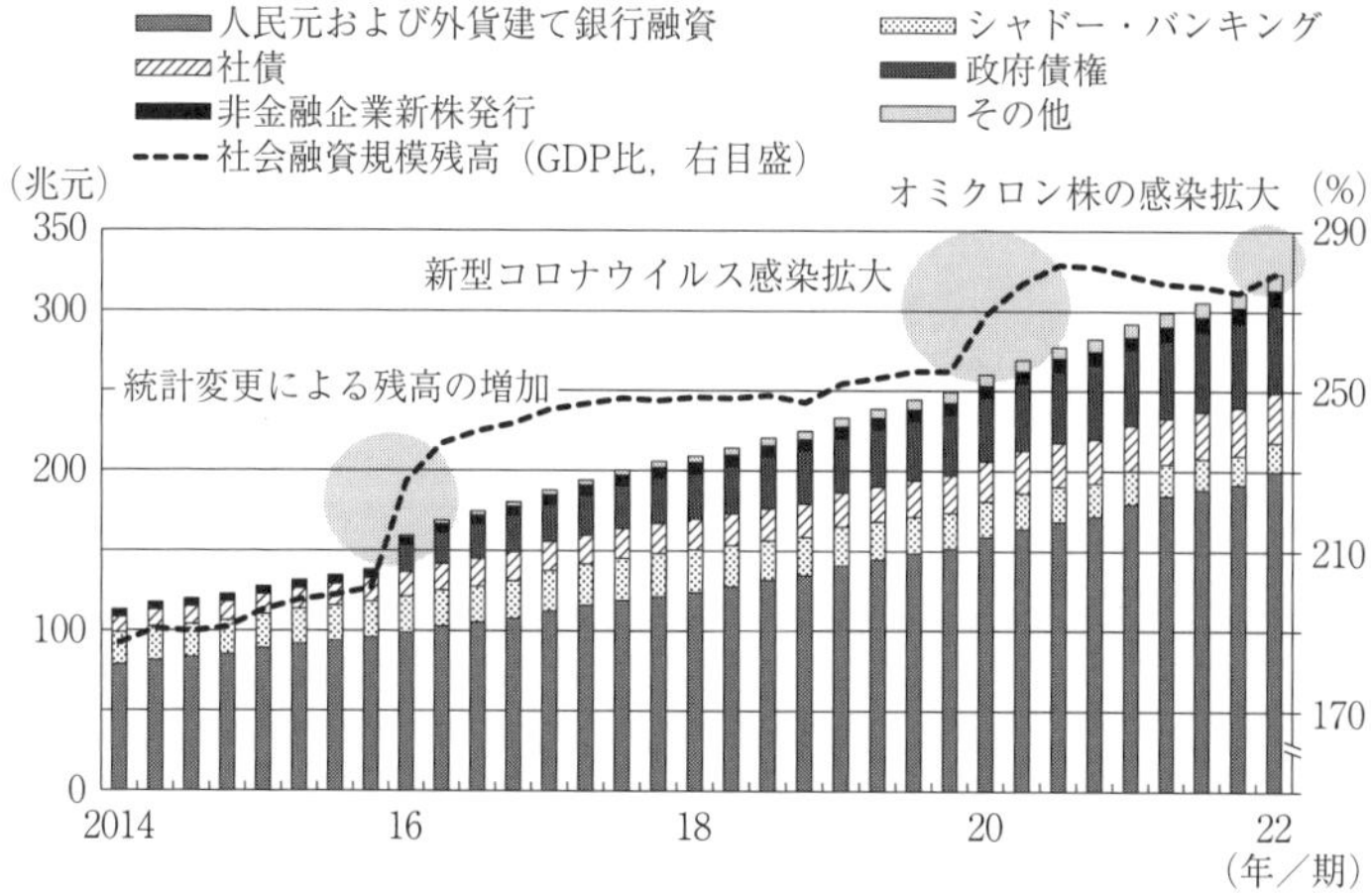

図表6－4　社会融資規模残高とGDP比

（注）シャドー・バンキングは委託融資，信託融資，銀行引受手形の合計.
（資料）中国人民銀行，国家統計局資料より作成.

策が打ち出された２００９年以来のことである。

図表６－４は政府や家計といった借入主体を含むため、企業の債務がどの程度増えたかはわからない。借り入れ主体別の債務残高がわかる国際決済銀行（ＢＩＳ）の統計で確認すると、債務を増やしたのはやはり非金融法人（企業）である。しかも、問題はかつてなく深刻化しており、企業の過剰債務問題は未踏の領域に入りつつある。

中国企業の債務残高は２０１７年３月末にＧＤＰ比１６１・３％と、過去に過剰債務問題が顕在化し、その削減を余儀なくされた日本、タイ、スペイン、それぞれのピークを上回る（図表６－５）。しかも、ピークを打ったようにみえた同比率は、新型コロナウイルスの感染拡大を契機に再び上昇し、２０２０年６月末に１６３・３％となった。

この状態を持続することは可能であろうか。

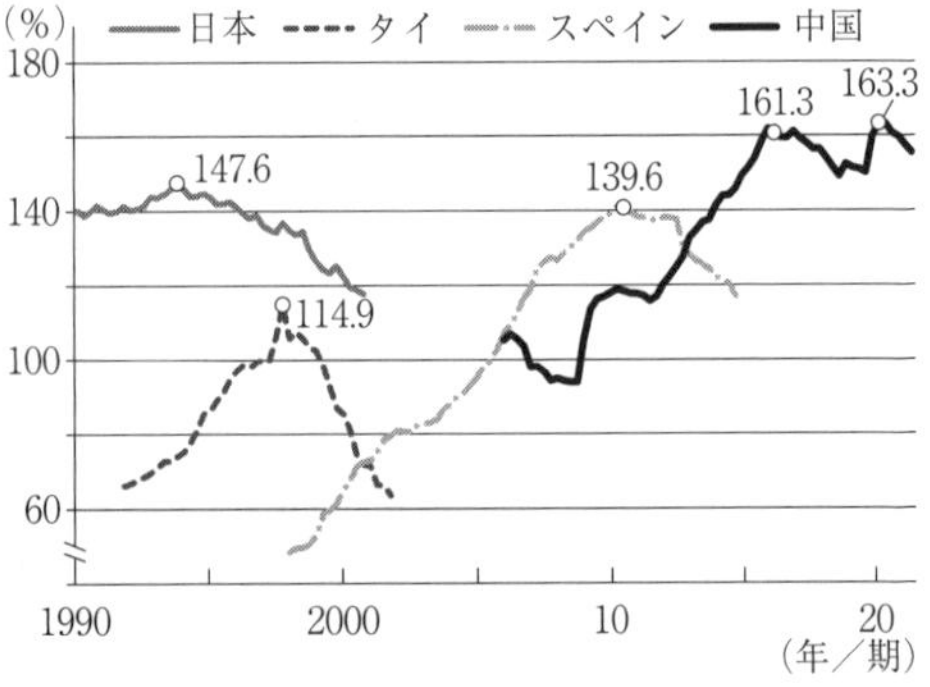

図表6－5　過剰債務問題が顕在化した国の企業の債務残高（GDP比）の推移
（資料）BIS資料より作成.

BISは2016年に「3年以内に危機が発生する可能性がある」（BIS［2016］）、そして、IMFも同様に「増加の一途にある企業債務を解決するために早急に包括的な措置をとる必要がある」としたが、中国は再び同じ状況に突入した。IMFは2020年末のレポートで「過剰債務問題に対する早急な取り組みが必要」（IMF［2020］）とした。「灰色のサイ」に備える必要があるという習近平総書記の発言は決して脅しではない。

デフォルトの意味

社債のデフォルトの増加が「暗黙の政府保証」をなくす政策の結果でないことは、国有半導体大手紫光集団のデフォルトおよび破産手続きに至る経緯を振り返ることでも確認できる。同集団の事例は、「暗黙の政府保証」に対する期待が根強く、ゾンビ企業の清算が容易に進まないこと、その結果、過剰債務問題も簡単には解決しないことを如実に示している。

紫光集団は2020年11月以降、6つの社債の償還ができず、その度に償還期限を延期してきた。債権者が直ちに破産手続きをとらなかったのは、同集団が名門清華大学の出資を受ける国有企業であり、産業政策の最重点分野である半導体産業の一翼を担っているためである。「暗黙の政府保証」に対する期待が「デフォルト前」に存在したのは間違いない。

「暗黙の政府保証」に対する期待は、「デフォルト後」にも存在する。紫光集団は、短期借入を増やす一方で、ハイリスクのM&Aを繰り返す「短貸長投」と称される経営を続け、負債総額は2021年6月時点で2029億元と、2012年末比44倍に増加した。自力での再建が不可能であったにもかかわらず、破産手続きが決まったのは2021年7月と、最初のデフォルトから8カ月を要した。これは政府内に破産手続きを回避しようとする動きがあり、その調整に時間がかかったことを暗示する。

また、紫光集団の事例は、「破産手続き後」にも「暗黙の政府保証」に対する期待が存在したことを示している。中国の破産手続きは、①日本の破産に相当する、債権額の割合に応じて按分弁済を行う「破産清算」、②裁判所が承認した計画に従って再建を目指す「重整」、③和議に相当する「和解」がある。同集団は、2021年7月、「破産清算」ではなく、「重整」を行うことが決まった。

紫光集団の再建にあたっては、総資産500億元、純資産200億元を有する戦略投資家を募集し、事業を引き継がせるという方針が示された。2021年12月、事業継承先に選ばれたのは、投資ファンドの北京建広資産管理と北京智路資産管理の連合で、前者は国有企業である。裁判所は両ファンドの実績を評価したとされるが、中国の半導体産業を牽引するという本来の再建を果たすことができるかは不透明である。デフォルトがゾンビ企業の清算を促し、過剰債務問題が解消に向かっているかを検証するには、デフォルトそのものではなく、「デフォルト後」や「破産手続き後」

に目を向ける必要がある。

問題は融資保証

過剰債務問題が深刻であることは、社債のデフォルトが過去最高水準にあるにもかかわらず、銀行の不良債権が目立って増えていないことからもうかがえる。中国の不良債権比率は2022年3月末時点で1・69%と、低い水準で安定している（図表6-6）。中国では、借り手の返済能力が高い順に、債権を①「正常」、②「関注」、③「次級」、④「可疑」、⑤「損失」の5段階に分類し、下位3つが不良債権に相当する。[35]

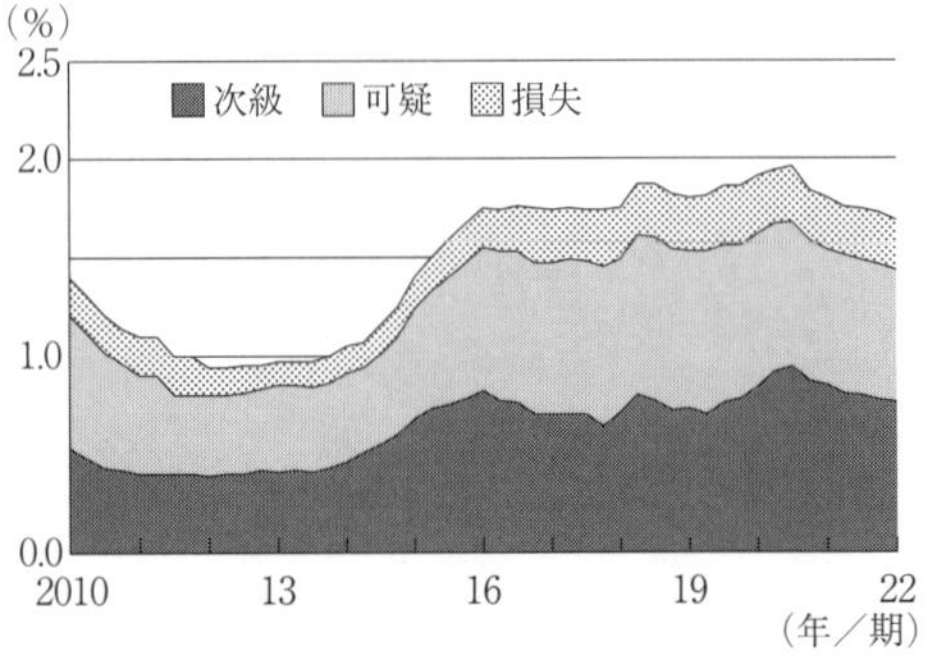

図表6-6　中国の不良債権比率
（資料）CEICより作成.

社債のデフォルトが増え、鉱工業分野の損失企業比率が上昇しているにもかかわらず、不良債権比率は2020年9月末をピークに低下する不思議な現象が起きている。中国の不良債権比率は実態を反映しておらず、過少評価されているという指摘があり（Kauko［2020］）、不良債権比率の低下を鵜呑みにするわけにはいかない。実際、当局の先行き懸念は強く、中国銀行保険監督管理委員会（銀保監会）の肖遠企副主席は、2021年4月に開催されたボアオ・アジア・フォーラムで「不良債権増加圧力が高まっており、銀行は事前の準備が必要」とした。

IMFは、新型コロナウイルスの感染拡大を受けて打ち出された返済猶予や不良債権に対する許容度の引き上げが融資の質を悪化させたとする（IMF［2021］）。政府は、金融機関に発行体が途中償還を行わない限り永久に償還がなく、利子の支払いが続く満期のない永久債を発行することを容認し[36]、自己資本の増強を促した。その一方、2021年3月に開催された全国人民代表大会（全人代、国会に相当）で、中国で初となる金融機関倒産法を議題に取り上げるなど、習近平政権は硬軟合わせた政策で不良債権の増加を食い止めようとしている。

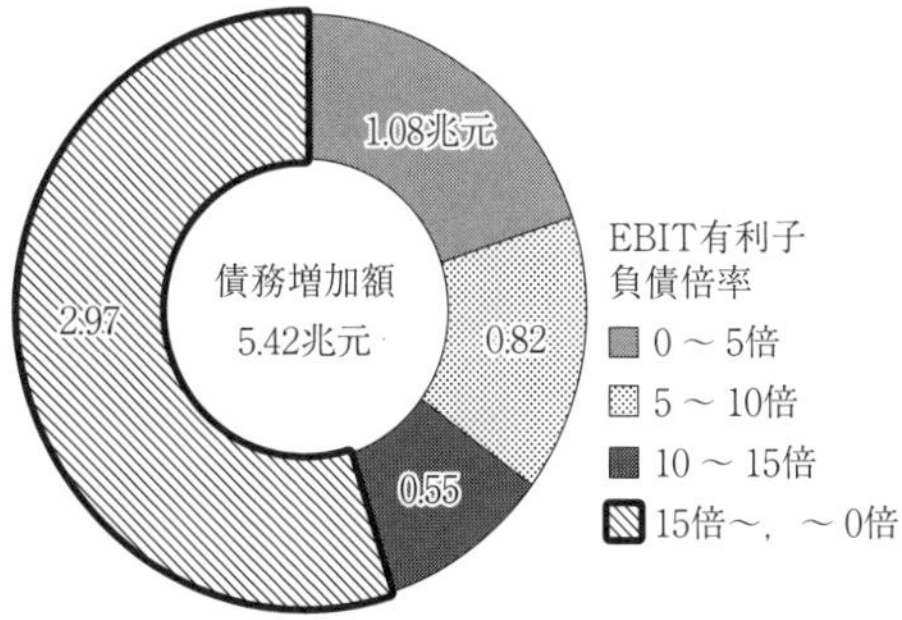

図表6－7　EBIT有利子負債倍率からみた債務増加額の内訳（2019年末から2020年9月末）
（注）EBIT有利子負債倍率は2018～19年の平均値.
（資料）IMF［2021］より作成.

不良債権を巡る最大の問題は、返済が危ぶまれる企業への融資が増えることで増加が止まらない点である。IMFの4400社を対象にした調査によれば、2019年末から2020年9月末までの期間で債務増加が顕著であったのはレバレッジ比率が高い企業であった。具体的には、負債総額から現金・預金を引いた純負債額を利払い前・税引き前損益（Earnings Before Interest and Taxes：EBIT）で除したEBIT有利子負債倍率が15倍超、ないし、ゼロを下回る企業の債務は2・9兆元と、同期間中に増えた債務5・4兆元の54・8％を占める（図表6－7）。

倍率が15倍超であることは純債務がEBITの15倍を超え、債務負担が非常に大きいことを、そして、ゼロ未満は分母のEBITがマイナスであることを意味し、いずれも返済が滞る可能性が高い企業といえる。そうした企業の債務が増えるのは、「暗黙の政府保証」が社債だけでなく、銀行融資にも与えられているからにほかならない。

銀行融資に対する「暗黙の政府保証」の見直しが喫緊の課題であることは論を俟たない。ところが、中国は過剰債務問題への取り組みを先送りし、そのツケがあまりに大きくなってしまった結果、身動きが取れない状況にある、というのが実情である。習近平政権は、企業が至るところで債務返済に行き詰まり、金融システムの安定性を揺るがすリスクが高まるなかで、中国を安定的な成長軌道に戻すという極めて難易度の高い政策に取り組まなければならない。

4　過剰債務の元凶は国有企業

「追い貸し」の悪循環

債務残高がGDP比160%を超えるように、中国企業のレバレッジ比率は非常に高い。銀行融資や社債などを積極的に利用し投資を拡大する経営は右肩上がりの業績が約束されている環境下では収益の最大化に繋がるが、低成長下で業績が不安定化するとたちまち債務返済に行き詰まる。社債のデフォルト増加は中国企業がこうした状況に置かれていることを暗示しており、信用リスクはなかなか低下しない。

習近平政権は、不動産関連融資の総量規制や不動産開発企業に債務削減を促す「三道紅線」によって、過剰債務の削減を進めようとした（第5章参照）。企業の債務残高が2017年3月末にGDP比161・3％でいったんピークを迎えたように、政府は企業への資金供給量を抑制した。しかし、過剰債務を削減し、中国を安定的な成長軌道に戻すという習近平政権のシナリオは、新型コロナウイルスの感染拡大によって崩れた。

ゼロコロナ政策による成長鈍化を受け、社会融資規模残高は2022年から再び増加に転じると見込まれる。それでも過剰債務問題の軽減を図るのであれば、融資の質を上げるしかない。前出の図表6－7でみたように、中国では債務返済が滞る可能性の高い企業が資金調達に最も熱心であり、市場もそれに積極的に応じてきた。習近平政権は債務が返済能力の低い企業に偏在し、「追い貸し」が必要になる悪循環を断ち切る必要がある。

IMFのデータを使って、2020年9月末時点の社債発行残高について、発行主体のEBIT有利子負債倍率と社債の国債との金利差である信用スプレッドに注目してみると、両者の間には何の相関もない、つまり、企業は債務返済能力が高いからといって低い金利で資金を調達できているわけではないことがわかる。信用スプレッド200ベーシスポイント以下を低金利で資金調達したケースと考えれば、EBIT有利子負債倍率が15倍超、ないし、マイナスの企業でも7割がその範疇に入り、驚くことにその割合はEBIT有利子負債倍率が5倍以下の企業と大差がない（図表6－8）。

国際的な格付け機関が〝CCC〟（トリプルC）と評価する企業のEBIT有利子負債倍率は平均

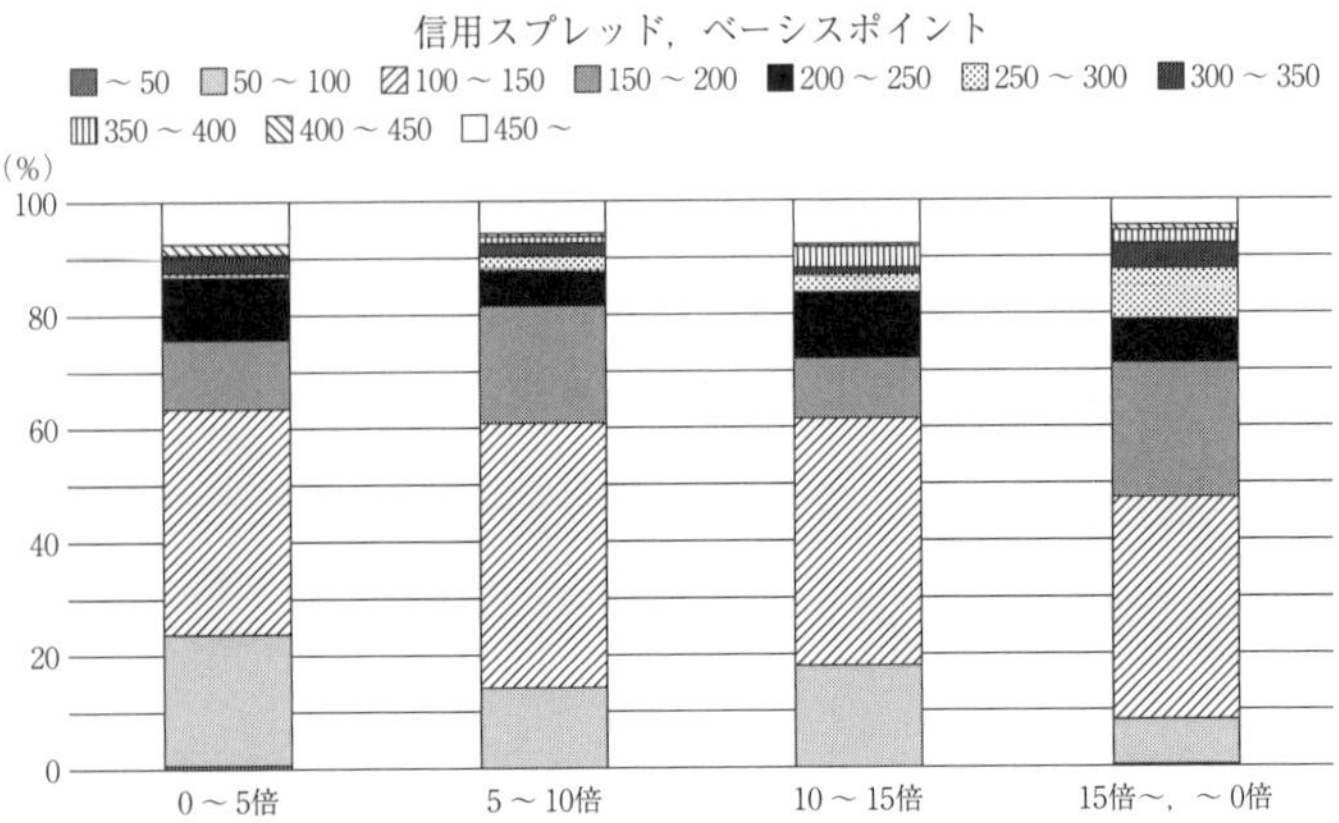

図表6－8　EBIT有利子負債倍率別にみた社債の信用スプレッド別内訳（2020年9月末時点の残高ベース）
（注）同前.
（資料）IMF［2021］より作成.

6倍とされる（IMF［2021］）。これと照らし合わせると、中国は債務返済能力の低い企業が社債市場に紛れ込んでおり、玉石混交の状態にある。政府は2020年末に「社債情報開示管理措置」を公布し、情報開示の要件、内容、タイミング、頻度など、情報開示の基本的な要件と法的責任を定めたものの、「暗黙の政府保証」がなくならない限り、玉石混交の状態は変わらないであろう。これは「国家資本主義」（第3章参照）が抱える最大の弱点である。

政府出資企業への優遇

債務返済能力の低い企業に資金が集中する構造が変化していないことは、上海および深圳証券市場に上場する約4200社（金融機関を除く）の2016年から2022年1～3月期までのデータからも確認できる。企業と金融機関の双方が債務削減に真摯に取り組んでいれば、EBIT有利

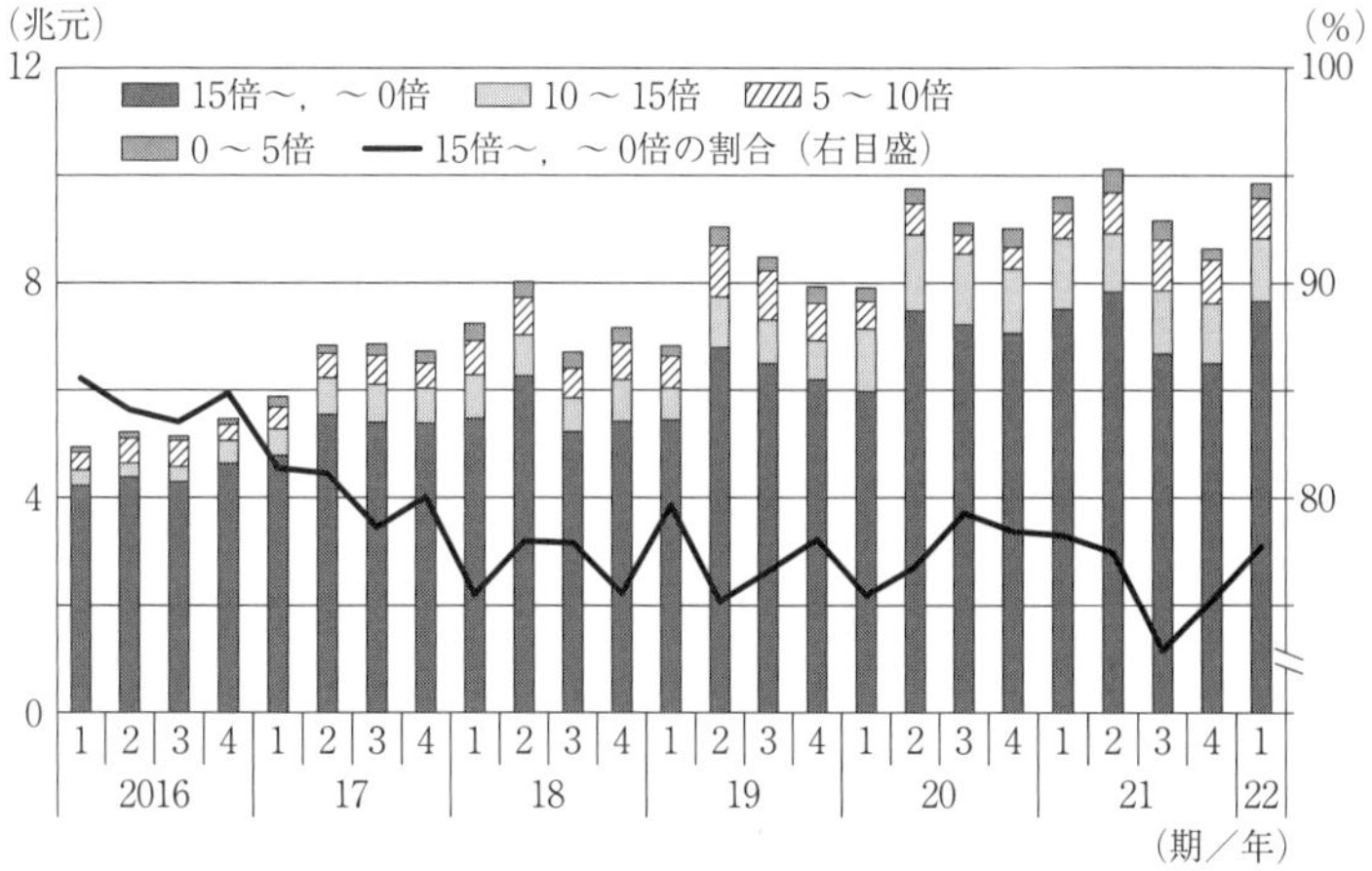

図表6－9　EBIT有利子負債倍率別にみた純負債額の内訳

（注）EBIT有利子負債倍率は前4四半期の加重平均値．純負債額がマイナスの企業は除く．

（資料）Bloomberg資料より作成．

子負債倍率の高い企業の純負債額は減少し、過剰債務問題が改善に向かうとともに信用リスクも緩和されるはずである。

しかし、そうした傾向は全くみられない。純負債額が増えた企業のうち、当該四半期の純債務額が直前の４四半期のＥＢＩＴ有利子負債平均倍率に応じてどのように推移したかをみると、純負債額が増えたのは２０２１年１～３月期でもＥＢＩＴ有利子負債平均倍率が15倍超あるいはマイナスの企業で、その負債額は全体の77・８％を占める（図表６－９）。この割合は２０１８年からほとんど変化しておらず、過剰債務問題が改善に向かう見込みがないことを示唆する。

背景には、国有企業とそれに準じるグレーな企業の資金調達環境が恵まれていることがある。図表６－９のなかからＥＢＩＴ有利子負債倍率が15倍超の企業を抜き出し、２０２

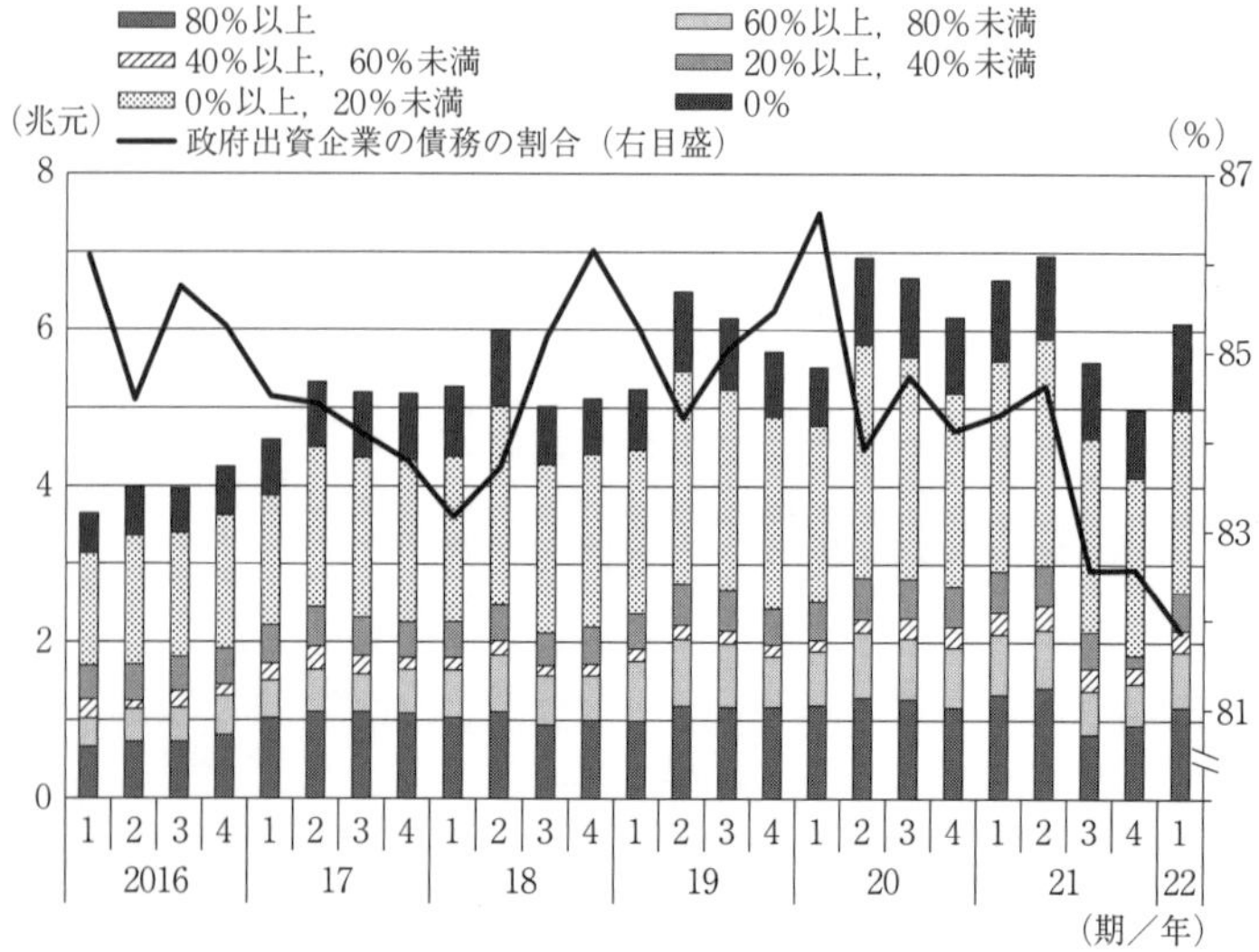

図表6－10　EBIT有利子負債倍率が15倍超の純債務の政府出資比率別内訳

（注）EBIT有利子負債倍率は前4四半期の加重平均値．純負債額がマイナスの企業は除く．政府資本の入った企業は政府出資比率がゼロより大きい．

（資料）同前．

2年1～3月期の純負債額（6兆922億元）を政府の出資比率によって分解すると、①政府出資比率が「80％以上」の企業が全体の19・2％、②「60％以上、80％未満」が11・6％、③「40％以上、60％未満」が4・5％、④「20％以上、40％未満」が8・1％、⑤「0％超、20％未満」が38・5％、⑥「0％」が8・1％を占める（図表6－10）。

一見すると、政府出資比率と債務の返済可能性には相関がないようにみえるが、上場企業の63・9％は政府出資比率がゼロであることから、図表6－10は、政府出資を受けている企業はその比率にかかわらずEBIT有利子負債倍率が15倍超であっても資金調達に困らない、つまり、「暗黙の政府保証」によって守られており、「追い貸し」が盛んに行われていることを示す。資金調達の難易は政府の出資比率の多寡ではなく、政府出資の有無によって左右されるため、政府の出資を受けている企業の債務は一貫して純負債額の8割強を占める。

「暗黙の政府保証」は、国有企業が存在感を強め、民営企業が徐々に衰退を余儀なくされる「国進民退」を招来する最大の要因といえる。所有形態別の詳しいデータがとれる鉱工業分野の企業統計をみると、国有企業は2020年末時点で売上全体の26・4％を占めるにすぎないが、負債額の39・9％を占めており、資金調達において民営企業より恵まれている。過剰債務問題は「国進民退」の結果であり、国有企業重視を掲げる習近平政権のもとではその解決は期待できない。

5　従来型成長パターンの限界

習近平政権が過剰債務問題と決別するためには、国有企業の効率性を引き上げる、といったこれまで避けてきた政策課題に本腰を入れ取り組む必要がある。これは、必然的に国有企業に準じるグレーな企業に波及し、過剰債務体質の改善に寄与するはずである。

政府は、取締役会の設置などを通じて国有企業の企業統治を改善する改革に取り組み、2019年で央企の97％が取締役会を設けたとされる（ＩＭＦ［2020］）。これは「所有」と「経営」の分離を進めることで経営の独立性を高めようとするもので、2014年から進めてきた国有企業改革の柱である（三浦［2015］）。

しかし、こうした改革が成果をあげている証拠はない。政府は2014年に央企から出資者である政府への配当を意味する上納金の比率（税引き後利益から財政に収める資金の割合）を2020年までに30％に引き上げるとしていたにもかかわらず、2019年はわずか7・6％と、2015年の11・9％からむしろ低下した。企業統治の改善によって国有企業の再生を図るという改革が行き詰まっているのは明らかだ。

国有企業の効率性は、企業統治といった企業内の問題ではなく、「暗黙の政府保証」に象徴される政府や金融機関との曖昧な関係を清算し、企業としての経営の独立性を高め、それに応じた経営者の責任を明確にすることなしに改善は望めない。そのためには、国有企業として残す分野を絞り込み、そのほかの分野については民営化するといった所有制改革が避けて通れない。

これは習近平政権の国有企業重視に逆行するもので、着手される見込みは全くない。「第14次5カ年計画」（2021～25年）をみても、所有制改革についての言及はない。同政権は、国有企業を「強国」を体現する存在と位置付けるが、改革が進まなければ国有企業は成長の持続性を損ない、政権の足元を揺るがす存在になる。過剰債務は、それがそう遠くない時期に訪れることを暗示する。

第7章　共同富裕は格差を是正するか

習近平総書記は2021年に入り、格差を是正し、国民の皆が豊かさを実感できる社会にする「共同富裕」を打ち出した。以下では、中国の所得格差の現状を紹介したうえで、共同富裕とはなにか、それが中国経済にどのような影響を及ぼすのかについて明らかにする。そして、共同富裕を急ぐ背景に格差に対する寛容性の低下という、社会の変化があることを指摘する。

1　中国の所得格差

中国の所得格差は世界的にみても非常に大きい部類に入る。共同富裕に入る前に中国の格差について解説しておこう。所得格差の度合いを示す指標として最もよく用いられるのがジニ係数である。同係数は0～1の間をとり、数値が大きいほど格差が大きいことを意味する。中国のジニ係数はピークの2008年からやや低下したものの、2019年でも0・465と依然として高い（図表7-1）。図表の2019年のジニ係数はIMFによるもので、国家統計局（NBS）は2018年以降、ジニ係数を公表するのを止めてしまった。ジニ係数は格差是正の進捗を測るために不可欠な統計であるが、中国政府にはしばしば都合の悪い統計の公表を止める悪習がある。

世界を見渡すと、ジニ係数は中南米諸国が最も高く、2010年代後半の中央値は0・44〜0・46である。これに対し、アジア諸国は近年上昇がみられるとはいえ、0・35〜0・37である。中国はアジアのなかではもちろん、世界的にみても所得格差が大きい国といえる。国連は、同係数が0・4を超えると社会が不安定化する可能性が高まるため、是正策が必要になると説く。このことは中国でも折に触れ紹介されてきたが、抜本的な是正策が打ち出されることはなかった。

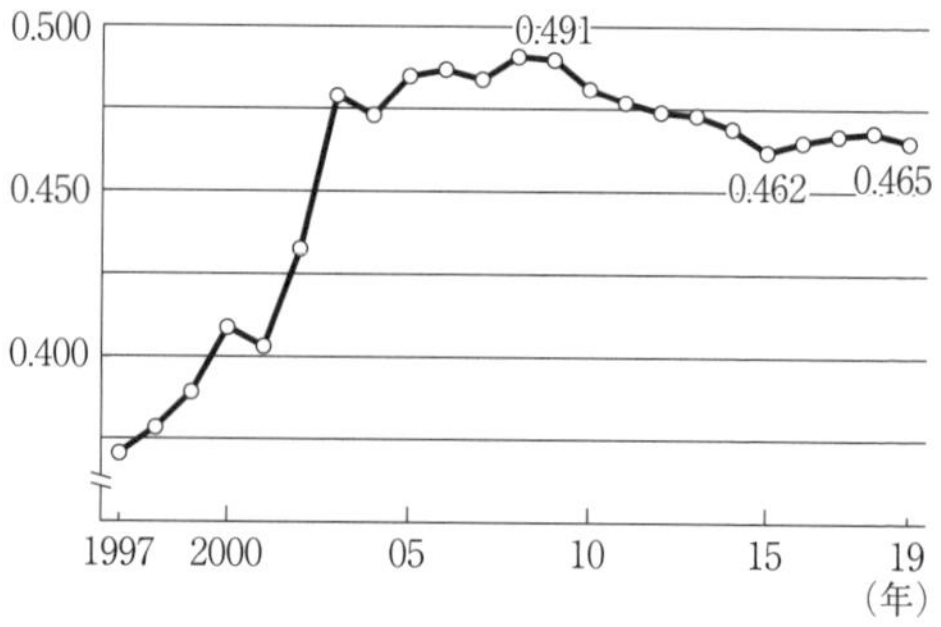

図表7-1　中国のジニ係数
（資料）国家統計局，IMF 資料より作成.

背景には、中国が高成長を遂げるのに伴い可処分所得が上昇する一方、就学年数の延長や農村から都市への移動によって所得を引き上げる機会に恵まれていたことがある。前者は、就労を始めた子供の所得が親の所得を上回ることで、後者は学歴の獲得や出稼ぎによって所得が大幅に引き上げられたことで、国民に明るい将来を予感させた。自助努力によって所得階層の上方移動が可能と考えられている社会は格差に寛容で、格差はむしろ活力の源泉になる。政府は格差是正に乗り出す必要がなかったのである。

　しかし、高成長期が終わり、可処分所得の伸びが鈍化する一方、社会全体の高学歴化が進んだことで、所得階層の上方移動は以前に比べかなり難しくなった。農村から都市への移動は依然として所得を引き上げる有効な手段であるが、少子化が進んだことを受け、農村でも就学年数の延長による高学歴化により、上方階層への移動を目指す世帯が増えた。これは、学歴による給与格差が大きいことを反映した動きといえるが、若年層（16～24歳）の都市調査失業率は2022年7月に19・9％と過去最高水準に達し、高学歴が必ずしも高所得に直結するとは限らない。

　所得階層の上方移動が難しくなれば、活力の源泉であった格差は怨嗟《えんさ》の源泉となり、0・4を超えるジニ係数はこれまでとは全く違う重みを持つようになる。習近平政権は、こうした変化を敏感に読み取り、格差を是正し国民皆が豊かになる共同富裕を満を持して打ち出した。共同富裕はスローガンとして国民の不満を反映した魅力的なものであり、政権や共産党に対する信認を高める効果が期待できるものの、〝誰からとり、誰に与えるか〟という議論が欠かせないため、実現は容易ではなく、政権および党に対する期待を失望に変えるリスクの高い政策といえる。

2 共同富裕とはなにか

共同富裕のエッセンス

共産党のトップである総書記が格差の存在を率直に認め、その是正を図るための網羅的な政策を示したのは習近平氏が初めてである。共同富裕は3期目に突入した習近平政権の看板政策になるはずである。しかし、共同富裕に向けどのような政策が採られるのか、また、共同富裕によって中国がどのように変わるのかについては、共産党や政府が明確に説明しているわけではないため、さまざまな憶測が飛び交う状況にある。

日本における共同富裕に対する解釈も一様ではない。習近平政権が社会や思想に対する統制を強めていることもあり、共同富裕を毛沢東が仕かけた政治闘争「文化大革命」（文革）になぞらえるメディアが少なくない。それは本質を正確に捉えた評価なのであろうか。共同富裕はその曖昧さのため、本家の中国はもちろん、外国においても、一人歩きを始めているところがある。

その全体像が示されたのは、2021年8月の共産党中央財経委員会である。[37] 同年10月に共産党の理論誌『求是』に掲載された同委員会における習近平総書記の演説の一部[38]も、理解を助ける資料となる。まず、このふたつを材料に共同富裕とはなにかを明らかにする。

共同富裕のエッセンスとして第1に指摘できるのは、その目的、つまり、達成すべき目標が中間層を厚くし、オリーブ型の所得分布構造をつくる、とされていることである。オリーブ型とは、所得階層別の人口規模を低、中、高と縦に置いた際に中部分が最も大きくなる形を指す。中国は低および高所得層が多いダンベル型とされる。

第2に、共同富裕は長期的な目標とされていることである。第1段階は、「第14次五カ年計画」(2021~25年)が終わるまでの期間で、確固たる措置を講じ、所得と消費の乖離を縮小する、としている。所得と消費の乖離とは消費が所得ほど伸びないこと、つまり、消費性向が低いことを、その縮小とは消費性向を引き上げることを意味する。第2段階は、2035年までの期間で、実質的な進歩を達成し、基本的な公共サービスの平等化(中国語「均等化」)を達成する、としている。第3段階は今世紀半ばまでの期間で、共同富裕を達成し、所得と消費の乖離が合理的な範囲に収まるようにする、としている。

消費性向の低さが問題視されるのは、それが消費主導経済への移行を阻害すると考えられているためである。消費性向が低いことは貯蓄性向が高いことと同義である。この背景には、所得格差の拡大により消費性向が低い高所得層が所得全体に占める割合が上昇したことや、社会保障制度による保障の水準が低く、失業や老後の備えが欠かせないと考えられていることがある(三浦[2014])。また、次項で指摘するように、住宅ローンを組む世帯が増え、個人消費を下押しする効果が強まってきたことも見逃せない要因である。

第3に、共同富裕によって期待される経済効果として、基本的かつ包括的な生活保障によって消費性向が上昇し、消費主導経済への移行が進む、そして、人的資本の強化によって全要素生産性(TFP)が上昇し、経済発展の質が向上する、という2つが挙げられていることである。また、先進国における中間層の崩壊が政治的二極化とポピュリズムをもたらしたと批判し、共同富裕によって社会の調和と安定を図るとしている点も注目される。

共同富裕は、中国の経済政策が効率性一辺倒から、効率性と公平性のバランスを重視する方向に舵を切ったことを示す。「第14次5ヵ年計画」（2021～25年）では、「国民の幸福感と安心感を絶えず高めるため、最善を尽くし、努力する」とした。共同富裕はそれを具体化したスローガンであり、急速な経済発展のもとで後回しにされてきた公平性の問題に取り組むことで、経済発展の持続性と社会の安定性、さらには、共産党に対する信認を高めようとする試みなのである。

第4に、共同富裕は平等主義ではない、とされていることである。共同富裕はすべての人々の繁栄を目指すとしながらも、画一的な平等主義（中国語「齐划一的平均主义」）ではない、としている。すべての人、すべての地域を同時に裕福にすることは不可能であり、富の程度に違いがあるのは避けられない、と認めている。また、共同富裕はあくまで勤労の結果であり、怠惰な人々を育てる「福祉の罠」に陥ることはしない、ともしている。

共同富裕は近年顕在化している社会現象である、「内巻」や「横たわり」（第5章参照）を防ぐ政策でもある。共産党は、こうした厭世的な思考が社会に浸透することを警戒している。共同富裕が物資的な側面だけでなく精神的・文化的な側面も含むとされるのは、共産党が「内巻」や「横たわり」が中国の経済成長、ひいては、党に対する信認を揺るがす、と考えているからにほかならない。

第5に、共同富裕は金持ちになるための努力とイノベーションを否定するものではない、とされていることである。このため、私営企業などの民間セクターの発展を促す政策は変わらない、としている。共同富裕が重視するのは努力が報われる、つまり、低所得層に属す人が上の所得層に移る階層移動の流動性を高める必要があると考えるためである。「内巻」や「横たわり」は流動性の低下により階層固定化が進んだ結果と捉える。

第6は、不法所得の取り締まりと共同富裕の障害となる産業に対する規制を強化する、とされていることである。不法所得とは、汚職、インサイダー取引、脱税などを指す。中国では、芸能人やインターネット上で高い発信力を持つ「インフルエンサー」などのセレブが脱税で相次いで摘発されている。これは、「内巻」や「横たわり」を増やさないための仕かけでもある。

産業規制の対象としては、不動産開発、学習支援、ITの3産業が挙げられた。不動産開発と学習支援は、家計負担の軽減という観点から、ITは独占的地位の乱用、宅配を請け負うギグワーカー（3節参照）の権利保障、未成年に対する悪影響という観点から俎上に上った。中央財経委員会では「（3つの産業の）成長への貢献は低下する」とし、共同富裕によってそれぞれの産業が低迷することを容認する姿勢を示した。

中央財経委員会は、資産価格が長期かつ段階的に下落することは消費者の利益に繋がる、として、住宅価格の下落を前向きに評価してみせた。また、『求是』では「房子是用来住的、不是用来炒的」（住宅は住むためのものであり、投機の対象ではない）という基本方針に基づき、低所得者向けの賃貸住宅の整備を進めるとした。右肩上がりで成長を続けてきた住宅市場は調整局面に突入する、と考えられるようになった。

家計債務と個人消費

消費性向を引き上げることができるか。習近平政権は、所得格差の是正や社会保障制度の拡充など、共同富裕に向け前進することでそれが可能になると考える。しかし、消費性向は家計債務の影響も受ける。家計債務の問題は共同富裕に含まれないが、消費主導経済への移行を左右する重要な問題であるため、少し寄り道をして、家計債務と個人消費の関係について解説しておこう。

中国における債務といえばもっぱら企業と地方政府の問題であり、貯蓄率が高い家計は健全とみられていた。しかし、上海財経大学高等研究院は、2018年8月、急増する家計債務に警鐘を鳴らすレポートを発表し（田・黄・寧・王［2018］）、内外の関心を集めた。そこでは、中国の家計債務はGDP比でみると際立って高い水準にあるとはいえないものの、増加ペースが非常に速く、個人消費や企業の業績に悪影響を与え、安定成長、ひいては金融システムそのものを脅かしかねないとされた。IMFも2018年10月に発表した「国際金融安定報告書」で家計債務の増加に強い懸念を表明した。

可処分所得比でみた家計の債務残高は2017年末時点で107・2%と、2012年の71・1%から急速に上昇し、サブプライムローン問題が表面化した米国の2007年末の水準（124%）に近づきつつある。可処分所得比でみた債務残高がGDP比でみたものより高くなるのは、GDPに占める家計の取り分である雇用者報酬比率が低いためである。

家計の抱える債務の9割は住宅ローンである（甘ほか［2017］）。中国の住宅ローンは変動金利が主体で、平均22年をかけて返済する長期債務である。中国の家計債務における最も深刻な問題はローンの返済負担が大きいことである。中央銀行である中国人民銀行は、中国の返済負担率は2017年で9・4％と、住宅バブルが囁かれる先進国より低く、「国際的にみて平均的な水準」（中国人民銀行［2018］）とする。

しかし、中国における住宅ローンの普及率は6割に満たず[39]、住宅ローンを組んでいる世帯の可処分所得で返済額を除した負担率は9・4％を遥かに上回る。香港の広発証券は、住宅ローンを利用している世帯に限ってみると、可処分所得に対する返済額の比率は2013年から上昇し、2016年には39％に達し、2007年の米国（32％）を上回ったとする。同比率は2017年3月末時点でも39％と高水準にあり[40]、住宅ローンを抱える世帯はその返済に汲々としている。

中国では一般的に住宅ローンの返済は収入の3割以下に抑えないと生活水準が下がるとされている。しかし、現地報道をみると返済負担が「危険水準」とされる月収の4割を上回り、消費支出の抑制を余儀なくされた事例が数多く報告されている。住宅ローンに苦しむ人は住宅の奴隷という意味で「房奴」と称される。「房奴」を覚悟してまで住宅ローンを組むのは、住宅は値上がりすると考えている人が多いこと、そして、住宅購入に当たって親の援助を受ける世帯が多いことがある。

中国のような開発途上国において金融セクターの発展は経済発展に不可欠の要素とされてきた。家計が将来の所得を担保に借入を行うことで住宅や自動車を手に入れることは人々の生活を豊かにするだけでなく、経済成長も促す。しかし、サブプライムローンに端を発する米国の金融危機にみられるように、家計債務の増加はリスクを伴う。

ＩＭＦは1980～2013年の123カ国のパネルデータを分析し、経済成長と変動率

(volatility) はトレードオフの関係にあり、家計債務の増加は経済発展の初期段階では経済成長を押し上げる効果があるものの、発展段階が上がるのに伴いそれは弱まり、経済の安定性を損なう変動が起きやすくなる、つまり、開発途上国はいずれかの段階でリスクがベネフィットを上回るステージに突入する、としている(IMF [2017])。

リスクがベネフィットを相殺し、差し引きゼロとなる転換点は、金融発展指数 (Financial Development Index：FDI) が0・6に達するあたりである。FDIは金融セクターの発展度合いを把握するためにIMFが作成しているもので、金融制度と金融市場を①深化、②アクセス、③効率性という3つの側面から評価した結果を合成した指数である (Svirydzenka [2016])。家計債務は金融セクターが発展した結果であることから、当然のことながらFDIと家計債務残高 (GDP比) との間には強い相関があり、0・6というFDIはGDP比でみた家計債務残高の30%に置き替えられる。

FDIは発展段階を表す1人当たりGDPと正の相関があり、先進国は開発途上国に比べFDIが高い (図表7-2)。図表の回帰式からは転換点を迎えるのは1人当たりGDPが5万ドルに達した時点であるため、多くの開発途上国にとって転換点は無縁といえる。しかし、中国は事情が異なる。中国の2000～19年の動きをプロットすると、1人当たりGDPが1万ドルに達していないにもかかわらず、2015年に転換点を過ぎた。中国はすでに家計債務の増加によるリスクがベネフィットを上回る局面に突入しているのだ。

家計債務の厄介なところは足元の景気を押し上げる効果はあるものの、中長期的にみると経済成長や消費を抑制してしまうことだ。ＩＭＦは、２０１７年10月の「国際金融安定報告書」でこの問題を取り上げ、先進国35カ国、中国を含む開発途上国45カ国を対象に家計債務の増加が経済に与える影響を分析し、ＧＤＰ比でみた家計債務残高が５％上昇すると、３年後の実質ＧＤＰ成長率を１・２５％引き下げる効果があるとしている（ＩＭＦ［2017］）。

実際、中国の小売売上高の伸び率は家計債務のＧＤＰ比率が上昇するのに伴い低下している（図表７－３）。２０２０年以降の個人消費の減速は、米国との通商摩擦、コロナ禍、ロシアのウクラ

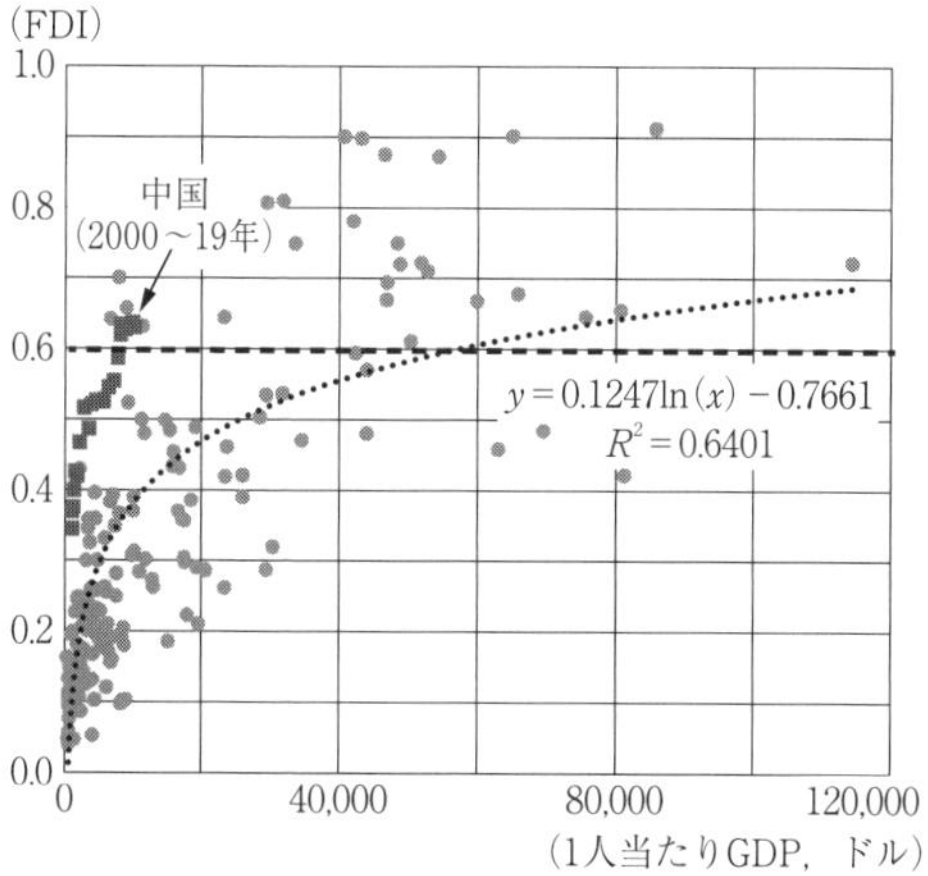

図表７－２　１人当たりGDPとFDI（2019年）
（資料）IMF 資料より作成.

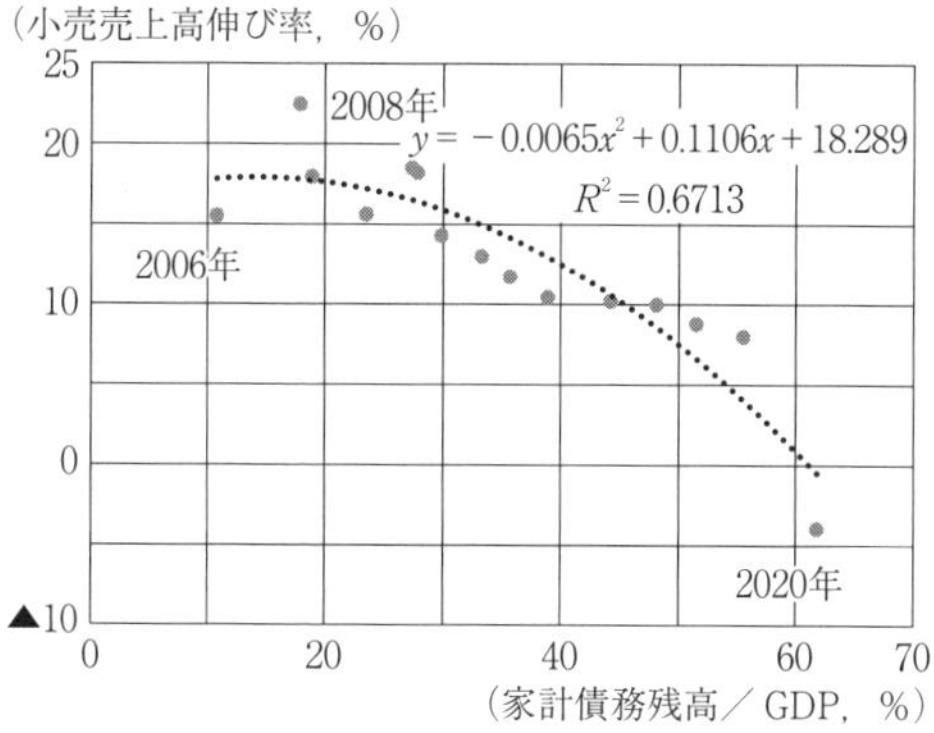

図表７－３　家計債務と小売売上高の伸び率
（資料）BIS，国家統計局資料より作成.

イナ侵攻などが影響を与えていると考えられるが、背後で家計債務の増加による個人消費の抑制という構造的な変化が起きていることを見逃してはならない。個人消費の低迷に起因する成長減速は今後一層鮮明になると見込まれる。

強制に近い3次分配

共同富裕とはなにかに戻ろう。共同富裕における最大の争点は、中間層を増やすためにどのような分配政策を採るかである。中国における所得分配には、①労働の対価としての賃金といった市場原理に従う1次分配、②税・社会保障や財政支出によって1次分配の偏りを是正する2次分配、③寄付や慈善によって高所得層の富を低所得層に移転する3次分配があるとされる。共同富裕に向け目立った動きがみられるのが3次分配である。

3次分配は個人や企業が自由意志で行うものとされている。しかし、2021年8月以降、共同富裕に貢献するとして、70社以上の上場企業が相次いで寄付を表明したように、企業はそれを額面どおりに受け取っていない。寄付や慈善の文化が根付いているとはいえない中国において、中央財経委員会で共同富裕が取り上げられてからわずか1カ月でこうした動きが相次ぐのは、企業が共同富裕に含まれる政治的な意図を敏感に読み取っているからである。

規模の大きさという点でみると、IT企業およびその創業者が目立つ。コミュニケーション・プラットフォームを展開するテンセントは、2021年4月に基礎科学振興、教育イノベーション、農村活性化、カーボンニュートラルなどに取り組む「持続可能な社会的価値の革新」に500億元、そして、8月には中央財経委員会に合わせるかたちで、低所得層支援、医療支援、農業の効率性向上、教育支援を目的とする「共同富裕特別計画」に新たに500億元を投じると発表した。電子商取引（EC）最大手のアリババも、2021年9月、技術革新、経済開発、質の高い雇用、社会的弱者の支援を謳う「共同富裕発展基金」を設立し、1000億元を投資すると発表した。

企業経営者による個人としての寄付を調査した胡潤研究院の「2021胡潤慈善榜」をみると、不動産開発業やIT産業の経営者による寄付が目立つ。寄付は保有する自社株を譲渡するかたちで行われることが多い。「2021胡潤慈善榜」は中央財経委員会開催前のものであることから、今後、寄付額が増えるとともに、寄付者のすそ野が広がると見込まれる。

メニューは豊富な2次分配

3次分配を巡る動きが活発であるのに対し、2次分配を巡る動きは鈍い。唯一動きがみられるのは不動産税である。2021年10月、国会に相当する全国人民代表大会（全人代）常務委員会は、不動産税を一部都市に導入することを決めた。これは政府に5年間の試験運用を認めるもので、不動産税法が採択されたわけではない。同法が採択されるのは早くても2026年とまだかなり先の話である。

日本のメディアは取り上げていないが、習近平総書記の演説には、不動産税以外にも高所得層を対象にした2次分配政策が盛り込まれており、メニューそのものは多彩である。

第1に挙げられるのが個人所得税である。中国の個人所得税は、日本と同じく所得が増えると税率が上がる累進制となっており、最高税率は45％と高い。ただし、同税は課税対象範囲が狭く、所得格差を是正する機能が弱い。これを改善できれば、同税は格差是正に絶大な威力を発揮するはずである。

第2は資本所得税である。資本所得とは不動産、株式、投資信託などの保有資産を売却した際の差益であり、それに対する課税は先進国のキャピタルゲイン課税にあたる。中国では、保有する住宅の売却に対して個人所得税として20％が課税される仕組みになっているが、5年超居住し、かつ、唯一の所有物件である場合は免税となるなど、日本と比べると免税範囲が広く、税率も低い。

中国では、株式や投資信託の売却で得たキャピタルゲイン、そして、家賃収入や債券利子などの資産を保有しつづけることで得られるインカムゲインに対する税率も一律20％である。先進国も20％前後であることから、中国の税率が特に低いとはいえない。中国国内には、資本所得税を引き上げることが格差是正に繋がるとする意見がある一方で、それによって資本逃避が起きるという意見もあり、まだ先行きが見通せない。

習近平総書記は、低所得層を支援するための取り組みも明示している。

第1に挙げられるのは、財政支出の拡大である。習近平総書記は、開発の遅れた地域の財政支出を増やすとしている。中国における財政支出は1人当たりGDPが高い地域ほど多く、日本の地方交付税交付金のように地域間格差を是正する機能を有していない。開発の遅れた地域を財政支出によって底上げすることは格差の是正に寄与する。

第2は、公共サービスの拡充である。習近平総書記は、①低所得層の教育支出負担の軽減と教育水準の向上、②年金と医療保険における格差の解消、③年金給付水準の段階的引き上げ、④最低生活保障水準の引き上げ、⑤投機を防ぐための賃貸住宅の整備、などを挙げた。

このうち、教育支出負担の軽減は2021年7月の学習塾の非営利化などを柱とする「義務教育段階における学生負担及び学外訓練負担の更なる軽減に関する意見[41]」によって、中央財経委員会に先んじて実施された。ただし、学習塾はあくまでも学校外教育であり、その非営利化は財政支出を伴わないため、公共サービスの拡充とはいえない。教育水準の向上は、義務教育が完全普及に近い状態にあることから、予算不足が深刻な農村における教育の質の向上を意味すると考えられる。

年金保険の格差解消は、加入している保険によって異なる給付水準の差を是正することを意味する。中国の公的年金には、「職工」と呼ばれる国有企業や大規模民営企業の就業者を対象とする都市職工基本養老保険と、それ以外の就業者および非就業者を対象とする都市農村住民基本養老保険の2つがある。前者が賦課方式と個人積立方式を合わせた設計で、多額の財政資金の投入を背景に、「高負担・高給付」を維持しているのに対し、後者は財政資金が投入されているものの、個人積立方式であるため「低負担・低給付」を特徴とする。年金保険の格差を解消するには、後者の給付水準を引き上げる必要がある。

年金格差が問題視される背景には、人口高齢化がある。2021年5月に公表された人口センサスによれば、2020年11月時点で全人口に占める65歳以上の割合は13・5%と[42]、国連の推計12・0%より高く、想定を上回るペースであることが明らかになった（図表7-4）。中国では、介護保険制度がまだ導入されておらず、高齢者を社会全体で支える「社会化」が遅れている。給付水準の

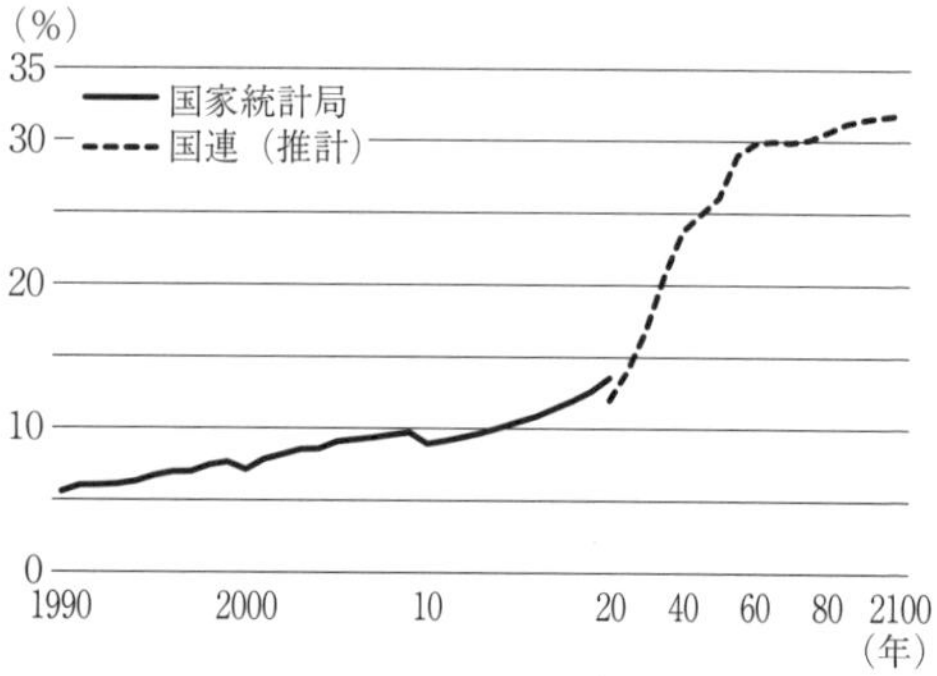

図表７-４　65歳以上が人口に占める割合

（資料）国家統計局，UN, *World Population Prospects 2019* より作成.

引き上げは高齢者本人および介護する家族の不安に応えようとするものである。

医療保険の格差も大きい。中国における公的医療保険は、年金保険と同様に「職工」を主対象とする都市職工医療保険と、同保険でカバーされない人を対象とする都市農村住民基本医療保険がある。後者は、都市の小規模民営企業の就業者や非就業者を対象とする都市住民基本医療保険と、農民を対象とする新型農村合作医療保険を統合したものである。医療保険も年金保険と同様に、都市職工医療保険が「高負担・高保障」であるのに対し、都市農村住民基本医療保険は「低負担・低保障」である。医療保険の格差解消とは、後者の保障水準を引き上げることを意味する。

共同富裕を巡る論争

中国経済および社会の現状を肯定的に捉えるか、否定的に捉えるかによって、共同富裕に対する解釈にかなりの幅があり、中国国内で論争が起きた。論争の原因は、共同富裕は平等主義ではない、つまり、配給制など「結果の平等」を志向する古典的な社会主義を否定する一方で、金持ちになるための努力とイノベーションを否定するものではないとして、資本主義も否定しなかったことにある。習近平総書記は、両極にある経済体制を否定しながらも、その間のどこに着地点があるかを明示していないのだ。

共同富裕を巡る議論で最初に注目を集めたのは、著名なブロガー李光満氏だ。同氏は、アリババグループ傘下の金融テクノロジー企業アント・グループ（螞蟻集団）の新規株式公開（IPO）の延期から芸能界に対する脱税の摘発に至る一連の措置は、「革命」が起きていることを意味し、中国は社会主義の本質に回帰しており、資本市場はもはや資本家が一夜にして金持ちになるための楽園ではなくなったと評した。

一方、共産党や政府側はそうした見方を否定した。人民日報傘下の有力国際情報紙『環球時報』の胡錫進編集長は、一連の措置は「革命」ではなく社会的ガバナンスの改善であり、共同富裕に対する誤った解釈がイデオロギーの混乱を引き起こすことを懸念するとした。また、同編集長は、共同富裕は「殺富済貧」（金持ちを殺し、貧しい人を救う）という平等主義ではないとし、劉鶴副首相が民間経済の発展を支援する方針は変わっておらず、将来も変わることはないとした演説を引用し、民営企業を攻撃したり、合法的な財産を奪ったりすることはない、そして、改革開放政策は変わらないと説いた。共産党は習近平総書記の演説の一部を『求是』に掲載することで、胡編集長に同調してみせた。

共産党が共同富裕に対する解釈を正そうとしたのは、共同富裕によって民間投資が萎縮することを危惧したためである。北京大学の張維迎教授が共同富裕によって政府の市場介入が強まれば共同貧困に陥りかねないとしたように[43]、共同富裕に対する警戒感は強い。同教授の論文はネット上から削除され、それに代わって、「共同富裕」＝「共同貧困」というのは誤った解釈であることを強調する言説が目立つようになった。

しかし、こうした世論誘導は必ずしも期待どおりの成果をあげていない。中国では、2021年に入り不動産開発企業のデフォルトや電力不足が顕在化するなど、経済の先行きを不安視させる問題が相次いだ。そして、共同富裕もそのひとつとする見方が払拭されることはなかった。

このため、国営通信社新華社は2021年10月、権威筋が答える「中国経済に関する10の質問」という記事を掲載し、「パイを切り分けること」が先か、「パイを大きくすること」が先かの論争を引き合いに、金持ちになるための努力とイノベーションを奨励することが重要として、あらためて平等主義を否定してみせた(44)。さらに、習近平総書記は、2022年1月、世界経済フォーラム（WEF）が開く「ダボス・アジェンダ2022」にオンラインで出席し、「共同富裕はまずパイを大きくし、その後に切り分けるもの」と説明した。

3　ターゲットとされる産業

不動産開発業――生活の質が低下

共同富裕によって、不動産開発、学習支援、ITの3産業については、「発展論理は大きな変化に直面し、成長への貢献は低下する」とされた。不動産開発業がターゲットとされた最大の理由は、住宅価格の高騰により住宅ローンが家計を圧迫しているためである。「房奴」という言葉は豊かになったようにみえて、実際には住宅ローンにより生活の質が低下した、庶民の生活実感を象徴するものであり、「横たわり」を生み出す一因にもなっている。

実際、中国の住宅は高所得層しか手が届かない買い物になっている。世界の主要都市の生活関連情報を整備しているNUMBEOによれば、住宅所得倍率、つまり、所得との対比でみた中国の住宅価格は世界的にみても非常に高い水準にあり、2021年末時点で深圳市は46・3倍、北京市は41・7倍、上海市は36・0倍と、世界502都市のなかで2位、5位、7位で、ロンドン（15・7倍、74位）、東京（15・4倍、77位）、ニューヨーク（10・1倍、206位）を大幅に上回る（第5章図表5－14参照）。

中国人民銀行が2019年に実施した都市家計資産調査（以下、「人民銀行家計資産調査」とする）[45]によれば、都市部の持ち家比率は96％に達する。高い持ち家比率は、住宅価格の高騰が居住を目的とした実需ではなく投機、つまり、利殖を目的とした投資によって引き起こされていることを示唆する。このことは、習近平政権が繰り返し主張してきた「住宅は住むためのものであり、投機の対象ではない」に反し、不動産開発業がターゲットにされたのは当然のことといえる。

住宅価格は、政府が銀行の不動産関連融資に対する総量規制と、不動産開発企業の債務削減目標を要求したことを受け、2021年9月から下落している。10月に入ると資金繰りが悪化した不動産開発企業の値引き合戦が本格化し、一段の値下がりが進んだ。ここに不動産税の導入とオミクロン株の感染拡大に伴うロックダウンが加わり、住宅価格の先行き不透明感はかつてなく強まっている（第5章参照）。

学習支援業——高い収益率

学習支援業がターゲットにされた理由は、不動産開発業と同じく教育支出が家計の負担になっているためである。中国には小学校から大学に至るまで政府が定める「重点校」があり、そこに入学することが階層の上方移動を実現する最善の方法と認識されている。政府のシンクタンクである社会科学院がまとめた『2007年：中国経済形勢分析与預測』では、貧困者に「富裕層が富裕たる理由」を聞いたところ、60・8％が「教育」と回答した。親は子供を少しでもレベルの高い学校に入れ、有名大学に合格させるための支出を惜しまない。

こうした環境下で塾に相当する学習支援業が急速に発展した。日本の「お受験」に当たる小学校受験から大学受験を支援する学習塾、さらには、子供がどのような可能性を秘めているのか分からないという理由で、ピアノなどのいわゆる「お稽古ごと」も盛んで、家計の学校外教育支出は際限なく膨らんだ。

北京、上海、深圳の3市で4～17歳の子供を有する家庭の学校外教育支出は、平均1万6000元（年）で、世帯収入の9・4％を占め、その割合は食費（同10・8％）に次ぎ、交通費（7・4％）を上回るという[46]。世帯収入に占める同支出の割合は、子供の年齢とともに上昇し、子供が14歳に達したとき、つまり、高校入学前にピークを迎え、12・6％に達する。

学校外教育支出が増大する背景には、就学年数の延長による所得引き上げ効果、つまり、教育投資の収益率が高いことがある。もちろん有名大学を卒業したからといって将来が約束されるわけではないが、学歴および学校のブランドによる賃金格差は大きく（図表7－5、7－6）、高校ではなく大学まで、そして、少しでも有名な大学に、さらに、できれば修士・博士課程まで進んだ方がよいというのが、収益率を上げるための方程式と認識されている。

しかし、この方程式はふたつの問題を引き起こした。そのひとつは塾などの学校外教育支出の増加である。これは政府が懸念する少子化を加速する一因とも考えられている。もうひとつは、親の期待に応えようとする子供の負担増加である。中国の小学校の学習進度は日本に比べ速く、小学校1年生から英語を始めるなど、内容も多彩である。このシステムを維持するために大量の宿題が出され、子供の睡眠時間が削られることとなった。

こうした問題を解決するために出されたのが、2021年7月の学習塾の非営利化で、政府はそれによって家庭の負担軽減をはかろうとした。また、非営利化と同時に、子供の負

学歴	賃金			
	最高	中位	最低	平均
研究生（修士・博士）	63,489	18,447	5,119	15,429
大学（学部）	52,960	10,744	4,416	11,652
大学（短大）	48,490	7,625	3,856	9,372
高校	19,774	5,194	2,990	5,981
中学	9,925	4,715	2,939	5,007

図表7－5　深圳市における学歴別賃金（2020年，元／月）
（資料）現地報道資料より作成.

学歴	最難関大学	難関大学	一般大学
短大	6,110	5,842	4,268
大学	8,199	6,945	4,862
修士	10,540	9,406	6,879
博士	12,972	11,738	8,706

図表7－6　大学ブランド別賃金比較（2020年，元／月）
（注）「難関大学」は，教育部が1995年に21世紀に向けて重点的に投資するとした大学「211校院」（211校）で，「最難関大学」は1998年に211校院のなかからさらに選抜された大学「985校院」（39校）.
（資料）同前.

担軽減のため、小1～2年生は筆記の宿題を出してはならない、小3～6年生の筆記の宿題は1時間、中学生は90分で終わる分量に収めるなど、学習時間にまで踏み込んだ指示が出された。また、2021年9月には、小1～2年生は試験を廃止するとされた。

IT産業——資本の無秩序な拡大

IT産業に対する規制強化が打ち出された理由は多岐にわたる。

第1に指摘できるのは、プラットフォーマーに対する習近平総書記による権力の誇示である。アント・グループが2020年11月に上海と香港の両証券取引所でIPOの延期を余儀なくされた表向きの理由は、投資家への情報開示基準を満たさなかったためとされるが、すでに両取引所および中国証券当局の承認を得ていたことから、欧米のメディアはオーナーの馬雲（ジャック・マー）氏の金融当局批判が習近平総書記の怒りを買ったことが原因とみる[47]。

習近平総書記は、巨大化した民営企業に対する締め付けを強化している。共産党中央規律検査委員会は、2021年10月、15年ぶりとなる金融セクターに対する大規模な汚職・不正取引調査を開始した。その目的は国有商業銀行や投資基金が急成長を遂げる民営企業と癒着していないかを調べることにあり、アント・グループのほか、恒大集団や配車サービス最大手の滴滴出行（ディディ）との取引が調査対象になるという。

第2は、独占的地位の乱用禁止である。中国では2008年8月に独占を禁止する反トラスト法[48]が施行された。2021年2月には、プラットフォーム分野におけるガイドライン[49]を公布し、IT

産業に目を光らせている。独占を監視する国家市場監督管理総局は、他社のプラットフォームへの出店を認めない独占的地位の乱用があったとして、2021年4月にアリババに対して182億元、同年10月に出前代行サービスを手がける美団（メイトゥアン）に34億元の罰金を科した。メイトゥアンは、7~9月期決算でこの罰金を一括計上したことから、純損益が赤字に転落した。

また、国家市場監督管理総局は2021年7月、M&Aの申請がなかったことが反トラスト法違反にあたるとして、アリババ、ディディ、テンセント、小売り大手の蘇寧易購集団に対し、10月にも同様の理由からアリババ、テンセント、京東集団、検索サイト最大手の百度（バイドゥ）などに罰金を科した。このほか、過度な市場支配力の獲得に繫がるとして、テンセントに音楽配信市場の独占を改めるよう命じた。反トラスト法を根拠にした罰金の対象はほとんどがプラットフォーマーだ。

『求是』は、習近平総書記が「資本の無秩序な拡大に断固として反対し、反トラスト法の監督を強化すべき」と発言したことを紹介した。「資本の無秩序な拡大」は、プラットフォーマーに対する取り締まりを強化する際の常套句になっている。中国のデジタル経済は2020年にGDPの4割を占めるまでに成長したが、米国のGAFAに匹敵する企業が相次いで生まれたIT産業の成長期は共同富裕によって終わるとする見方がある。(50)

第3は、金融リスクに対する懸念の高まりである。アント・グループの上場が延期された理由のひとつとして、10億人のユーザーを抱える電子決済サービス「支付宝」（アリペイ）を通じて金融商品を販売しているにもかかわらず、商業銀行に課される厳格な規制や資本要件に従っておらず、金融リスクを増幅しかねないとされたことがある。中国人民銀行は、プラットフォーマーがこうした環境下で金融サービスを拡大していることを問題視し、繰り返し金融持ち株会社になることを求めている。

金融とＩＴが合わさったフィンテックは、消費者に今までにない利便性を提供することで急成長を遂げた。しかし、リスクに対する応分の責任を果たしていないという意見が強まったことで、フィンテックを足がかりに成長を遂げたプラットフォーマーは、デジタル決済から資産運用や保険などに利用者を誘導するビジネスモデルの見直しを余儀なくされることとなった。この背景に、資産運用ビジネスで競合する銀行業界の圧力があったことは想像に難くない。

第4は、情報の独占・悪用・流出の防止である。電子決済の普及により、アリペイやテンセントが提供するウィーチャットペイには、日々膨大な個人情報が蓄積されるようになった。中国人民銀行は金融監督業務の強化、マネーロンダリングや脱税防止という名目で、２０１８年6月、フィンテック企業が単独で管理していた電子決済情報を銀行が参加するシステム「網聯」に連結させ、リアルタイムで資金の流れを監視できるようにした。

政府は、情報の取得・利用方法にも制限を課す。中国では、２０１７年6月に個人情報の取り扱いに特化した初めての法律「サイバー・セキュリティ法」（中国語「網絡安全法」）が施行され[51]、個人の権利保護、組織のセキュリティ強化、国家の安全や公益の保護に対する取り組みを義務付けた。同法は、２０２１年に入り、「データ・セキュリティ法」[52]（9月施行、中国語「数拠安全法」）、暗号法[53]（10月施行）、個人情報保護法[54]（11月施行）などによって体系化され、企業は情報の取り扱いに格段の慎重さが求められるようになった。

政府は一連の法整備に合わせるかたちで、プラットフォーマーに対する締め付けを強化した。例えば、2021年7月には、スマートフォンアプリを通じて個人情報を違法に収集しているとして、ディディにアプリのダウンロードを停止させた。そして、同年8月には、不公正競争を禁止するため、インターネット上のデータの取得・利用のあり方を網羅する規制の草案を公開した[55]。

同草案は、主に①ユーザーの選択に影響を及ぼすデータやアルゴリズムの利用、②他のプラットフォームへの出店を認めない「二者択一」、③データを不正に取得・利用する技術の3つを禁止するもので、プラットフォーマーのビジネスモデルに影響を与えるのは必至である。また、中国人民銀行は、2021年11月、個人情報保護策を強化し、フィンテック企業によるデータの無断収集や悪用を制限すると表明した。

政府はプラットフォーマーが有する情報の流出にも神経を尖らせる。2021年7月、中国国家網絡空間（サイバースペース）管理局が米国市場に上場するディディなど3社に対し、国家安全保障上の理由で審査を始めた。背景には個人情報だけでなく、交通インフラに関する情報の流出に対する懸念があるとされる。政府は、同月、ユーザー数が100万を超えるプラットフォーマーの海外上場の事前審査を義務付ける規制の草案を公開したが[56]、大量のデータを保有するプラットフォーマーの海外上場は最終的に禁止されるという見方もある。ディディは米ニューヨーク証券取引所の上場からわずか5カ月で上場廃止となった。

第5は、ギグワーカーの権利保護である。ギグワーカーとは、宅配などの単純な仕事から翻訳などの高度な仕事をインターネット経由で請け負う個人事業主兼労働者を指す。2021年6月時点で2億人とされるその数は、2036年に4億人に増加すると見込まれる。ギグワーカーについては、多様な働き方を促すと前向きに評価する見方があるものの、最近は配送中の事故に対する労災補償がないなど、労働者としての権利が十分に保護されていないことを問題視する見方が強まっている。

政府は、2021年7月、配送員の労働者としての権利を保護する通達を出し[57]、9月にはアリババ、ディディ、メイトゥアン、テンセントなどギグワーカーを使うプラットフォーマー10社に対してあらためて権利保護を求めた。具体的には、請負関係が確定しているギグワーカーとは法律に基づいて労働契約を結ぶことで、同関係が確定していないギグワーカーとは協議書を作成することで、報酬、休息、安全にかかわる権利を保護するよう求めた。

ギグワーカーの権利保護はプラットフォーマーにとって大幅なコスト増を意味する。EC大手の京東集団は、2021年4~6月期報告において、26万人の配送員の平均月給が1万1000元となり、企業の就業者と同じ年金、医療、失業、労災、出産をカバーする社会保障制度と住宅積立金制度に加入させたと発表したが、その影響で純利益は前年同期比9割減となった。配送員が950万人に達するメイトゥアンは、同様の対応が難しく、ビジネスモデルの抜本的な見直しが求められる。

第6は、未成年のゲーム依存の是正である。政府は、2021年8月末、未成年によるオンライン・ゲームの利用時間を週3時間に制限すると発表した[58]。この問題は『経済参考報』がオンライン・ゲームを「精神的アヘン」と評したことから話題となり[59]、ネット上では制限に反発する若者の書き込みが相次いだ。制限によりゲームを配信するテンセントやネットイース（網易）の株価は大きく下落した。中国の2021年のオンライン・ゲーム市場の伸び率は前年比6・4%増と、前年の同27・7%増から大きく減速した。

IT産業に対する一連の規制の影響は、株価に顕著に現われている。香港市場に上場している中国のテクノロジー企業で構成するハンセン・テック指数は、香港市場全体の動きを表すハンセン指数を大幅に上回る上昇が続いたものの、フィンテック分野のガイドラインが交付された2019年3月に反転し、2022年5月末まで低下が続いている。市場の好転を予想させる材料は見当たらない。

4　格差是正に繋がるか

所得格差は10倍、資産格差は24倍

共同富裕は格差是正に繋がるか。所得階層別の可処分所得の差を踏まえると、これが難題であることがわかる。2020年の農村を含む中国全体の上位2割の高所得層（第5五分位）の1人当たり可処分所得は8万2294元と、下位2割にあたる低所得層（第1五分位）の可処分所得7869元の10・2倍である（図表7-7上段）。日本の第1五分位と第5五分位の格差は2・6倍にすぎず、

中国全体

	低所得層	下位中所得層	中所得層	上位中所得層	高所得層
	第1五分位	第2五分位	第3五分位	第4五分位	第5五分位
2013	4,402	9,654	15,698	24,361	47,457
2014	4,747	10,887	17,631	26,937	50,968
2015	5,221	11,894	19,320	29,438	54,544
2016	5,529	12,899	20,924	31,990	59,259
2017	5,958	13,843	22,495	34,547	64,934
2018	6,440	14,361	23,189	36,471	70,640
2019	7,380	15,777	25,035	39,230	76,401
2020	7,869	16,443	26,249	41,172	80,294

都市

	低所得層	下位中所得層	中所得層	上位中所得層	高所得層
	第1五分位	第2五分位	第3五分位	第4五分位	第5五分位
2013	9,896	17,628	24,173	32,614	57,762
2014	11,219	19,651	26,651	35,631	61,615
2015	12,231	21,446	29,105	38,572	65,082
2016	13,004	23,055	31,522	41,806	70,348
2017	13,723	24,550	33,781	45,163	77,097
2018	14,387	24,857	35,196	49,174	84,907
2019	15,549		37,876	52,907	91,683
2020	15,598	27,501	39,278	54,910	96,062

農村

	低所得層	下位中所得層	中所得層	上位中所得層	高所得層
	第1五分位	第2五分位	第3五分位	第4五分位	第5五分位
2013	2,878	5,966	8,438	11,816	21,324
2014	2,768	6,604	9,504	13,449	23,947
2015	3,086	7,221	10,311	14,537	26,014
2016	3,006	7,828	11,159	15,727	28,448
2017	3,302	8,349	11,978	16,944	31,299
2018	3,666	8,508	12,530	18,051	34,043
2019	4,263	9,754	13,984	19,732	36,049
2020	4,682	10,392	14,712	20,885	38,520

図表7-7　所得階層別にみた1人当たり可処分所得（元／年）
（資料）CEICより作成.

中国の格差がいかに大きいかがわかる。

所得階層別格差を都市と農村にわけてみると、都市では第1五分位と第5五分位の格差は2020年で6・2倍であるのに対し（図表7‐7中段）、農村では8・2倍であり（図表7‐7下段）、農村内格差は都市内格差より大きい。

この格差をみると、中間層を厚くするという共同富裕がいかに難しいかがわかる。中国全体を対象とした中間層に該当する可処分所得は第3五分位の2万6249元である。これを下回るのは、都市の第1五分位、農村の第1～4五分位で（図表7‐7の網かけ部分）、人口では5・9億人と、全体の41・7％に相当する。この5・9億人は、2020年5月、全国人民代表大会閉幕後の記者会見で、李克強首相が「平均月収が1000元前後（約1万8000円）の中低所得層が6億人おり、中規模都市で部屋を借りることすらできない」とした発言に符合するもので、彼らの所得をいかに引き上げるかが共同富裕の成果を左右する。

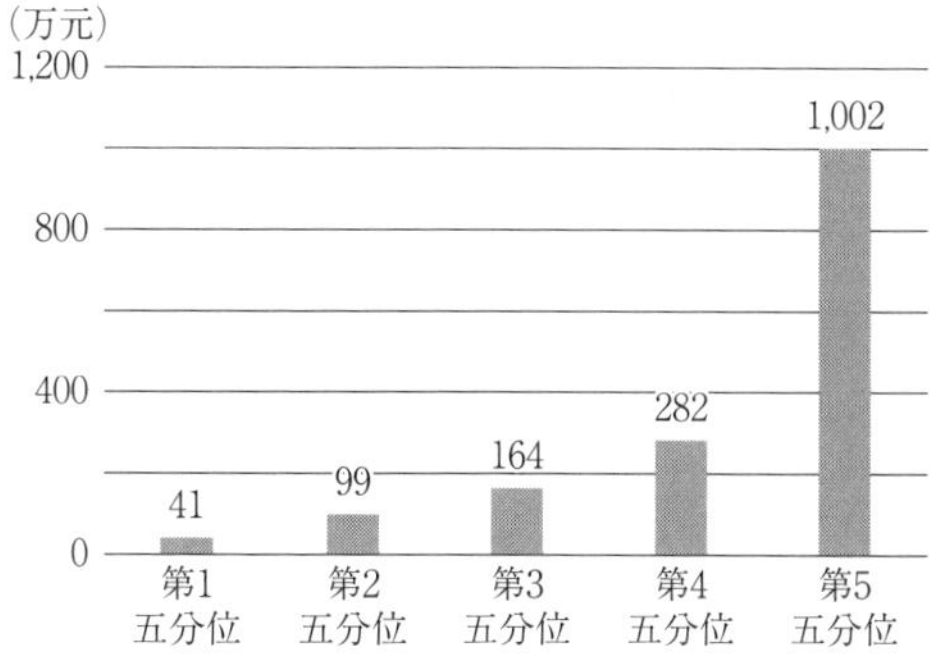

図表7‐8　資産階層別にみた世帯当たりの資産（2019年）
（資料）現地報道資料より作成.

格差には所得だけでなく、資産格差もある。資産格差は所得格差より深刻である。「人民銀行家計資産調査」によれば、第1五分位の世帯当たり平均資産が41万元であるのに対し、第5五分位は1002万元である（図表7‐8）。

両者の間には24倍の格差があり、第5五分位は家計資産全体の63・1%を占める。資産の7割が住宅であることから、資産格差は保有する住宅の価値、より端的にいえば保有する住宅の数によって決まる。中国の持ち家比率は96%と、先進国のなかでも高いとされる日本の61・2%（2018年）を大きく上回り、富裕層は複数の住宅を保有している。西南財経大学が2019年に発表した家計調査によれば、住宅購入予定者の65・8%がすでに住宅を保有しており、うち18・1%は2軒以上の住宅を保有している。(60)

注意しなければならないのは、実際の資産格差は中国人民銀行の調査より大きい可能性が高いことである。国家統計局によれば、「農民工」と称される就労目的で都市に流入した農村戸籍保有者の持ち家比率は2016年で17・8%と、8割以上が住宅を保有していない。(61) 最新の状況は不明であるが、2020年に持ち家比率が3割まで上昇したと仮定しても、2・8億人の全農民工(62)の7割、つまり2億人は住宅を保有しておらず、保有する実物資産はほぼゼロと推測できる。

なお、長者番付を毎年発表している「胡潤百富」によれば、2021年末時点で中国大陸（台湾、香港、マカオを除く）には600万元（約1億800万円）以上の資産を有する富裕世帯が508万世帯もあり、その総資産は160兆元とGDPの1・6倍に相当し、うち1億元（約18億円）以上を有する超富裕層は206万世帯あるとされる。(63) 富裕層が保有する資産は莫大で、資産格差は途方もなく大きい。

分配政策の評価

①怯える民営企業

寄付や慈善を柱とする3次分配は共同富裕の実現に向けた習近平政権の威光を示す政策として社会に浸透しつつある。しかし、それによって格差が是正されるとは考えにくい。アリババやテンセントといった巨大IT企業が行った1000億元規模の寄付は、2020年の全国の社会組織による寄付が1059億元であったことを踏まえれば、確かに規模が大きい。それでも、企業の収益に依存する以上、寄付は財源に限りがあり、永続性に欠ける。

財政部が公表する地方政府を含む2020年の政府支出を項目別にみると、教育が3・6兆元、社会保障が3・5兆元、公衆衛生・医療が1・9兆元、農林水産が2・4兆元である。[64] 寄付は限られた地域や低所得層の底上げに寄与するかもしれないが、中国全体の共同富裕を支えるとは到底考えられない。利益の還元を通じて社会的責任を果たす企業を税制上の優遇により支援することは、中国に限らず多くの国で行われているが、共同富裕を可能にするのはあくまで2次分配である。

しかし、中国では2次分配が果たす本来の役割が軽視され、民営企業が3次分配に怯える状況に陥っている。寄付を求める動きは巨大民営企業だけでなく、中小規模の民営企業にも広がり、経営者は地方政府との毎月の面談を強要され、図書館建設への資金提供や洪水の影響を受けた人々への支援など、さまざまな名目で寄付を要請されているという。習近平総書記はこうした状況を受け、2021年末に寄付を強要してはならないとした。

3次分配には、国有企業が枠外に置かれているという問題もある。国有企業は出資者である政府への上納金によって共同富裕に貢献するとされている。しかし、2020年までに30%に引き上げるとしていた上納比率は、2019年にわずか7・6％と、2015年の11・9％からむしろ低下した（IMF［2020］）。共同富裕は、国有企業が躍進し、民営企業が衰退する「国進民退」を加速するリスクを内包している。

②覚悟が問われる改革

日本では、不動産税の本格的な導入、そして、それによる格差是正というシンプルなシナリオを想定するメディアが多い。しかし、起草準備が整ったとされてからすでに5年が経過していること、また、導入の対象地域が当初の30都市から10都市に減少したことから、先行きを楽観するのは禁物である。実際、財政部は、2022年3月、住宅価格が低迷するなかで不動産税を導入すると市場に与える影響が大きいとして、2022年中の導入を見送るとした。

不動産税が導入されても、それが2011年に先行導入された重慶市と上海市の経験に倣うものであるとすれば、資産格差是正に対する効果は限られる。現行の不動産税は、1件目の住宅は非課税とする、高級住宅のみを課税対象とする、課税対象は建物のみで土地使用権は含めないなど、日本の固定資産税にはない規定が設けられている。

香港紙『サウス・チャイナ・モーニング・ポスト』（South China Morning Post）は、重慶市の住宅価格が不動産税導入時に比べ108％、上海市も同155％上昇したことから、同税の導入が住宅価格の抑制に寄与した証拠はないとする。同様の指摘は中国国内にもある。[65] 資産格差是正が進むか、あるいは、住宅価格が下がるかは、不動産税の課税範囲や税率が決まってからでしか議論できない問題であり、同税が骨抜きにされる可能性もある、とみておくべきであろう。
資産格差が世代間を跨いで継承されることを防ぐという点では、日本の相続税に当たる遺産税の導入も検討課題となる。遺産税は、全ての国で導入されている普遍的な税ではない、また、中国には馴染まないという理由から導入に否定的な意見がある一方で、日本の「中流意識」が高い一因として相続税を挙げ、導入の必要性を説く意見もあるなど、メディア上で喧々諤々《けんけんがくがく》の議論がなされている。ただし、共産党と政府は共同富裕を実現するための政策として遺産税に言及したことはなく、導入の可能性は低い。

個人所得税も予断を許さない。中国における同税の２０１９年の徴収額は1兆元と、税収全体に占める割合は6・6％にすぎず、日本の27・7％を大幅に下回る。この背景には、最低課税所得水準が高く、課税対象が限られていること（申［2013］）、住宅ローンだけでなく、家賃、教育、医療、介護などの控除が幅広く認められていること（ＰＷＣ［2020］）、そして、個人事業主になることで賃金を法人の所得に換え、経費計上により課税対象所得を小さくする節税が認められていることがある。

個人所得税が所得格差の是正に寄与するか否かは、控除範囲や非課税項目の見直し、また、徴税の強化などにより、実効税率をどこまで引き上げることができるかにかかっている。同様のことは、資本所得税についてもいえる。専門家の間では、個人所得税の最高税率が45％と資本所得に対する税率20％より高いのは資産を保有しない階層に不利である、増値税などの間接税が税収に占める割合が個人所得税などの直接税の割合より高いのは逆進的であるという議論がなされているが、政府

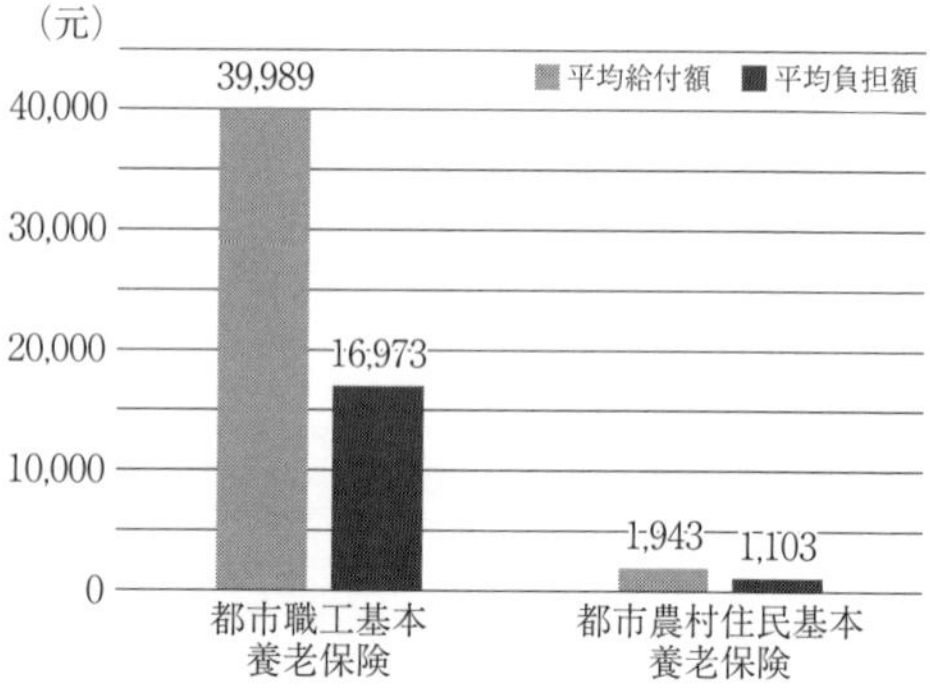

図表７－９　公的年金保険における負担・給付格差
（2019年）
（資料）国家統計局資料より作成.

側からこれらの問題について見解が示されたことはない。開発の遅れた地域への財政支出についても、沿海部の省・市の反発が強く、難航が予想される。中国には、地方の財政力格差を埋めるため中央政府から地方政府に交付される移転支出があるが、それは地方の徴税額に応じて配分するというのが１９９４年の分税制改革時の中央と地方政府の間の合意であり、習近平政権といえどもそれを覆すのは容易ではない。

　教育や社会保障などの公共サービスは、財源の問題に突き当たる。年金と医療保険は制度設計が根本的に異なることによる格差が非常に大きい。例えば、都市職工基本養老保険の２０１９年の平均給付額が３万９９８９元であるのに対し、都市農村住民基本養老保険のそれは１９４３元と、20・６倍の差がある（図表７－９）。これは負担額の差に起因するものであるが、都市農村住民基本養老保険は都市の非就業者、中小零細規模の企業の就業者、農民を対象としているため、保険料を引き上げることが難しい。医療保険も同じ問題を抱える。

　保険料を預かる社会保障基金の積立金が減りはじめたことも深刻な問題である。人力資源社会保障部が管轄する年金、雇用（失業）、労災を合わせた社会保障基金の収支をみると、コロナ禍に伴

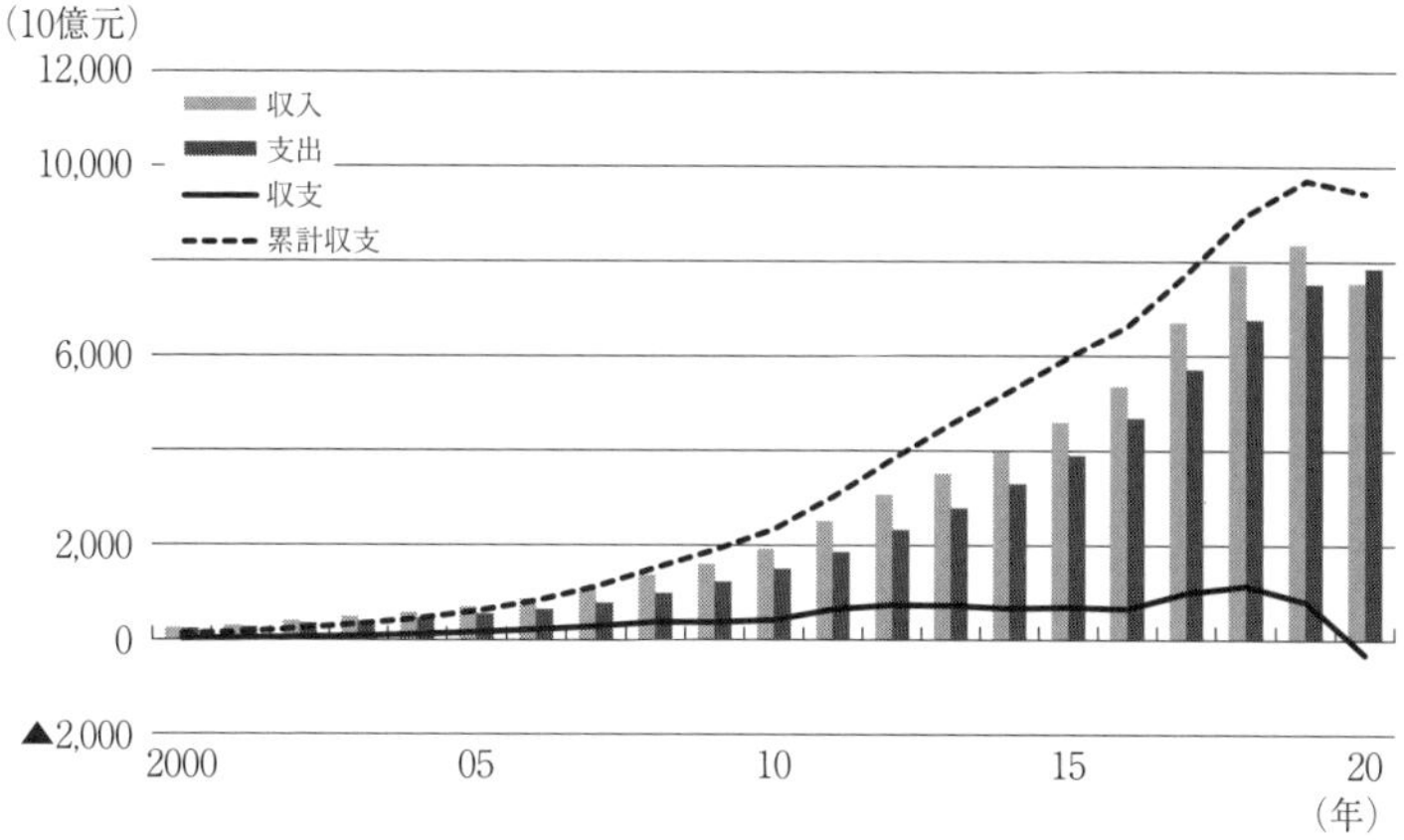

図表7-10　社会保障基金（年金，雇用，労災）の収支
（注）累計収支は，積立金を加味した収支.
（資料）同前.

い雇用保険基金の支出が増えたのに加え、高齢化に伴い年金基金の支出も増えたことから、２０２０年は単年収支が初の赤字となった（図表７-10）。積立金を含めた累計収支は黒字を維持しているものの、年金支出は今後も増加することから、累計収支の黒字幅は今後緩やかな縮小に転じると見込まれる。低所得層向けの公共サービスを拡充するというのは言易行難の政策である。

習近平政権が示した分配政策は、年金や医療などの社会保障制度にまで言及するなど、網羅的である。しかし、個々の問題を解決する具対策が明示されているわけではなく、中国が共同富裕に近づくという姿は到底イメージできない。分配政策を機能させるのは税・社会保障や財政支出による２次分配である。この部分の議論が今後どこまで深まるかが、共同富裕の実現可能性を測るひとつの目安になろう。

産業規制の評価

①不動産開発――「過冷」は回避

不動産税は、住宅価格の低下を加速し、中国経済を停滞させかねないリスクの高い政策である。中央財経委員会は、資産価格が長期かつ段階的に下落することは消費者の利益に繋がるとしたことから、不動産税を導入することで住宅価格が低下することは織り込み済みといえるが、習近平政権は早くも不動産開発業の「成長への貢献は低下する」事態を静観できない状況に追い込まれた。

銀行は不動産開発企業向けと住宅ローンを組む個人向け融資を増やすことで不動産依存を深めたため(第5章参照)、住宅価格の下落の影響は不動産開発業だけにとどまらず、金融セクター全体に及ぶ。また、家計が保有する資産の7割が住宅であることから、価格下落は個人消費にも悪影響を与える。習近平政権は不動産税の導入によって不動産開発業が大幅に落ち込むような事態は回避せざるを得ないのだ。

実際、2021年8月に入り、住宅の値下げを制限する都市がでてくるなど、資産価格が長期的かつ段階的に下落するという状況にはない。値下げ制限に踏み切った都市は時間の経過とともに増え、2022年6月時点で21都市となった。そのほとんどは中西部の中小規模の都市である。

政府は、価格低下を予想する見方が強まり、さらなる価格低下を引き起こす「過冷」のスパイラルに陥るリスクを警戒する。「過冷」により不動産開発企業向けだけでなく個人向け融資も不良債権化することになれば、金融システムは直ちに不安定化する。住宅ローンは頭金3割を引いた7割に対して組まれるため、住宅価格が3割以上下落すると、銀行は担保に設定した住宅を売却しても融資を回収できない。また、地方政府の財政に与える影響も大きい（第5章図表5－5参照）。

こうしたことから、不動産開発を巡る政策の焦点は、住宅価格を引き下げるのではなく、住宅価格が下落するという悲観論が広がり、金融システムおよび地方財政の安定性が脅かされないよう配慮しながら、不動産開発企業に対する締め付けを強化し、過剰債務の解消を進めるという対応に置かざるを得ない。不動産税の導入により住宅価格を引き下げ、共同富裕に近づくというシナリオはとても実現しそうにない。

②学習支援産業——負担軽減に繋がるか

塾の非営利化が学習支援業に与えた影響は大きく、2021年9月までに老舗学習塾の巨人環球教育科技を筆頭に、18万社の関連企業が倒産した。学習支援業は文字どおり「発展論理は大きく変化し、成長への貢献は低下する」という状況に陥った。国家発展改革委員会は、地方政府が年内に塾の標準料金を定めるよう求め[66]、北京市や上海市では1時間当たり最高80元と、従来の半分以下の水準に引き下げられた。

標準料金の設定は増えつづける教育支出によって家計が圧迫されていた世帯にとっては朗報となる。しかし、全ての世帯の負担軽減になるかは疑わしい。一連の規制は、受験競争を勝ち抜くために優れた教師のもとで多くの学習時間を確保したいという親の願望まで制限することはできないため、栄養士や家政婦という名目で家庭に入り勉強を教える家庭教師や、授業料を「飲食代」として徴収し、ホテルで勉強を教える塾が登場した。教育部はこうした違反を厳しく取り締まるとしているが、[67]当然限界がある。

学習支援業の「成長への貢献が低下する」のはあくまで表面上の話であり、地下に潜行することで産業として把握しにくくなっただけとみることもできる。学歴社会が揺るがないなかで高い学歴を獲得するために大学に進学する。そして、大学のなかでも知名度のある難関校を目指す。そのためには「高考」と呼ばれる大学共通入試で高得点を取る必要があるという環境が変わらない限り、教育支出と子供の負担が劇的に減ることはない。

取り締まりの強化によってサービスが非公式化すれば授業料は上昇し、親の経済力によって学校外学習の質と量が左右される状況に戻る。非営利化は共同富裕に向けた習近平政権の威光を誇示する政策として社会に大きなインパクトを与えたが、世帯の教育支出負担と子供の学習負担の軽減はもちろん、その先にある教育の機会均等化を通じた人材育成や深刻化する少子化の阻止という政策目標にどの程度寄与するかは疑問とせざるを得ない。

学習内容やテストの回数を減らしても、最終的に「高考」によって篩《ふるい》にかけられるのであれば、学校外で早い段階から先取り学習をするのが最善である。これは受験生を抱える家庭間の競争でもあることから、一連の規制が負担軽減に繋がると歓迎していた世帯も最終的には規制前の状況に引き戻されるのではないか。中国は科挙の伝統を有することもあり、多くの家庭は階層の上方移動を可能とする受験制度の支持者である（翟［2019］）。

③ＩＴ産業――欧米と異なる発展論理

プラットフォーマーを対象にした規制の多くは、ビジネスモデルの見直しを迫る厳しいものだ。株価の下落に象徴されるように、IT産業は「発展論理は大きな変化に直面しており、成長への貢献は低下する」という局面に移行しはじめたようにみえる。EC市場の飽和による成長余力の低下も指摘されており、流入資金の減少が懸念される。

しかし、アリババやテンセントなどの上場企業の先行き不安が高まる一方で、新興企業に対する投資は堅調である。未上場企業への投資を調査している清科創業によれば、2021年のベンチャーキャピタル（VC）およびプライベートエクイティ（PE）投資は前年比63・1％増の1万2327件、金額も同60・4％増の1兆4229億元と、過去最高の水準に達した。IT産業を巡る規制が一段落したとして、先行きを楽観する見方もある。

これは、IT産業の成長期が終わるという見方を覆すものといえるが、中国のIT産業が規制前の成長軌道に戻ると考えるのは楽観的に過ぎよう。VC・PE投資を牽引するのは国有資本の入った基金であり、「中国製造2025」などの産業政策を色濃く反映している。より重要な点は、共産党がIT産業、とりわけ社会に与える影響という点でプラットフォーマーを他の企業と異なる特殊な存在とみなすようになったことである。

プラットフォーマーの特殊性を象徴する問題のひとつは、その擡頭が共産党に対する信認を毀損《きそん》する、と考えられている点である。先進国では社会心理学の立場からインターネットの発展がコミュニケーションはもちろん、社会のあり方そのものに影響を与えていることが盛んに研究されている（ウォレス［2018］）。中国でも同様の研究が進められており、そのひとつはSNSの発展により個人の自律性を最大化したいという欲求が高まる結果、権威に対する疑念が引き起こされると指摘する（王［2019］）。

この問題を共産党が警戒していることは、小学生から大学生に至るすべての教育課程で習近平思想の学習が義務付けられたことからも推測できる。テレビや新聞ではなく、SNSを通じて同質性の高いグループの情報に依存する傾向は、これまでの中国においてみられなかった現象であり、それを警戒する共産党がプラットフォーマーに対する影響力を高めようとするのは当然である。政府は、2021年6月、アリババ、テンセント、バイトダンスなどのプラットフォーマーにSNSやECを通じて収集したデータを公開するよう求めた(68)。

中国における世論の形成ないし誘導は、テレビや新聞などのメディアを通じて「上から下へ」という一方通行でなされてきたが、SNSの普及によりその効果は薄れた。しかし、今はSNS上のデータを分析すれば個人がなにを考えているか、さらには、それがなにに影響を受けているか、あるいは、誰に影響を与えているかもわかる。一党支配体制を安定させるという点で、プラットフォーマーが保有する個人情報は垂涎《すいぜん》の的なのである。

プラットフォーマーの特殊性を象徴するもうひとつの問題は、伝統的な価値観を破壊すると考えられていることである。アリババが中国全土を巻き込むセールス・イベントにした「独身の日」（11月11日）は本来は空軍創設の日であり、イベントは「汚く、醜い腫瘍《しゅよう》であり、わが国の人々の思考、精神、意志を腐敗させる」と左派団体が酷評したことなどから(69)、2021年にはイベント色が一掃された。問題は、化粧をした男性インフルエンサーなど、2万件以上のSNSアカウントを

「低俗」という理由で停止したように、政府がプラットフォーマーやその利用者である若者を批判する左派団体の主張を受容していることである。

プラットフォーマーが提供するサービスは、これまでの中国には存在しなかったものが多い。それに対して伝統的な価値観を腐敗させるという批判が許されるのであれば、そのビジネスはそもそも成り立たない。プラットフォーマーは社会の変化とそれに伴う統治のあり方に影響を及ぼす存在であるため、不動産開発業や学習支援業に比べかなり複雑かつ不安定な状況に置かれている。

共産党は、共同富裕は金持ちになるための努力とイノベーションを否定するものではないとする一方で、左派団体の「殺富済貧」ともいえる乱暴な批判を封じることまではしていない。この曖昧な姿勢は、経済成長やデジタル化の牽引役といったプラットフォーマーのプラス面と、共産党に対する信認の低下や伝統的価値観の破壊といったマイナス面をどのようにバランスさせるべきかについて、習近平政権が模索段階にあることを暗示する。

共産党は、2021年11月、中央委員会第6回総会（6中総会）で史上3度目となる歴史決議を採択した。同決議は、習近平総書記の権力基盤が盤石であることを内外に示すものと解釈されているが、「インターネットはイデオロギー闘争における主陣地、主戦場、最前線であり、晴朗なサイバー空間を作り上げる」としたように、ネット上の情報をいかに重視しているかを明示した点でも重要な意味を持つ[70]。中国のプラットフォーマーは、党の強い影響力の下に置かれ、欧米と異なる発展論理に従うことを余儀なくされる可能性が高い。

5　なぜ共同富裕なのか

共同富裕が打ち出されたのは、中間層を厚くし、国民の多くが経済成長の果実を実感できるようにするためである。しかし、前出の図表7－1をあらためて確認すると、中国の所得格差は近年急速に拡大したわけではなく、むしろ緩やかながらも縮小していることがわかる。つまり、中間層が薄くなったという事実はない。にもかかわらず、習近平政権はなぜ経済の下押し要因になることを覚悟し、共同富裕を進めようとするのか。

この問題は格差に対する国民の許容度という視点からアプローチするとわかりやすい。中国における格差に対する国民の許容度は低下しつづけている。所得や資産の格差は数値化できるが、許容度は心理的な問題であるためそれが難しい。これを明らかにしているのが世界価値観調査（World Values Survey：WVS）である。WVSは、異なる国の人々の文化的、道徳的、宗教的、政治的価値観を調査する国際プロジェクトで、中国も早い段階から参加している。

WVSは、「所得はより平等であるべきだ」（スコア1）と「所得は個人の努力に対するインセンティブであるべきだ」（スコア10）という所得格差に対する正反対の見方を示し、回答者がどこに該当するかを選ばせることで、所得格差に対する許容度を測っている。アジア4カ国（中国、日本、韓国、ベトナム）を比較すると、中国だけが過去20年間一貫して所得格差に対する許容度が低下している（図表7－11）。

これは、競争に対する許容度が低下していることと符合し[71]（図表7－12）、中国が競争による優勝劣敗を受け入れにくい社会に変容しつつあることを示す。共同富裕は、経済成長により共産党への信認を高めるという従来の統治メカニズムが機能しなくなったことを危惧する習近平政権によって生み出された新たな統治メカニズムであるという解釈も成立する。

所得格差に対する許容度が低下した背景には、格差の重心が所得から資産に移行したこと、そして、SNSの普及により格差を測る比較対象が広がったことがある。2010年に国家統計局が実

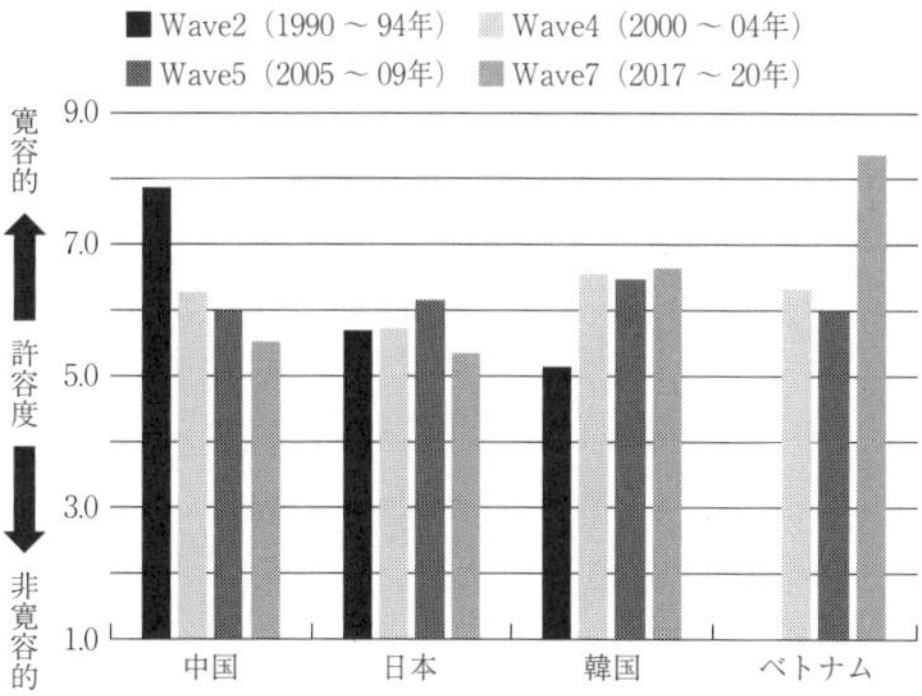

図表7－11　所得格差に対する許容度（中央値）
（注）Waveは何次調査かを示す．カッコ内は調査時期．
（資料）WVSより作成．

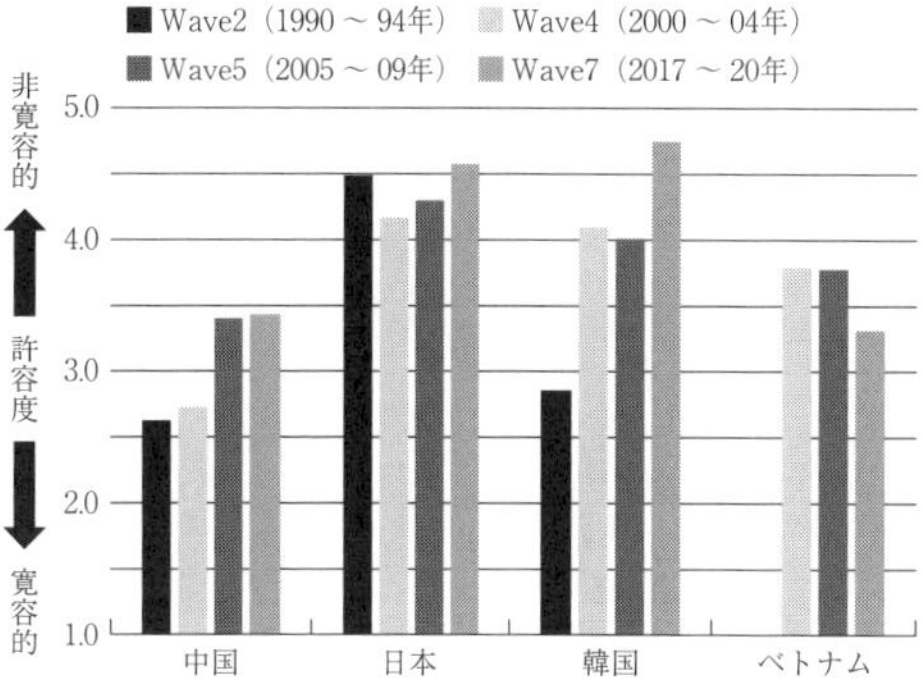

図表7－12　競争に対する許容度（中央値）
（注）同前．
（資料）同前．

施した農民工観測調査では、自らの生活状況の良し悪しを判断する際に選んだ比較対象は、多い順に①同一市内の農民工（23・6％）、②都市戸籍保有者（23・4％）、③故郷の農村の人（19・3％）であった（三浦［2012］）。同様の調査はその後行われていないが、ＳＮＳの普及によってこの状況は一変した（李・馬・張［2020］）。

10億人を超えるユーザーを持つテンセントが開発したインスタント・メッセンジャー・アプリWeChat（ウィーチャット）がサービスを開始したのは２０１１年、５億人を超えるユーザーを持つウェイボがサービスを開始したのは２００９年である。中国にはInstagram（インスタグラム）やFacebook（フェイスブック）に相当するＳＮＳも普及しているが、その多くがやはり２０１０年前後にサービスを開始している。これによりユーザーは、不特定多数の人の日常を垣間見ることができるようになった。

ＳＮＳに上げられる情報の多くは「成功物語」であるため、時として見る人の劣等感を刺激する。英王立公衆衛生協会（ＲＳＰＨ）は、２０１７年５月、若者の多くがＳＮＳを通じて不安感、孤独感、劣等感といった負の感情を抱くようになっているとした（ＲＳＰＨ［2017］）。中国においても同様の変化が起こり、格差に対する許容度が低下したとしても不思議ではない。この問題は「内巻」や「横たわり」と同じく、共産党が指導する社会からの逸脱、あるいは、指導そのものの拒絶を意味し、共産党にとって看過できない深刻な問題といえる。

この認識は急進的な考えをもつ左派団体のなかで広がり、共同富裕に反する対象や現象への批判を勢いづかせている。批判の対象は、当初は「資本の無秩序な拡大」といった曖昧なものであったが、次第に中性的な男性アイドルをもてはやすテレビ局、オンライン・ゲームを提供するテンセント、「独身の日」というイベントを作り上げたアリババ、そしてそれらを利用する若者といった具体的な組織や集団に代わり、批判のトーンも強まっている。

批判は起業家にも向けられるようになっている。ミネラルウォーターの製造販売で2021年の長者番付で1位となった鍾睒睒氏は、同年夏の河南省の洪水に際し2万箱のミネラルウォーターを寄付したものの、「多額の資産を有するわりに寄付が少ない」と揶揄《やゆ》された。共同富裕が文革を想起させるのは、左派団体の主張が静かに社会に浸透していく薄気味悪さを多くの人が感じているからにほかならない。

第8章　対外融資と債権国としての責任

中国は、開発途上国への融資を積極的に拡大し、世界最大の債権国となったものの、新型コロナウイルスの感染拡大に伴う開発途上国の債務危機の解決に向け主導的な役割を果たすことができなかった。以下では、中国の対外融資の規模や債務危機に対する対応を明らかにしたうえで、中国が今後も開発途上国の盟主としての地位を保ち得るのかについて考える。

1　中国の低所得国向け対外融資

融資残高はG7の2倍以上

中国政府は開発途上国向け支援として、さまざまな資金を提供してきた。そのひとつは援助、もうひとつは融資である。

中国の援助は、外貨準備が日本を抜いて世界一となった2006年以降に増加し（Kitano and Harada［2014］）、欧米諸国を刺激した。このため、中国政府は2011年と2014年に「中国の対外援助」としてその概要を公表した。(72) そこでは、中国の援助には贈与や技術協力などの返済を必要としない無償資金協力と返済を必要とする有償資金協力があり、有償資金協力には利子がつかない無利子融資(73)と市場より低い金利を適用する譲許的融資（concessional loan）があるとされた。

中国政府は同じ時期に対外融資も増やした。ここでいう対外融資には援助の一部である無利子融資と譲許的融資を含むが、その多くは非譲許的融資、つまり金利が高い商業ベースの融資である。中国政府による対外融資の全体像の把握を試みた世界銀行の前上級副総裁兼チーフエコノミストであるラインハート・ハーバード大学教授らによれば（Horn, Reinhart and Trebesch［2019］）、融資の6割が商業ベースであり、譲許性が認められるものは2割に満たないとされている。

対外融資が増えた背景には、中国共産党が1991年に企業の海外進出を積極的に支援する「走出去」戦略を打ち出したことがある。①海外のインフラ市場を開拓したい中国企業、②資源確保を進めるとともに、支援対象国への影響力を強めたい中国政府、③使い勝手のよい資金を提供する中国との関係を強化したい開発途上国政府、3者それぞれの思惑が合致したことを受け、援助より規模の大きい資金を提供できる融資へのニーズが高まった。

中国の対外融資は、欧米諸国とは異なる価値観で開発途上国をリードする盟主であることを内外に示す役割も果たした。その一例としてアンゴラを挙げることができる。同国は、2004年、汚職に対する取り組みを求めるIMFの融資を断り、原油輸出収益による返済を条件に中国輸出入銀行から20億ドルを借り入れた（Corkin［2008］）。同国の2008年までの5年間の年平均成長率は原油輸出の増加により10%を超え、中国とアンゴラはウイン・ウインの関係を築いた。

　これは「アンゴラモデル」と称され、中国融資の成功例とされる。しかし、「アンゴラモデル」の最大の特徴は、「開発途上国に対する支援は貧困削減などの成果が期待できる国にIMFが提示する構造改革とセットで供与すべきである、そして、IMFは国家の破綻を防ぐ『最後の貸し手』である」、という国際開発金融機関（Multilateral Development Banks：MDBs）やOECDで共有されてきた伝統的理念を揺さぶった点にある。

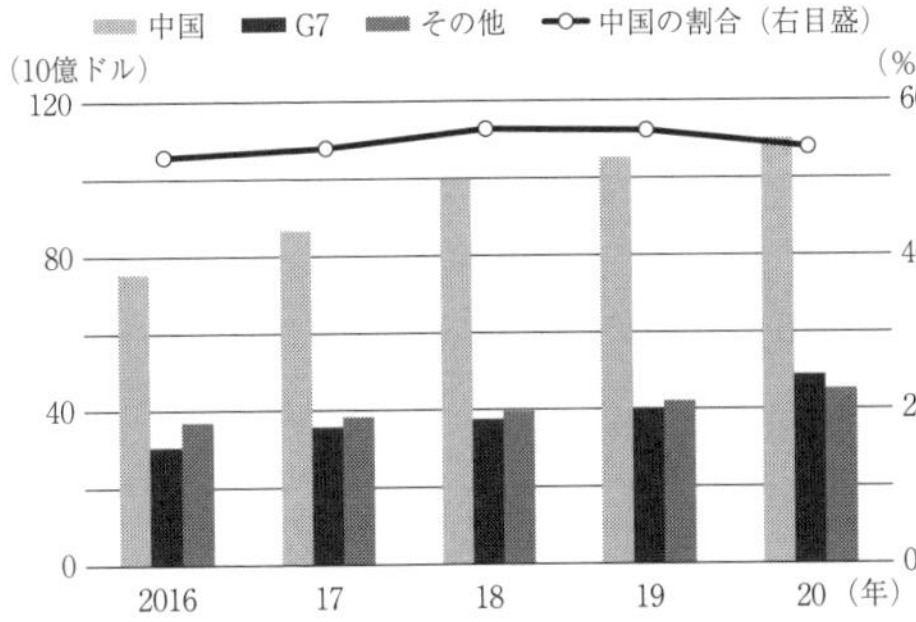

図表8-1　低所得国の二国間政府債務残高
（資料）世界銀行 DSSI 資料より作成.

　中国はどの程度の融資を行っているのか。これは、従来秘匿性が高く、概要さえ公開されることがなかったが、コロナ禍に伴う開発途上国の債務危機を契機にIMFと世界銀行が債務の持続可能性を高めるための国際的な枠組みである「債務支払猶予イニシアティブ」（Debt Service Suspension Initiative：DSSI）を立ち上げたことを受け、中国は世界銀行を通じて低所得[74]国向けの融資残高を初めて明らかにした。融資を債務に読み替えると、低所得国68カ国の2020年末の中国向け公的債務残高は1101億ドルと、二国間公的債務残高の54・0%を占め、先進7カ国（G7）向け債務残高（488億ドル）の2倍超となる（図表8-1）。中国に並ぶ国はなく、融資残高は世界銀行と肩を並べる。

中国向け債務残高が最も多いのは、パキスタンの２０１５億ドルで、以下、アンゴラ（１６９億ドル）、ケニア（74億ドル）、エチオピア（63億ドル）、ラオス（54億ドル）と続く。中国の対外融資は、国家開発銀行や中国輸出入銀行といった政策金融機関を通じてなされる。なお、ここで取り上げるのは二国間公的債務であり、民間債務は含めない。

融資額は対象国の経済規模ではなく、中国にとっての重要性を考慮して決定される。パキスタンでは、一帯一路の重要拠点のひとつとして、インド洋から陸路による中国への輸送を可能にする「中国パキスタン経済回廊」（China-Pakistan Economic Corridor：ＣＰＥＣ）の建設が進められている。アンゴラはナイジェリアに次ぐアフリカ第2の産油国であり、中国にとってサウジアラビア、ロシア、イラクに次ぐ原油輸入先となっている。

債務国側からみた中国――「債務の罠」の真偽

債務国側からみると、中国はどのように位置づけられるのであろうか。ＧＤＰ比でみた債務残高が高いほど中国への依存が高いことになり、返済に行き詰まった場合、スリランカのように港の長期使用権を中国に引き渡す「債務の罠」に陥る可能性が高い（三浦［2017］）。２０２０年時点で、中国の融資残高が最も高いのはジブチでＧＤＰ比39・6％に達し、以下、アンゴラ（29・0％）、ラオス（28・2％）、ニジェール（24・8％）、モルディブ（23・8％）となる。

中国は意図的に過剰な融資を行うことで、開発途上国を軒並み「債務の罠」に陥れようとしているのか。世界銀行向けの債務残高のＧＤＰ比は高くても20％程度であることから、対中債務残高のＧＤＰ比が高い国については融資過剰といえるかもしれない。しかし、対中債務残高のＧＤＰ比率が高いからといって、債務元利支払額を財・サービス輸出額で割ったデット・サービス・レイシオ（ＤＳＲ）も高いとはいえないため（図表８－２）、中国が明確な意図をもって「債務の罠」を仕かけているとはいえない。低所得国全体の対中債務残高はＧＤＰ比５・１％と、世界銀行とほぼ同じだ。

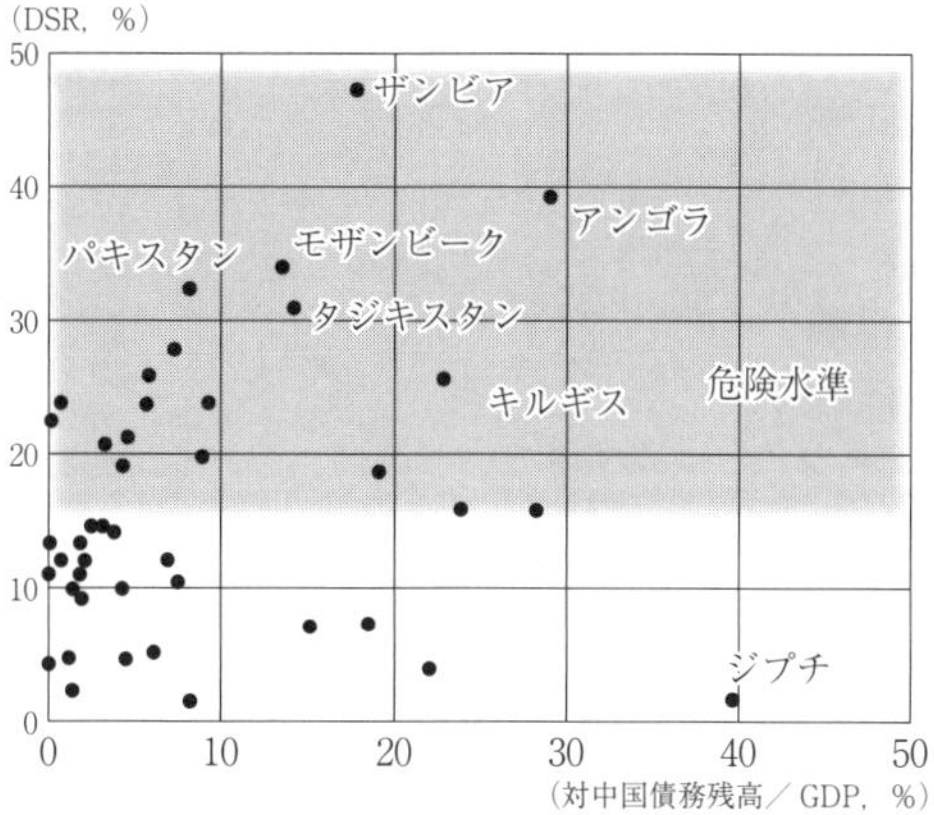

図表８－２　債務の中国依存度とDSRの関係（2020年）

（資料）世界銀行 DSSI 資料他より作成.

それでも、「債務の罠」が声高に叫ばれる背景には、中国が一帯一路（キルギス、ジブチ）、南シナ海における領有権確保（ラオス、カンボジア）、資源確保（コンゴ共和国）、インド洋・太平洋への進出（モルディブ、トンガ）といった外交戦略において重視される国に対し、債務の持続可能性より外交上の利益を優先し、融資を行っていることがある。先進国はそこに米国主導の国際秩序を覆す、という思惑が隠されているとみる。

中国の融資は金利こそ高いものの、ＭＤＢｓのように融資の前提として構造改革を求めたり、オーナーシップやパートナーシップを重視したりするわけではないため、提供される資金は極めて使い勝手がいい。この使い勝手のよさが仇となり、ガバナンスの弱い開発途上国は過剰借入に陥りやすい。返済が滞ることは中国にとってリスクであるが、それは融資契約に国有資産を差し押さえるといった担保条項を盛り込むことによって回避可能である。中国の対アフリカ向け融資の半分には、こうした担保条項が付いているという（Bräutigam and Gallagher〔2014〕）。

2　「南南協力」と対外融資の全体像

「南南協力」とは——互恵の原則

中国政府は開発途上国に対する支援を「南南協力」（中国語「南南合作」）と位置付ける。先進国では開発途上国に対する支援は一般的に経済協力とされる。経済協力とは、①政府開発援助（Official Development Assistance：ODA）とその他政府資金（Other Official Flows：OOF）からなる公的資金、②民間資金（Private Flows：PF）、③非営利団体による贈与の3つを原資とする、開発途上国の経済発展を支援する国際協力である。

ODAとOOFは資金の譲許性、つまり、贈与的な要素を測るグラント・エレメント（grant element：G.E.）によって区別される。無償資金協力のG.E.は100、商業条件（金利10％と仮定）の融資のG.E.はゼロとなり、G.E.が25以上のものだけがODAと認定される（渡辺・三浦

［2003］）。日本では、国際協力機構（JICA）の円借款とJICAや政府の無償資金協力がODAに、国際協力銀行（JBIC）の融資はOOFに分類される。

中国の「南南協力」には強い政治的メッセージが込められている。北半球にある中国があえて「南南」とするのは、開発途上国である中国が同じ開発途上国に協力するもので、先進国が行う「南北協力」とは異なることを強調したいからである。「南南協力」の歴史は古く、中国は1949年の建国後、「第三世界」のリーダーとしての地位を明確にするため、あるいは、社会主義国家の建設というイデオロギーを共有するため、低所得国であったにもかかわらず、アジア・アフリカ諸国を支援してきた。

中国が開発途上国支援を「南南協力」と称するようになったのは、1982年の第12回中国共産党大会以降とされる。同大会では、中国は第三世界の国々と共に帝国主義、覇権主義、植民地主義と闘う神聖な国際的義務を負っており、「南南協力」は不平等な国際経済関係を打破し、新しい国際経済秩序を確立するうえで重要な戦略的意義を有するとされた[75]。世界を先進国と開発途上国の対立構造で捉える歴史観は習近平政権も踏襲しており、「南南協力」は開発途上国の「盟主」であるために欠くことのできない手段と考えられている。

中国の「南南協力」はどのような特徴を備えているのか。

第1に指摘できるのは、規模が圧倒的に大きいことである。「南南協力」をOECD非加盟国による開発途上国向け有償資金協力と捉えると、「南南協力」は必ずしも中国の専売特許ではなく、インド、クウェート、サウジアラビア、アラブ首長国連邦などの産油国も行っている。しかし、中国に次ぐ新興債権国として擡頭しているインドの低所得国向け融資は、2020年で75億ドルと中国の6・8%にすぎない。インドのGDPが中国の2割であることを踏まえれば、中国は低所得国向け融資に非常に積極的といえる。

第2は、国際社会における影響力の拡大を図るという明確な目的のもとでなされていることである。これは多くの国に共通する目的のひとつであるが、中国の場合は極めて実利的である。そのひとつは、台湾を中国の領土の一部とする「一つの中国」という原則を世界の隅々まで広げることである。中国は中米諸国と南太平洋島嶼国に積極的にアプローチし、サントメ・プリンシペ、パナマ、ドミニカ、ブルキナファソ、エルサルバドル、ソロモン諸島、キリバスと国交を樹立した。この結果、蔡英文政権発足時に22カ国あった台湾と国交を結ぶ国は15カ国に減少した。

影響力の拡大を図るもうひとつの舞台は国連である。2020年7月時点で15ある国連専門機関のうち国際電気通信連合（ITU）、国連食糧農業機関（FAO）、国際民間航空機関（ICAO）、国連工業開発機関（UNIDO）の4機関のトップが中国人である。この背景には、中国が米国に次ぐ国連分担金の負担国であるだけでなく、「南南協力」を通じてアフリカ諸国の支持を広げてきたことがある。

中国の国連における影響力は、中国人がトップに就任しなくても高めることができる。米国が中国の新型コロナウイルスの初動対応を評価する世界保健機関（WHO）のテドロス事務局長を「中国寄り」と非難した理由のひとつとして、同氏の出身国であるエチオピアが中国から多額の融資を受けていることがある。

WTOの新しい事務局長候補であったナイジェリアのヌゴジ・オコンジョイウェアラ元財務相に米国が反対したのも同じ理由である。両国にとって最大の貸出主体は世界銀行であるが、二国間政府融資に限定すれば中国はエチオピアとナイジェリアにとって債務残高の8割を占める最大の債権国である。

国連における影響力拡大の成果は、2020年6月末の国連人権理事会で香港の統制強化のために施行した香港国家安全維持法に反対するイギリスの声明に賛成したのが27カ国にとどまったのに対し、「内政干渉に当たる」と反対にまわったのが53カ国に達したことによって示された。また、2021年10月の国連総会第3委員会で、欧米諸国や日本など39カ国が香港や新疆ウイグル自治区の状況に「重大な懸念」を示したものの、香港については55カ国・地域が、新疆ウイグルについても45カ国・地域が中国擁護に回った。

影響力拡大によって目指す最終的な到達点は、米国に対抗しうる勢力圏の構築である。ただし、これを「抗米」とすると米国を刺激するため、中国は一帯一路、あるいはより包摂的な概念として「人類運命共同体」を提示する。人類運命共同体は、①世界平和、②開発途上国の経済発展、③自由貿易など既存の国際秩序の擁護を柱とし、中国をその最大の貢献者と位置付ける概念である。[76]「南南協力」はそれを広げる重要な手段だ。

第3は、資源確保を目的のひとつとしていることである。これは資源の輸入依存度が高い国に共通する特徴であるが、中国は国内生産量の減少に伴い原油の輸入依存度が急速に上昇した結果、輸入を特定の国・地域に依存しない調達先多元化が重要課題となっている。「南南協力」は、アフリカおよび南米諸国など中東以外の地域からの輸入を増やす調達先多元化を可能にしている。

第4は、互恵を原則としていることである。互恵とは文字どおり互いに利益があるウィン・ウィンの関係で、商業ベースのドライな関係と置き換えることができる。先進国からみると、互恵は強者の論理を弱者に押し付けているように映るが、中国はそこにこそ中国の協力が日本や欧州と本質的に異なる点が端的に示されると考える。

つまり、自らが開発途上国であり、植民地支配といった支援対象との間で負の歴史がない中国は、そもそも戦後賠償を出発点とする日本、あるいは、富めるものが貧しいものに施しを与えるというキリスト教を起源とする欧米諸国が実施しているような援助をする必要がないと考える。そして、「援助国」と「被援助国」という関係は国家間の支配従属関係にほかならず、否定すべきものと捉える。

この考え方は「南南協力」の資金供与方法に影響を与えている。そのひとつは融資の前提条件を設けないことである。中国の対極にあるのがＩＭＦだ。ＩＭＦは開発途上国が経済危機や金融危機に陥った場合、「最後の貸し手」として資金を供給する。しかし、危機に陥った原因に対処しなければ融資が無駄になるため、コンディショナリティと称される経済・財政政策の遂行を求める。中国は、これが両者の関係が対等でないこと、欧米の資本主義を絶対視することを意味しており、なにより中国が最も嫌う「内政干渉」に当たる、と考える。

もうひとつは、融資の金利が高いことである。米シンクタンクの世界開発センターが、過去15年間の157カ国を対象に調査したところ、中国の融資条件は金利が平均4・14％、償還期間が

4・8年と、世界銀行の2・10%、7・7年よりかなり厳しい（Morris, Parks and Gardner［2020］）。OECDの開発援助委員会（DAC）メンバー国政府やMDBsが行う融資は借入国に有利な譲許的性格を有するものでなければならないこと、また、OECDは「ヘルシンキ合意」によって商業ベースの金利設定が可能な案件にODAを供与することを禁止していることから（明日香［2001］）、OECDの開発援助委員会（DAC）メンバー国とMDBsが行う融資はそもそも金利が高くなりようがない。

一方、OECDに加盟しておらず、自らが援助を受けている中国は、全ての融資が譲許的である必要はなく、中国も一定の利益が確保できる金利を設定するのが当然と考える。また、中国が「ヘルシンキ合意」に拘束されないことも金利が高くなる要因のひとつといえよう。このため、中国政府がいうところの「譲許性」がDACと同じものか、中国政府が「援助」とするものがDACのODAと同一のものであるか否かはよくわからない。

中国融資の全体像

これまで紹介してきた中国の対外融資はあくまで低所得国向けであり、対外融資の全体像を示すものではない。融資の全体像を把握するには、低所得国以外の国を対象とする融資についても明らかにする必要がある。中国は高速鉄道などのインフラ輸出でハンガリー、インドネシア、スリランカなど、中所得国に多額の融資を行っており（三浦［2017］）、世界規模でみた融資額は低所得国向けを大きく上回る。

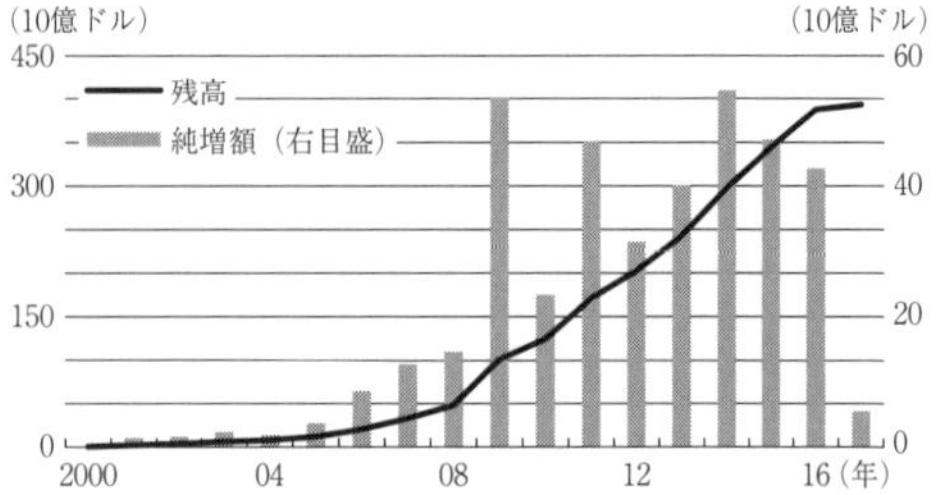

図表8-3　中国の107カ国向け融資残高と純増額の推移

（資料）Trebesch［2020］より日本総合研究所作成.

前述したラインハート教授らの研究によれば、中国の107カ国向け融資残高は2017年で3930億ドルに達し（図表8-3）、国別にみると中国はやはり世界最大の債権国となる。これを中国の全対外融資とし、前出の図表8-1でみた2017年の政府融資残高（867億ドル）と比較すると、低所得国向け融資は全体の2割にすぎないことになる。

107カ国を融資残高順に並べると、最も多いのはパキスタンで353億ドルとなり、以下、ロシア（352億ドル）、ベネズエラ（345億ドル）、ブラジル（247億ドル）、アンゴラ（206億ドル）、アルゼンチン（145億ドル）、エチオピア（144億ドル）、マレーシア（125億ドル）、エクアドル（123億ドル）と続く。このうち、パキスタン、アンゴラ、エチオピアを除く国々は中所得国である。

2014年の「中国の対外援助」では、援助の6割が低所得国向け、5割がアフリカ向けとされている。107カ国の融資残高をみると、中国は高速鉄道、道路、原子力発電、港湾などの大規模インフラ整備を可能にする融資、あるいは、原油などの資源確保を目的とした融資を通じて、中所得国および非アフリカ地域に積極的にアプローチしているといえる。

対中債務残高のGDP比は107カ国の加重平均で2・4%と、特に高いとはいえないものの、一部の国ではラインハート教授らの集計した残高が世界銀行の債務者報告制度（Debtor Reporting System：ＤＲＳ）による公表値を上回る。同教授はその理由について、①融資が工事の実施主体である相手国政府ではなく、工事を請け負う中国企業に対してなされる、②中国国内の銀行ではなく、海外支店の融資というかたちをとる、③政府ではなく国有企業に対する融資として処理され、融資先政府の中国向け債務としてカウントされないケースがある、つまり、「隠れ融資」があるためとしている（Horn, Reinhart and Trebesch［2019］）。

この問題はインドネシア向け融資をみるとわかりやすい。世界銀行の債務統計をみると、インドネシアの対中公的債務残高は２０２０年末で17・９億ドルにすぎない。しかし、同国は中国政府の融資によりジャカルタ－バンドン間の高速鉄道建設を進めており、その総工費は80億ドルと推計される。それは中国の融資で賄われているはずであるが、融資先である高速鉄道建設のために両国の国有企業が設立した特別目的会社（ＳＰＣ）が民間企業とみなされているため、インドネシアの対中公的債務にカウントされないのだ。

3　債務危機で揺らぐ中国の地位

中国が誘発する疑心暗鬼

中国は、商業ベースの融資を政府が主導するという先進国ではみられない方法により、国際社会における地位を引き上げることに成功した。しかし、新型コロナウイルスの感染拡大により、開発途上国は過去に例をみない資本流出にみまわれ、債務危機に直面することとなった。国際金融協会（ＩＩＦ）によれば、２０２０年1月中旬から5月中旬までの間に１０３０億ドルの資金が開発途上国から流出した。これは２００億ドル前後であった２００８年の世界金融危機と２０１３年の米国の量的緩和政策転換時の5倍の規模に相当する（ＯＥＣＤ［2020］）。

一方、世界銀行は、新型コロナウイルスの感染拡大が確認される前の２０１９年末に〝Global Waves of Debt〟と題するレポートを発表し、１９７０年にＧＤＰ比46・9％にすぎなかった開発途上国が抱える対内債務を含む債務は２０１８年に１６５・１％に上昇しており、〝過去50年で最悪〟とした。[77] Ｇ20財務大臣・中央銀行総裁会議は、２０２０年10月、低所得国の二国間政府債務の返済を翌２０２１年6月まで猶予することで合意した。そして、11月には、返済猶予から一歩踏み込み、債務削減と償還期間の延長をする場合の枠組みについて合意した。

中国はＧ20のメンバーとしてその枠組みに合意しており、表向きは債権国としての責任を果たす姿勢をみせた。実際、財政部は２０２０年11月、ＤＳＳＩ対象国の23ヵ国との間で中国輸出入銀行を含む中国政府向け債務のうち13・5億ドル、国家開発銀行向け債務のうち7・5億ドル、合計21億ドルについて返済を猶予することで合意し、その規模はＧ20のなかで最大と強調した。[78]

それでも中国は強い批判に晒され、開発途上国の盟主としての地位が揺らぐこととなった。理由のひとつとして、債務危機回避に向けた姿勢が協調的とはいえず、債務再編交渉に携わる国・機関の疑心暗鬼を誘発したことが挙げられる。世界銀行のマルパス総裁は、２０２０年10月、「今日の債務の増加は中国の擡頭によるところが大きいが、中国は債務再編に完全には参加していない」と批判した。また、ガーナのオフォリ・アタ財務相は、IMFや世界銀行がアフリカ大陸全体を対象に融資枠を広げたのに対し、中国は債務再編交渉が進展しにくい状況をつくりだしている、と批判した。[79] MDBsのトップや中国が最大の債権国となっている国の現職の閣僚がこうした発言をするのは異例である。開発途上国の多くが同様の不満を抱えているとみられる。

実際、中国は国家開発銀行による融資を民間融資とし、返済猶予の対象外と主張したり、融資の実態を明らかにすることを躊躇したりしてきた。その犠牲になったのがザンビアである。同政府は、2020年10月末、国家開発銀行と債務の繰延べについて合意したものの、中国向け債務返済を優先することを警戒した民間債権者の不安を払拭できなかったため、11月にデフォルトに陥った。

また、担保条項も批判の対象となった。債務危機を契機に、中国の支援によってモンバサ－ナイロビを結ぶ鉄道を完成させたケニアは、返済が滞った場合、中国により国内外の資産を差し押さえられる可能性があること、そして、ザンビア政府は債務救済と引き換えに、国内第3の規模を誇るモパニ銅鉱山を中国に引き渡す可能性があることが明るみとなった。こうした担保条項が不平等な国際経済関係を打破するという「南南協力」に合致するのか。少なからぬ開発途上国政府が再考せざるを得なくなった。

未熟な債権国

開発途上国の盟主としての地位が揺らぐもうひとつの理由として、債権国としての未熟さが挙げられる。中国は、二酸化炭素排出量規制や知的財産権保護などの先進国と開発途上国の利害対立が表面化するグローバルな課題において、常に開発途上国の利益を代弁する頼もしいリーダーであった。しかし、今回中国が置かれた立場は従来と全く異なる。開発途上国からみると、中国は債務危機を回避できるか否かを左右する最大の債権者であるにもかかわらず、その動きは鈍く、むしろ危機を煽る存在に映った。

問題の根底には、中国が自らを「開発途上国」とする一方で、欧米諸国を源流とする価値観や制度を代替しうる「大国」としてきたこと、つまり、国際社会における立ち位置を都合よく使い分けてきたことがある。中国は、インドネシアなどのG20内の開発途上国を味方に引き入れることができなかったため、G20における債務問題にかかわる議論で受け身に回らざるを得なくなった。

債権国としての未熟さは、「南南協力」に起因するものといえる。「南南協力」に基づく中国の融資は相手国との間の閉ざされた世界で完結してしまうため、中国は他機関・国との協調はもちろん、過剰な債務を負わせない「貸し手の責任」とも無縁であった。新型コロナウイルスの感染拡大に伴う債務危機は、次に指摘するように「南南協力」が内包する問題を露呈することとなった。

第1の問題は、互恵の原則が債務削減と相容れないことである。外交部は、2020年6月、債務返済猶予には応じるものの削減には応じないとした[80]。中国はアフリカ諸国との関係深化を図るために開催した中国アフリカ協力フォーラム（Forum on China-Africa Cooperation：FOCAC）の開催に合わせ、2001年と2007年に債権放棄に踏み切るなど、債務削減の経験がないわけではない。ただし、それらは無利子融資が対象で融資全体のほんの一部でしかなかった（Kratz, Mingey and D'Alelio［2020］)。融資額が桁違いに膨らんだ今日、債権放棄は格段に難しくなった。

第2の問題は、高金利や担保提供条項が債権者として中国の異質性を際立たせ、他の債権者との協調を難しくしたことである。債権者間の協力は公平な負担を原則としなければ進められない。そのためには債権についての情報開示が不可欠である。しかし、情報開示によって高い金利や資産の差し押さえなど中国特有の融資条件が明らかになれば、欧米諸国はもちろん開発途上国からも「新植民地主義」という批判を浴びることになりかねない。

第3の問題は、内政不干渉の原則により債務を持続可能にする条件について考える必要がなかったことである。G20における債務返済猶予や削減の議論は、IMF・世界銀行の「債務持続可能性枠組み」(Debt Sustainability Framework：DSF)をベースに進められている。DSFは、IMF・世界銀行がG7の議論を受け、試行錯誤を重ねながら構築した知的インフラである。債務削減にかかわる議論を主導しようとしても、中国はそれを可能にする知的インフラを持たない。

中国国内にも批判

開発途上国の盟主としての地位が揺らいでいる最後の理由として、中国国内における批判を挙げることができる。タカ派の論客として知られる中国国防大学戦略研究所の戴旭教授は、2020年3月末、「米国について予期しない4つのことと、知っておくべき10のこと」と題した講演において、中国は惜しむことなく世界に援助を供与してきたが、米中対立が激化するなかで中国に同情や支持を示す国は一つもない、とした[81]。これは、支援対象国の不義理を嘆いたものであるが、対外融

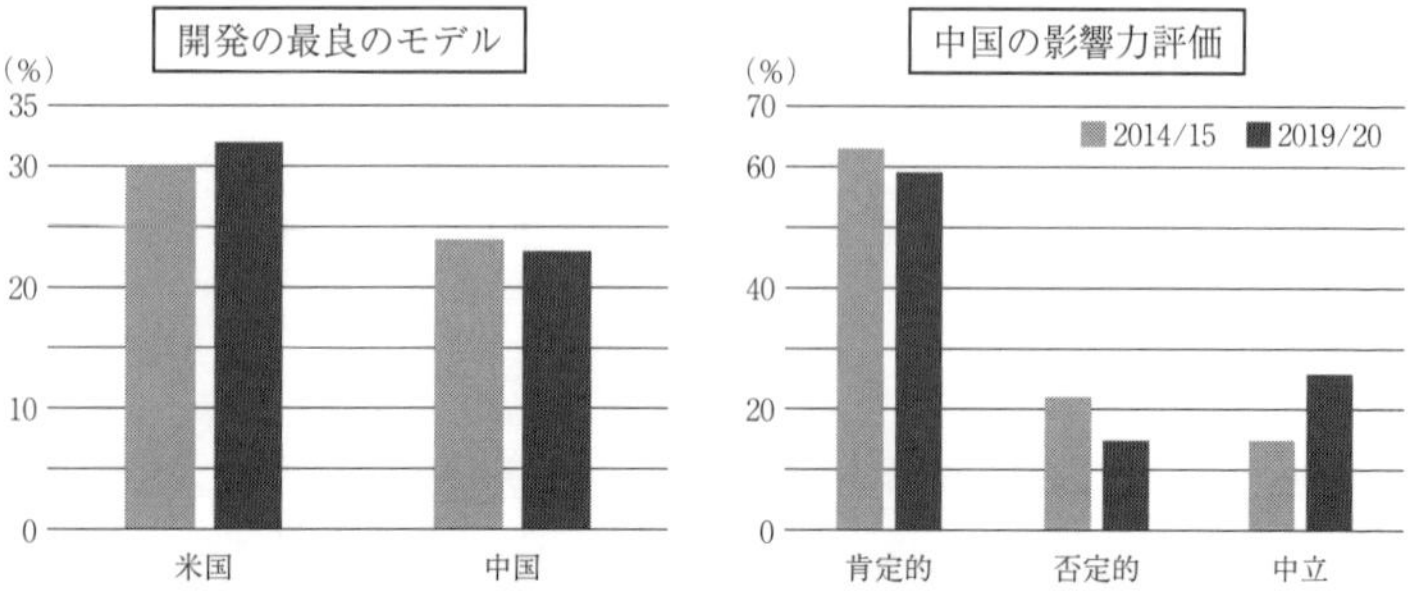

図表８－４　アフリカの世論調査にみる中国の地位
（注）2014/15は36カ国，2019/20は18カ国の平均値．
（資料）Afrobarometer［2016］，Selormey［2020］より作成．

資の効果に疑問を投げかけた間接的な政府批判でもある。

実際、中国の対外融資の効果は低下している。アフリカ諸国を対象に世論調査を行うアフロバロメーターが２０１９年から２０２０年にかけて実施した調査（２０１９／２０２０）では、中国の影響力を肯定的に評価する人の割合が59％と前回調査（２０１４／２０１５）の63％から低下したこと、また、中国を最良の開発モデルとみる人が23％とやはり前回の24％からわずかではあるが低下したことが明らかになった（図表８－４）。

中国では、最新の調査結果だけを引用し、アフリカにおける中国の影響力が好意的に評価されている、と紹介されている。しかし、次に指摘するように、中国はこの間にアフリカ向け新規融資を大幅に減らしたため、中国のプレゼンスは低下しつつある。その一方、米国を最良の開発モデルとみる人は「米国第一主義」を掲げるトランプ政権下でも30％から32％に上昇した。中国はこのことに少なからぬショックを受けているのではないか。

4　転換点迎えた対外融資

債権国としての責任を問う声が高まったことを受け、中国は遅ればせながら債務再編に協力するようになった。世界銀行が２０２１年末に公表した債務再編後の低所得国の対中債務の元利返済額（２０２０年時点）は41億ドルと、再編前の１１０億ドルから６割も減少した。これにより二国間政府債務の元利返済額に占める中国の割合は62・０％から28・９％へ低下した。中国は低所得国の債務危機回避のためかなりの譲歩をしたといえる。

ＩＭＦは、２０２２年４月、コロナ禍にウクライナ危機と米国の利上げが重なったことで、20カ国あまりが再びデフォルトの瀬戸際にあるとした。中国はさらなる債務再編を迫られる可能性があるが、以前のような非難を浴びることはないであろう。中国政府は、２０２２年８月、アフリカ諸国が抱える対中債務の一部を免除すると発表するなど、融資国との責任を果たす姿勢を示した。だからといって、中国が開発途上国の盟主としての地位を回復するとは限らない。

中国は、２０２０年の債務危機より前に「南南協力」の見直しに乗り出し、対外融資にかなり慎重になっている。ボストン大学のグローバル・ディベロップメント・ポリシー・センター（ＧＤＰＣ）によれば、中国のアフリカ向け新規融資は２０２０年に19億ドルと、ピークの２０１６年の２８４億ドルの10分の１以下に縮小した。２０２０年はコロナ禍によるものと考えられるが、アフリカ向け融資は２０１７年に前年比48・６％減の１４６億ドル、２０１８年に同19・２％減の１１８

億ドル、2019年に同30・5％減の82億ドルと、4年連続で減少しており、拡大一辺倒できた対外融資がコロナ禍以前に転換点を迎えたのは明らかだ。

共産党や政府はこのことに一切触れていないが、次に指摘する問題が顕在化したのではないかと考えられる。

第1は、開発途上国が融資に慎重になってきたことである。中国の融資は使い勝手がいいものの、MDBsに比べ金利が高い。その一方、サブ・サハラ地域（サハラ砂漠以南のアフリカ諸国）は、原油価格下落の影響などにより2016年の経済成長率が1・5％に落ち込み、2021年までの5年間の年平均成長率は2・1％と、2015年までの5年間の5・4％を大幅に下回る。低成長に喘ぐ国は借入に慎重にならざるを得ない。

第2は、中国にとって融資のうまみがなくなってきたことである。中国の融資は相手国政府との非公開の交渉によって個別に条件が決められるが、中国が債権国として擡頭するのに伴い、それらが相手国政府から漏れ、借り手側の立場が強まった。タイは高速鉄道建設のための融資の金利水準が折り合わず、融資を断った。また、相手国の資産を差し押さえるといった担保条項を融資契約に盛り込むことも難しくなった。

第3は、融資相手国の政権交代によって親中政策が見直されるリスクが高いことである。スリランカは、親中派とそれを警戒するバランス外交派が交互に政権を担う状況が続いており、2019年11月に就任したゴタバヤ・ラージャパクサ大統領は2度目の親中政権である。しかし、同国はコロナ禍に伴う観光収入の減少によって、財政赤字と経常収支赤字を放置してきたツケが表面化し、

2022年に入って外貨不足と物価高騰が深刻化、7月には同大統領が辞意を表明するなど、政情が不安定化した。

中国の最大の融資先である資源国アンゴラでも、2017年8月、与党アンゴラ解放人民運動（MPLA）の指導者が交代したのに伴い、親中政策が見直された。ロウレンソ新大統領は、2022年6月、ダイヤ産出で世界第4位のカトカ鉱山の経営に中国企業が参画するのを阻止した。中国の融資は相手国政府トップとの個人的な関係を背景に供与されるケースが少なくないことから、指導者が代わった際の反動が大きい。

第4は、対外融資の負担が意識されるようになったことである。多額の融資を疑問視する見方は、胡錦濤前総書記の時代から存在する。こうした見方は、2018年9月に習近平総書記が総額600億ドルの支援を表明した中国アフリカ協力フォーラム時に擡頭し、許章潤・清華大教授や孫文広・山東大元教授といった有識者が「国民を締め付ける」「バラマキ外交」と批判した。[82]

こうした批判は全てネット上から削除されており、新たな批判が出てくる可能性も低い。しかし、これはあくまで情報統制の強化によるもので、批判が存在しないわけではない。習近平政権は、共同富裕はあくまで勤労の結果であり、怠惰な人々を育てる「福祉の罠」に陥ることはしないなど、国民に勤労・勤勉を求める。しかし、一生働いても住宅が購入できない人は、莫大な資金は国外ではなく、国内に向けるべきだと考えるはずである。

第5は、中国との関係を見直す国が現れはじめたことである。中国は欧州への影響力拡大の足がかりとして中東欧諸国との関係強化を図るため、中東欧16ヵ国にギリシャを加えた17ヵ国との間で、

「17＋1」と呼ばれる経済協力の枠組みを作った。しかし、中国からの投資や対中輸出が期待したほどには増えなかったとして、2019年5月にリトアニアが離脱を決定した。

2021年2月の「17＋1」のオンライン首脳会議には、リトアニアだけでなく、エストニア、ラトビア、ブルガリア、ルーマニア、スロベニアも首脳の出席を見送るなど、中国に対する期待が冷めていることが表面化した。同年11月には、ルーマニアが中国との協定を破棄し、米国から小型原子炉を導入することを決め、リトアニアでは台湾の大使館に相当する代表機関「台湾代表処」が設置されるなど、中国離れが加速している。

対外融資の停滞により、一帯一路が勢いを失うのは確実である。習近平総書記が2020年11月のアジア太平洋経済協力会議（APEC）首脳会議で環太平洋経済連携協定(83)（TPP11）への参加意欲を表明したのは偶然ではない。これは、対外融資を通じた影響力の拡大、つまり「札束外交」の限界を中国自身が自覚しはじめた結果だ。

TPP11は政府調達において高い透明性が求められるなど、中国の加盟が直ちに実現する可能性はない。にもかかわらず、参加意欲を表明したのは、自由貿易の守護者としての立場を鮮明にし、保護主義を強める米国に替わる大国としての存在感をあらためて示したかったからにほかならない。TPPに加盟する11カ国の2020年のGDPは合計で10・8兆ドルに達するが、中国1カ国の14・7兆ドルに及ばない。中国がTPP11に参加することで各国が享受する経済的メリットは桁外れに大きい。

習近平政権は、中国の加盟申請により加盟国間の協調が乱れることを期待しているはずである。

実際、シンガポール、マレーシア、チリ、ニュージーランド、メキシコが即座に中国の参加を歓迎すると表明したように、今後加盟条件を緩和しようという動きが出てくる可能性がある。米国にない中国の武器は、世界最大の製造業の集積と、規模と成長性の両方を備えた消費市場である。TPP11への加盟は米国と直接対峙するわけではない、そして、莫大な資金も不要という点で、最もスマートな影響力拡大方法といえる。

終　章　付加価値貿易からみた日本の製造業

中国が世界貿易における存在感を高める一方で、日本のそれは低下しつつあり、日本はもはや「貿易立国」あるいは「貿易大国」と呼べないという指摘がある。日本の製造業は衰退の一途にあるのか。最後に、付加価値貿易の観点から日本の製造業の現在地と未来について考える。

1　製造業衰退論の当否

もはや「貿易大国」ではないのか

資源が乏しい日本は「加工貿易」を生業とする「貿易立国」であり、「輸出で稼ぐ」という収益モデルにより目覚ましい経済発展を遂げてきた。トランプ前大統領が問題視した中国の対米貿易黒字は、かつては日本の問題であり、米国の要求に応じるかたちで輸出自主規制を余儀なくされた品目は1970年代の繊維製品に始まり、鉄鋼、カラーテレビ、スーパーコンピュータ、自動車、半導体などに広がった。

時代は変わり、日本の製造業は衰退し、貿易収支は2011年から赤字が定着している。2021年には1兆6690億円の赤字となり、2022年もロシアのウクライナ侵攻に伴う資源価格の高騰により赤字が拡大するのは必至である。「貿易立国」の看板を下ろし、新たな戦略を構築する時だとする声が少なくない。

世界貿易に占める割合も低下した。1982年に世界輸出の6・5%を占めた日本の割合は、2021年にはその半分の3・2%となった。「産業のコメ」として技術覇権争いの最大の焦点となっている半導体産業における存在感も希薄化している。経済産業省によれば、1998年に世界の50・3%を占めた日本の半導体産業の売上は、2019年に10・0%となった。「貿易立国」とは呼べないという主張には、確かに首肯する部分が多い。

しかし、日本の貿易収支の悪化は、東日本大震災を契機に火力発電所の稼働率を引き上げたことに伴い天然ガスなどの鉱物性燃料の輸入が急増したためで、製造業の衰退に帰結させるのは早計である。原油価格と貿易収支の間には負の相関、つまり、エネルギー価格が上昇する（低下する）と貿易収支が赤字となる（黒字となる）傾向がある（図表9－1）。

より重要なことは、各国の産業が持つ本来の競争力は最終製品の国内生産能力や日本からの輸出だけをみていては測れないことである。製造業衰退論は、脱「中国依存」を巡る議論と同じく、読者の不安心理を巧みに汲み取っているため、訴求力はあるものの、書き手に都合のいいデータだけに依拠していることが多い。

国内生産統計や通関統計をもとにした議論にあまり意味がないことはアップルのiPhoneをみるとわかりやすい。中国は世界最大のiPhoneの生産国かつ輸出国であるが、その付加価値に占める中国の割合は４％に満たない。これは、２０１６年に発売されたiPhone7のケースで、最新機種では中国のサプライヤーが増えたため、その割合はかなり上昇しているはずである。それでも、デザインや中央演算処理装置（ＣＰＵ）など付加価値の高い部分はアップルが担っているため、付加価値の過半が米国に帰属するという構造は変わらない。

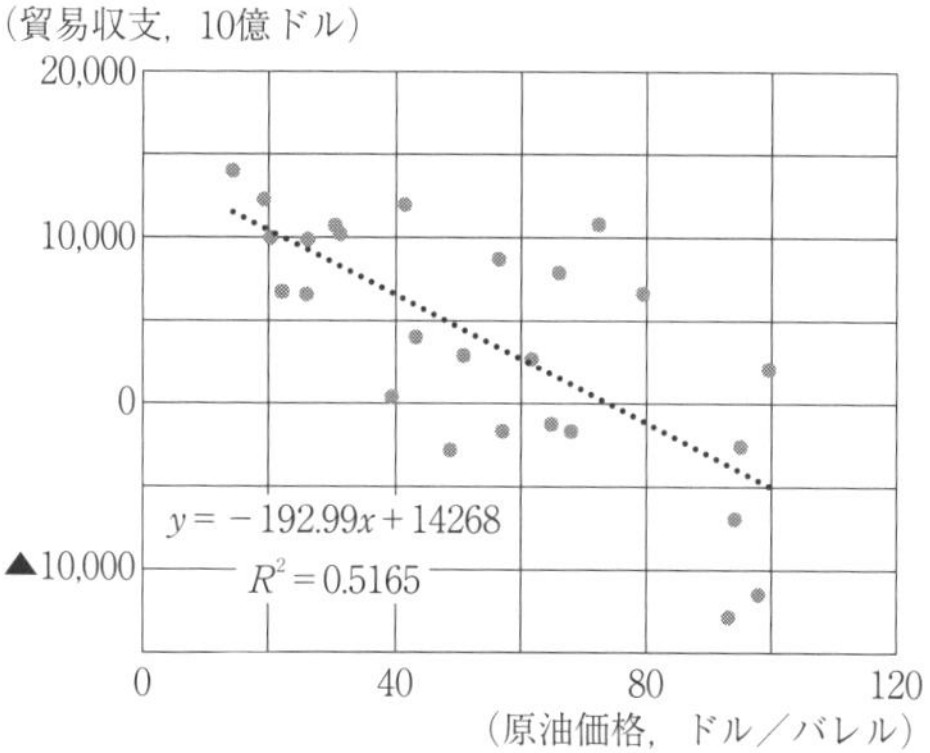

図表９－１　原油価格と日本の貿易収支の関係（1996～2021年）
（資料）CEIC，World Bank 資料より作成.

米国にはiPhoneを生産する工場はひとつもなく、輸出もしていないが、スマートフォン製造にかかわる技術力は極めて高い。トランプ前大統領は、対米貿易黒字の削減を習近平政権に迫ったが、スマートフォンの付加価値構成に焦点を当てれば、それはアップルを始めとするＩＣＴ機器によって底上げされており、本当の対米貿易黒字は通関統計でみたものより少ない。

TiVAによれば、付加価値ベースでみた中国の対米貿易黒字は２０１８年で２２４７億ドル、製造業に限定すれば１４８８億ドルと、いずれも通関ベースの４８０１億ドルの半分に満たない（図表９-２）。ＧＶＣ

に参加している国は往々にして通関ベースと付加価値ベースの貿易額に差が生じるため、前者で貿易の多寡や貿易赤字、産業の競争力を論じることには慎重でなければならない。

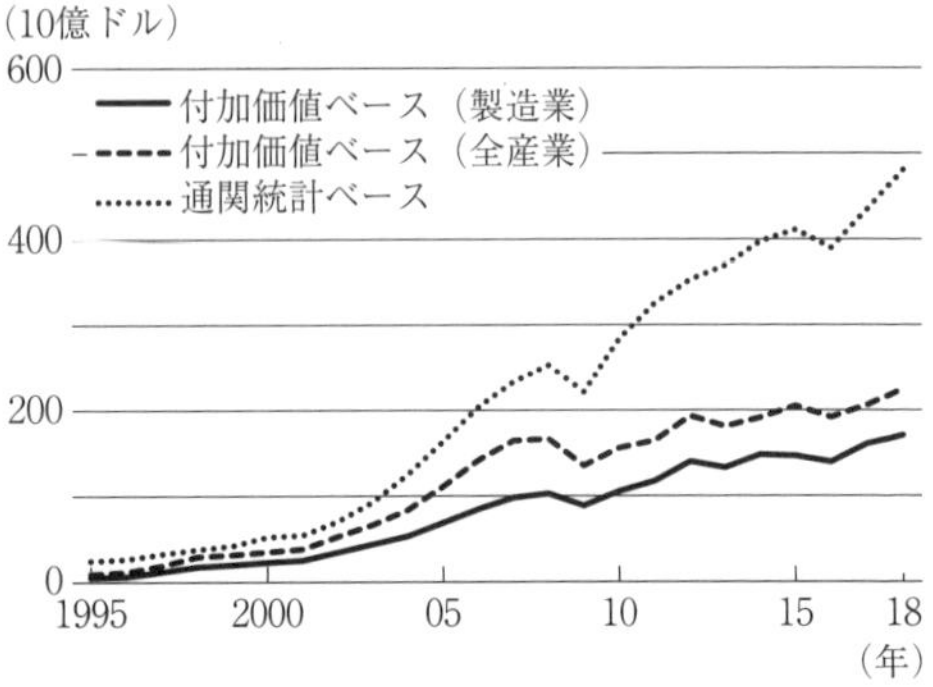

図表９－２　中国の対米貿易黒字の推移

(資料) OECD, TiVA 2021 ed.および IMF, DOTSより作成.

「貿易大国」という呼称の妥当性についても問い直す必要がある。日本の財・サービス輸出は２０２０年で７８５４億ドルと、中国、米国、ドイツに次ぐ世界第４位の規模である。しかし、日本の貿易依存度、つまり、ＧＤＰに対する財・サービス貿易の比率は２０２０年で31・１％と、ドイツの81・８％を大幅に下回る。こうした貿易依存度を踏まえてもなお日本は「貿易大国」と呼べるのであろうか。ドイツが貿易額と貿易依存度の両方で日本を凌駕するのは、ＥＵという巨大な統合市場があることによるのは言うまでもない。しかし、日本の財・サービス輸出は１９７０年からおおむねドイツを下回っており、「貿易大国」という栄光の時代があったとすることに無理がある。

「輸出で稼ぐ」は過去のものか

日本の貿易も付加価値ベースと通関ベースの乖離が大きいはずである。日本は、中国やＡＳＥＡ

N経由で米国に輸出している財が多いことから、中国とは逆に付加価値ベースの輸出が通関ベースのそれを上回る。TiVAによれば、米国を最終需要地とする日本の輸出（日本の対米付加価値輸出に第三国経由の対米輸出に含まれる日本の付加価値を加えたもの）は2018年で1488億ドルと、通関ベースの対米輸出1407億ドルを上回る。

その差は思いのほか小さく、やはり「輸出で稼ぐ」という収益モデルが行き詰まっていることを示しているようにみえる。日本の産業の輸出競争力の低下は、日本はもちろん、消費が旺盛な新興国の家電製品売り場をみても、韓国や中国メーカーの製品が幅を利かせていることから容易にみてとれる。スマートフォンに至っては、日本メーカーは国内市場でかろうじて一定のシェアを確保しているものの、世界では「その他」として扱われる存在でしかない。

しかし、ここでも付加価値貿易を思い出す必要がある。世界のイメージセンサ市場の4割をソニーが、また、チップ積層セラミックコンデンサの4割を村田製作所が握るように、日本は電子部品で高い競争力を有する。一般社団法人電子情報技術産業協会（JEITA）によれば、世界の電子部品の生産額に占める海外生産拠点を含む日本企業の割合は2021年で35%を占め、電子情報産業全体の11%を大きく上回る（電子情報技術産業協会［2021］）。

同じことは、半導体についても言える。完成品としての半導体生産における日本の存在感は低下しているが、素材、装置、工程において非常に高い技術を有し、世界市場に占める割合が高い企業は多い。半導体の母材にあたるシリコンウエハーは信越化学とSUMCOの2社で世界の約6割、感光剤の塗布と現像を行う装置コータ・デベロッパでは東京エレクトロンが約9割、洗浄に用いるフッ化水素酸ではステラケミファ、ダイキン、森田化学などの日本勢が約8割を占める。

電子部品産業の高い競争力が日本の公的な経済統計で捉えられないのは、製品の8割が日本以外の国・地域から出荷されているためである。産業の本当の競争力を把握するには、JEITAのように日本国内だけでなく、海外に進出した日系企業の生産や輸出も捉える必要がある。日系企業はもちろん進出先で操業しており、日本に含めるべきでないとする考え方には一理ある。しかし、出資元は日本の本社であり、日系企業は出資に対する見返りとして配当を、そして、技術提供の見返りとして特許使用料を支払う。

日系企業は日本が輸出を失った代償として、国際収支のサービス輸出や投資収益の底上げに貢献しており、日系企業を日本の産業の競争力に含める合理性は十分にある。また、そう考えなければ、GVCを活用して発展をつづける日本の製造業を正確に捉えたことにならない。この問題はTiVAでも明らかにすることができないため（TiVAは出資者の国籍による付加価値の区別はできず、進出先の地場企業と同列の扱いとなる）、製造業衰退論が幅を利かせてしまうのである。

2　日本の製造業の実力を測る

製造業の対外直接投資

日本の製造業は、「輸出で稼ぐ」から「投資で稼ぐ」に移行している。このことを示すいくつかの傍証を挙げておこう。

第1は、日本が世界でも指折りの「製造業投資大国」であるということだ。国連貿易開発会議（UNCTAD）によれば、日本の対外直接投資残高は2021年で2兆ドルと、米国（9・8兆ドル）、オランダ（3・4兆ドル）、中国（2・6兆ドル）などに続き、世界第8位である。ただし、同残高をGDP比でみると35位と、お世辞にも対外直接投資が盛んとは言えない。

しかし、製造業に限定すると、別の姿が浮かびあがる。OECDによれば、日本の製造業の対外直接投資残高は2020年で7515億ドルと、オランダ（1兆815億ドル）、米国（9562億ドル）に次ぎ、世界第3位である。オランダは別格であるが、残高のGDP比は14・9％と、米国の4・6％を上回る。日本は世界でも指折りの「製造業投資大国」といえる。

製造業が積極的に対外直接投資を行えば、生産全体に占める海外の割合、つまり海外生産比率は必然的に上昇する。経済産業省の「海外事業活動基本調査」によれば、全法人ベース[84]で1994年に7・9％であった製造業の海外生産比率は上昇を続け、2020年に23・6％となった（経済産業省［2022］）。実に約4分の1が海外における生産だ。海外生産比率は産業によって濃淡がある。積極的な対外直接投資によって同比率を引き上げたのは輸送機械（44・4％）、情報通信機械（30・3％）、汎用機械（29・5％）の3産業である。各産業の海外生産比率はGVCへの参加度合い、つまり、グローバルなサプライチェーンの活用度合いを表す。

海外生産比率の上昇は、日本の貿易依存度を引き上げる一因になっている。輸出と輸入にわけて日本の貿易依存度の推移をみると、1994年を底に緩やかに上昇している（図表9-3）。それぞ

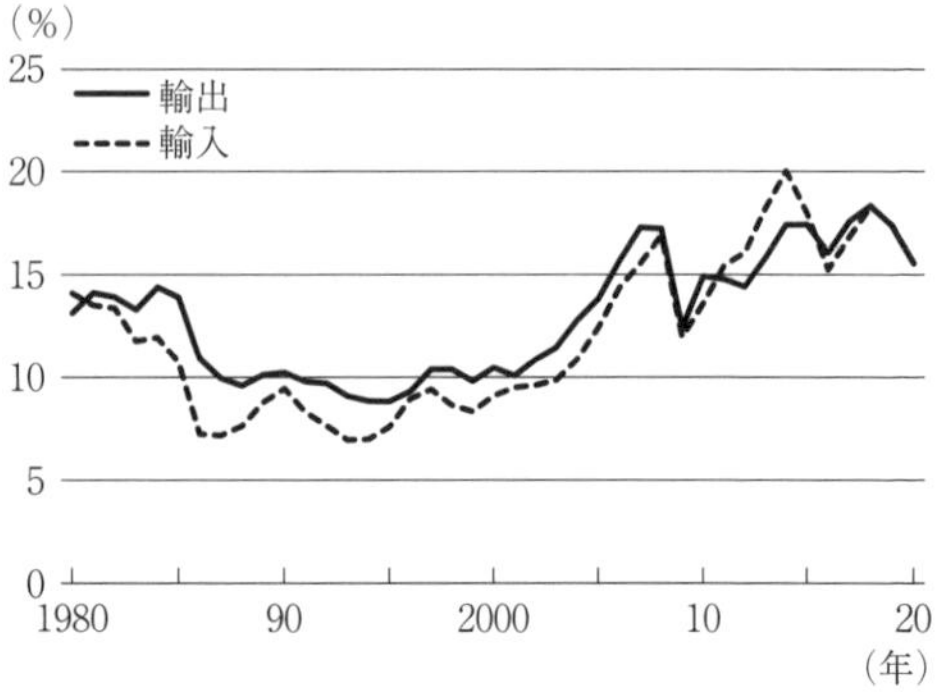

図表9－3　日本の輸出および輸入依存度
（注）輸出入ともに財・サービスベース.
（資料）World Bank 資料より作成.

れの依存度は連動している、つまり、純輸出依存度はおおむね横ばいで推移していることから、海外の生産拠点とのやり取りが増えたことがうかがえる。

1994年に10・2%であった逆輸入比率（日系企業の日本向け輸出／日本の輸入）は、2020年に30・1%に上昇した。貿易依存度の上昇は、経済規模に比して貿易が盛んであることを意味する。日本はバブル崩壊前より貿易が活発であり、製造業が衰退の一途にあるわけではない。日本の製造業の比較優位は低下しているものの、その一部は逆輸入の増加や海外生産による輸出代替効果によるものである。

貿易赤字の拡大や世界貿易に占める割合の低下を製造業の衰退に帰結させる議論の論拠はそれほど頑強ではない。製造業の競争力低下を否定するつもりはないが、GVCを踏まえ海外生産を含む産業別の実態を正確に把握しなければ正しい対策には行きつかない。日本の製造業の衰退にかかわる議論は、脱「中国依存」を巡る議論と同様に、感情論が先行し、着地点を見失っているようにみえる。

「投資立国」への移行を示唆するもう一つの傍証は直接投資の収益率が高いことだ。

直接投資の収益は、国際収支の所得収支に現われる。所得収支は、①直接投資収益、②証券投資収益、③その他に分けることができるが、黒字幅の拡大を支えているのは直接投資収益である。2002年に14・7％であった所得収支黒字に占める直接投資収益の割合はほぼ右肩上がりで上昇し、2022年には56・6％に達した（図表9－4）。

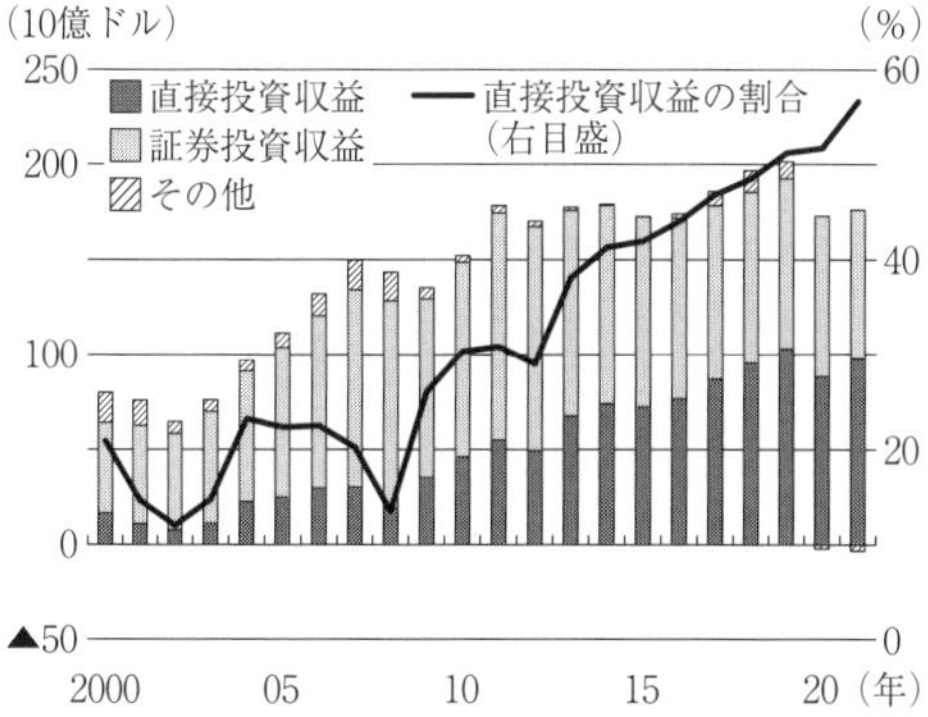

図表9－4　日本の所得収支黒字の内訳と直接投資収益の割合
（資料）IMF資料より作成.

米国に比べ低いとされてきた対外直接投資の収益率も改善が顕著である。日本の収益率は、2013年から一貫して米国を上回り、世界で最も高い水準にある（図表9－5）。これを支えるのはアジアである。アジアは直接投資残高の29・0％を占めるにすぎないが、直接投資収益については40・6％を占め、北米や欧州に比べ収益率が高い（図表9－6）。

サービス貿易の輸出拡大においてもアジアの寄与が大きい。アジアからの訪日外国人の増加によって、旅行収支黒字が急速に拡大し、サービス貿易の輸出が増えたのは周知のとおりである。しかし、新型コロナウイルスの感染拡大を受け、2021年の旅行収支黒字は1914億円と2018年の10分の1以下に減少した。

その一方、同じサービス収支に含まれる知的財産権等使用料の輸出（受取）は堅調である。2021年の知的財産権使用料収支の黒字は旅行収支黒字の11倍の2兆1239億円で、2014年からおおむね2兆円を超える水準で推移している。それを支えるのはやはりアジアである。知的財産権使用料収支の黒字は年によって変動が大きいものの、2014年に全体の64・2％を占めたアジアの割合は2021年に80・5％に上昇した。

アジアは中核拠点

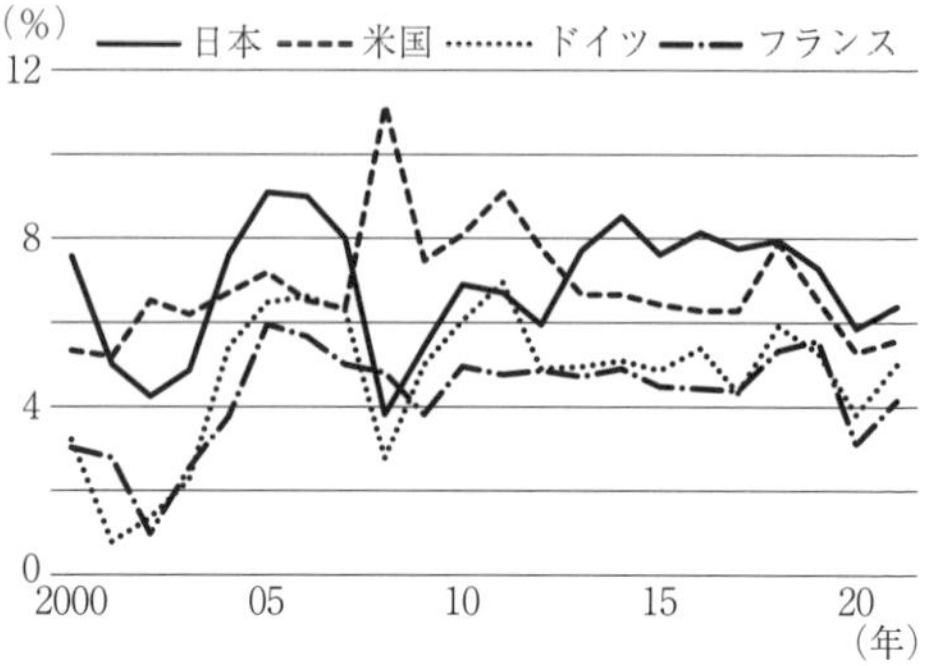

図表9－5　主要国の対外直接投資の収益率比較
（注）収益率＝対外直接投資収益／対外直接投資残高×100
（資料）同前.

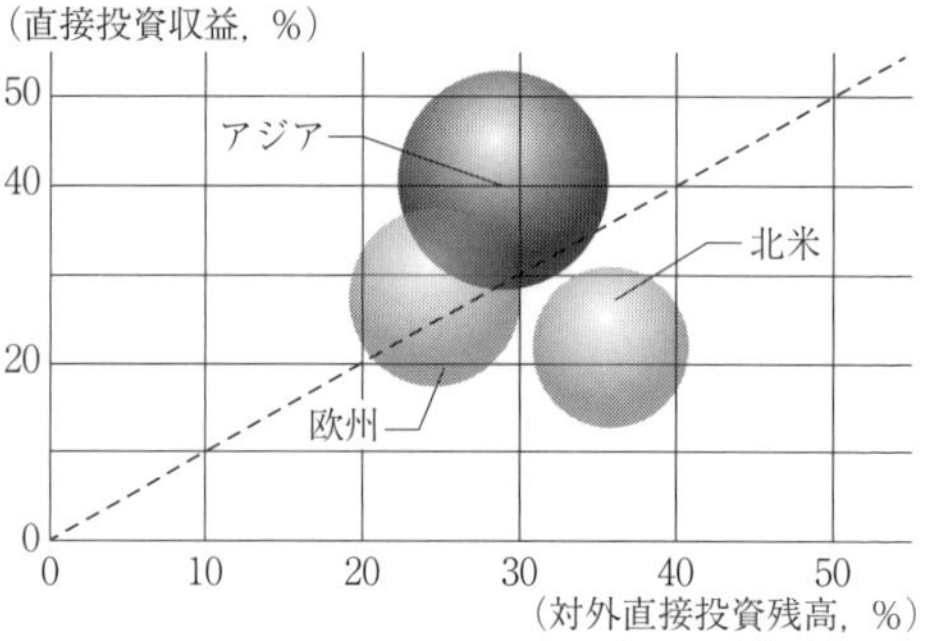

図表9－6　対外直接投資残高と直接投資収益に占める各地域の割合（2018年）
（注）バブルは直接投資収益の大きさを表す.
（資料）日本銀行資料より作成.

日本の対外直接投資は、アジア、北米、欧州の3地域に集中しており、それぞれに産業集積が形成されている。しかし、生産拠点が設けられた理由は、北米・欧州とアジアとではやや異なる。前者の生産拠点がもっぱら現地市場向け製品を生産するためであるのに対し、後者はそれだけにとどまらず、米国、欧州、さらには日本向けの輸出も担っている。

このことはTiVAをみるとわかりやすい。日本の米国、EU、アジア向けの輸出の推移を取引ベースと付加価値ベースでみると、アジアは取引ベースに比べ付加価値ベースの輸出が少ない（図表9－7）。付加価値ベースの輸出には輸出先国から欧米諸国など第三国に輸出されるものは含まれない。日本のアジア向け輸出は、日系企業が媒介となり、最終的に欧米に輸出されるものが多いため、取引ベースの輸出が付加価値ベースを大幅に上回るのである。

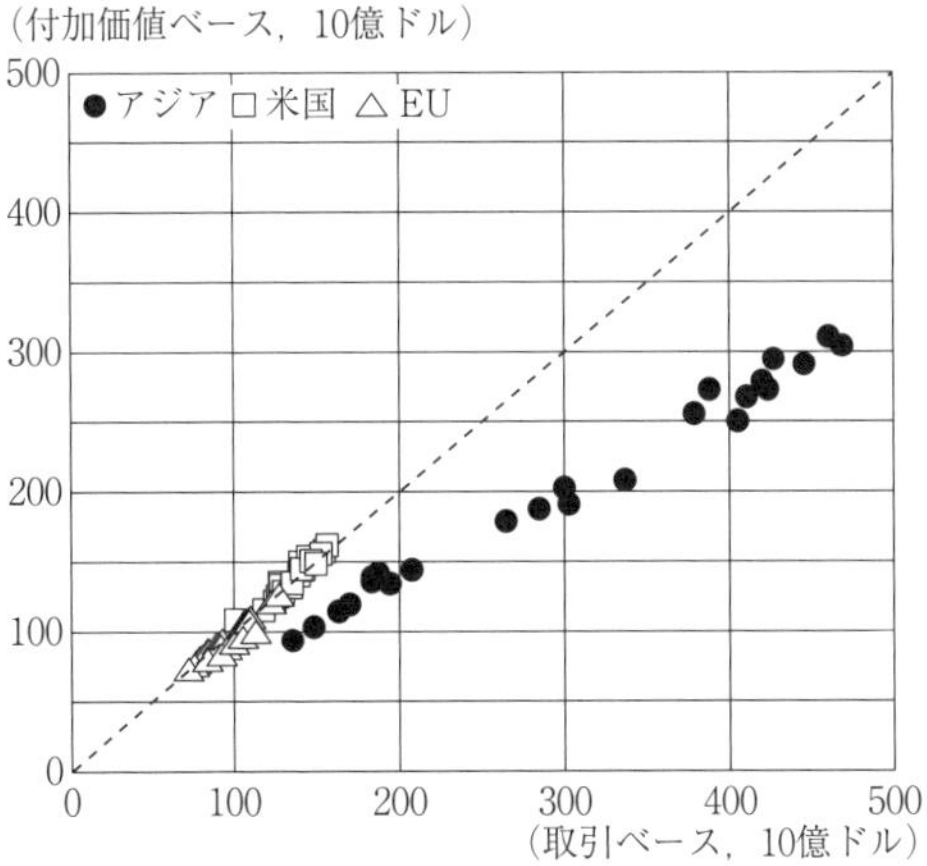

図表9－7　日本の輸出額比較――取引ベースと付加価値ベース（1955～2018年）

（注）アジアは中国，台湾，韓国，香港，ASEANの合計.

（資料）OECD, TiVA 2021 ed.より作成.

経済産業省の「海外事業活動基本調査」で、2020年の日系製造業の販売先を地域別にみると、アジアは売上高に占める現地・域内の割合（現地・域内販売比率）が79・0%と、北米（93・4%）、欧州（85・3%）より低く、域外に販路を求めている企業が多い（経済産業省［2022］）。域外の販路としては日本向けが16・2％と最も多く、アジアに設けた生産拠点から逆輸入が行われていることがわかる。

その一方、アジアの製造業の販売先に占める北米と欧州の割合は1・3％と1・2％にすぎない。これは電機・電子部品の販売先が中国に工場を設ける電子機器受託製造サービス（electronics manufacturing service：EMS）となっているためである。製品の最終需要地はどこかを追跡すれば、アジアの割合は低下し、欧米の割合は上昇すると思われる。日本企業の生産拠点の海外移転は進出先の需要を取り込むことが第1の目的であるが、アジアは欧米および日本市場を睨んだグローバル経営戦略の中核拠点となっている。

3　アジアが支える「成熟債権国」日本

国際収支発展段階説

アジアに進出した日本企業の多くは日本本社の出資により設立されているため、国際収支統計によってその活動を把握することができる。まず、以下の議論のベースとなる、国際収支発展段階説について紹介し、日本の現在地を確認することとしよう。

国際収支発展段階説は、1950年代にクローサー（Crowther［1957］）やキンドルバーガー（Kindleberger［1953］）によって提唱された古い学説であるが、黒字が当たり前であった貿易収支が赤字になったことをどう評価するかという議論の土台として、現在でも引用されることが多い。同説の骨子は、ライフサイクルに応じて家計の収入、借入、資産が変化するように、国も発展段階、とりわけ輸出産業の競争力によって国際収支構造が変化し、Ⅰ未成熟債務国→Ⅱ成熟債務国→Ⅲ債務返済国→Ⅳ未成熟債権国→Ⅴ成熟債権国→Ⅵ債権取崩国へと移行するというものである。[85]

発展段階に伴い国際収支の各項目の黒字・赤字がどのように変化するかを簡素に示したのが図表9－8である。経常収支は、①貿易・サービス収支、②所得収支、③経常移転収支を合わせたものであるが、国際収支発展段階説が注目するのは経常収支、貿易・サービス収支、所得収支、資本収支の4つである。それぞれが発展段階に応じてどのように推移するかをみると、経常収支と資本収支は帳簿記録上表裏をなす関係にあることから対照的な軌道を、財・サービス収支はプラスからマイナス、所得収支は対外純資産残高と同様にマイナスからプラスの軌道を描く。

Ⅰ未成熟債務国とは、輸出産業が弱く、国内貯蓄も不十分であるため、財と資本の両方を国外に依存せざるを得ない国である。このため、貿易・サービス収支と所得収支は赤字、そして、海外からの借入による資産が負債を上回るため資本収支が黒字（資本流入）となる国を指す。次のⅡ成熟債務国とは、輸出産業が育ち、貿易・サービス収支が黒字に転じるものの、それは借入資産を減少させるほどの規模ではないため、未成熟債務国と同様、所得収支と経常収支は赤字、資本収支は黒字が続く国である。

Ⅲ債務返済国は、輸出産業が力をつけ、貿易・サービス収支の黒字幅が大幅に拡大することによって経常収支が黒字化すると同時に、借入資産が減少することで資本収支が赤字（資本流出）に転じる国である。この段階に入ると対外純債務が減少し、所得収支赤字も縮小に向かう。Ⅳ未成熟債権国は、対外純債務を抱える債務国から対外純資産を保有する債権国に転じる段階の国である。具体的には、対外純資産の増加を受け、所得収支が黒字化することで経常収支の黒字幅が拡大すると同時に、資本収支の赤字幅が拡大する。

Ⅴ成熟債権国は、対外純資産の大幅な増加を受け、所得収支の黒字がピークに達する一方、人件費上昇などの影響で競争力が低下し、貿易・サービス収支が黒字から赤字に転じることから、経常収支の黒字幅が縮小すると同時に、資本収支の赤字幅が縮小する国である。最後のⅥ債務取崩国は、所得収支黒字を上回る消費がなされることで貿易・サービス収支の赤字幅が拡大すると同時に、対外資産の取り崩しによって所得収支の黒字幅が縮小することから、経常収支が赤字化する国である。資本収支は未成熟債務国と同様に黒字となる。債権取崩国の国際収支構造は未成熟債務国と似ているが、米国は所得収支黒字を維持しているため、債権取崩国にとどまりつづけている。

未成熟債権国から成熟債権国へ

国際収支発展段階説の妥当性を指摘する先行研究は多い。旧経済企画庁は、日米英などの先進国の戦前を含む超長期の国際収支構造の変化を明らかにしたうえで、オイルショックや変動相場制への移行を経ても、各国の発展段階と国際収支構造は同説が指摘する枠組みに収まるとしている（経済企画庁［1984］）。また、経済産業省も26の主要先進国と開発途上国の1990年代後半の国際収支構造の変化が同説に合致するとしている（経済産業省［2002］）。

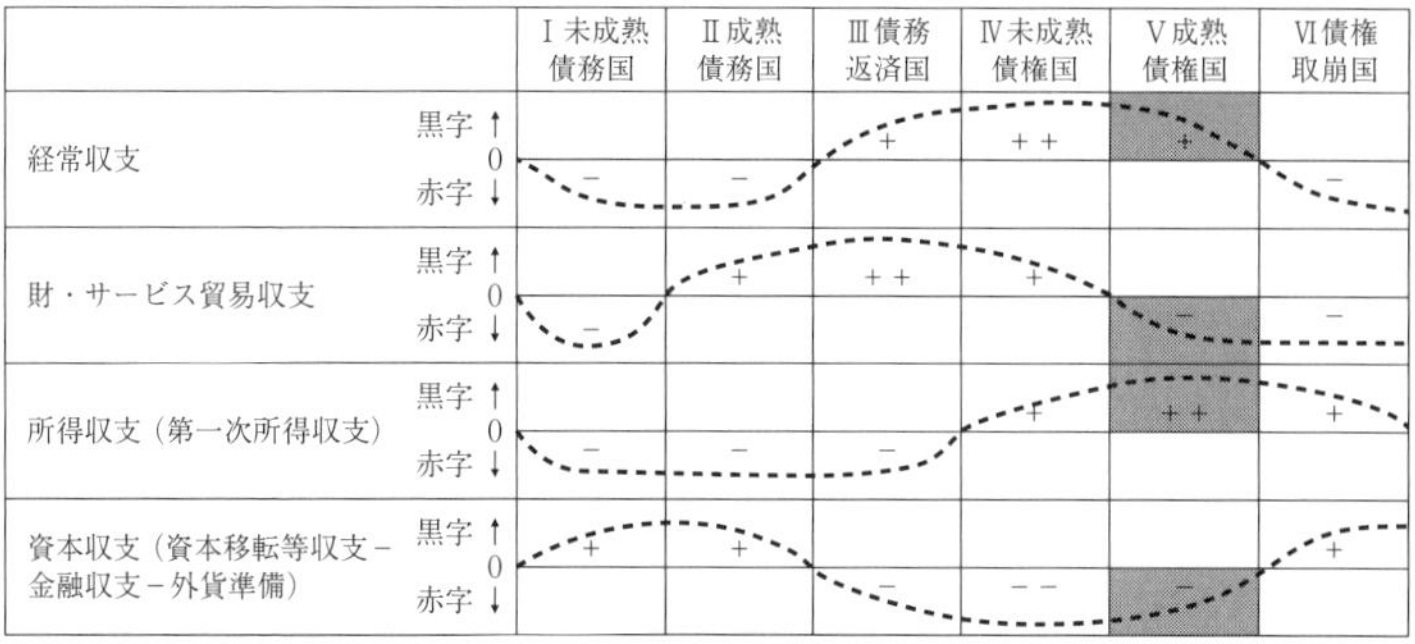

図表９‐８　国際収支の発展段階説（イメージ）
（注）項目名はBPM5準拠．BPM6に準拠した新しい名称はカッコ内に表示．
（資料）経済産業省［2017］，日本銀行［2013］より作成．

近年の国際収支は、２００４年以降の原油価格の高騰による財の貿易収支の黒字幅の縮小、あるいは、コロナ禍による旅行収支の黒字幅の縮小といったそれまでにはない要因の影響を受けている。それでも、国際収支発展段階説に従って日本の現在地を確認すると、①財・サービス貿易収支が赤字になる一方で、所得収支の黒字幅が拡大していること、②経常収支の黒字幅が減少傾向にあること、③資本収支の赤字幅が減少に向かっていることなどから、Ⅳ未成熟債権国からⅤ成熟債権国に移行しつつあるといえる。図表９‐８の網かけ部分が日本の現在地である。

日本の国際収支は、今後も成熟債権国としての様相を強めていくと見込まれる。成熟債権国の特徴は対外純資産の規模が拡大するとともに、それを源泉とする所得収支が増加することにある。日本の対外純資産は２０２０年に３兆４２２１億ドルと、ドイツ（２兆６１８７億ドル）、中国（２兆８８６８億ドル）、香港（２兆１２２０億ドル）、ノルウェー（１兆１４０３億ドル）を上回り、世界最大の「対外純資産保有国」である。

4　ＡＳＥＡＮにおける日本の影響力

世論調査でみる日本と中国

最後に中国と並ぶ生産拠点であるＡＳＥＡＮに焦点を当て、本書のテーマである脱「中国依存」を進めるにあたって日本がなにをすべきかについて考えてみたい。２０２１年の日本の製造業の対外直接投資残高に占めるＡＳＥＡＮの割合は19・2％と、中国の13・3％を上回る。日本のＧＶＣは中国よりもＡＳＥＡＮの方が大きく、濃密なのである。日本企業は家電製品では存在感を低下させたものの、自動車やバイクなどでは圧倒的な市場シェアを維持しつづけている。

ＡＳＥＡＮ加盟国は総じて親日的で、ミャンマー以外は欧米諸国と政治的に対立する争点を抱えていないことから、中国のように政治的リスクが顕在化し、経営環境が大きく変化する可能性は低い。中国に劣らない成長も期待できる。アジアにおいてＡＳＥＡＮが日本にとって政治的かつ経済的に最も重要なパートナーであることに異論を唱える人は少ないであろう。

しかし、ＡＳＥＡＮにおける日本の影響力は中国の擡頭を受け低下している。外務省が、２０２２年5月に公表した「海外対日世論調査」によれば、「今後重要なパートナーとなるのはどの国・機関か」という質問（複数回答）に対し、ＡＳＥＡＮ諸国で「日本」と回答した人は43％と、「中国」の48％を下回った（外務省［2022］）。中国は前年に日本を抜いたことから、２年連続で首位となった。

シンガポールのシンクタンクＩＳＥＡＳが２０２２年２月に公表した世論調査はもっと厳しい（ＩＳＥＡＳ［2022］）。「東南アジアにおいて最も経済的に影響力のある国はどこか」という質問に対し、「中国」と回答した人は実に76・７％に達した。中国に次ぐのは「米国」と「ＡＳＥＡＮ」でそれぞれ９・８％と７・６％で、「日本」はわずか４・１％であった。中国の影響力は経済だけにとどまらない。「東南アジアにおいて政治的・戦略的に最も影響力のある国はどこか」という質問でも「中国」と答えた人は54・４％と、「米国」（29・７％）、「ＡＳＥＡＮ」（15・２％）、「日本」（１・４％）を寄せ付けない。

しかし、ＡＳＥＡＮ諸国が中国の影響力拡大を手放しで歓迎しているわけではないことも明らかになっている。例えば、「経済的影響力の拡大を懸念する国はどこか」という質問に対し、「中国」と回答した人が64・４％と、「米国」の31・９％の倍となった（日本は選択肢に含まれていないので不明）。背景には、①あまりにも速い影響力の拡大、②南シナ海などにおける軍事的行動、③中国人観光客を制限するといった経済的な報復措置などが挙げられている。

また、「自由貿易というグローバルな課題にリーダーシップを発揮しうる国」として、31・３％の人が「米国」を選択し、「中国」の24・６％を上回った。米国の割合は、トランプ前大統領からバイデン大統領への政権交代が好感されたことで前年の19・７％から大幅に上昇した。さらに、「東南アジアにおける責任あるステークホルダー」（複数回答）として「日本」を選んだ人が54・２％と最も多く、「米国」の52・８％、「ＥＵ」の48・５％を上回った。「中国」は26・８％にとどまった。

世論調査の結果は、中国は経済面だけでなく、政治面でも影響力を増しているが、ＡＳＥＡＮ諸国はそれを警戒しながらみている、そして、日本については最も信頼に値するパートナーであるが、影響力の低下が顕著である、と要約できよう。ＩＳＥＡＳの世論調査は日中双方にとって厳しい内容を含み、取り組むべき課題が少なくないことを示唆する。

日本政府の役割

日本食や漫画など、ＡＳＥＡＮ諸国では日本文化に対する評価は非常に高い。「最も訪ねたい国・地域」は「日本」で22・8％と、「ＥＵ」（19・2％）、「ＡＳＥＡＮ」（14・0％）を上回り、1位である。一方、「中国」は「ニュージーランド」（9・5％）、「韓国」（8・5％）に続く6位で、7・2％であった。ＩＳＥＡＳはこの数値が各国・地域のソフトパワーを表しているとみる。

企業についての評価も高い。外務省の世論調査では、「日本に対して抱いているイメージ」として、「経済力、技術力の高い国」が68％と、「豊かな伝統と文化を持つ国」（62％）より高い。これは進出日系企業を含む日本企業が各国の生産や消費に貢献してきた成果であろう。

残るは日本政府である。「責任あるステークホルダー」と認識されているのは日本外交が評価されている証拠である。しかし、「自由貿易というグローバルな課題にリーダーシップを発揮しうる国」として「日本」を選んだ人は9・0％だけで、しかも、その割合は前年の15・5％から低下した。この現象は「ＥＵ」でも起こっているが、ＡＳＥＡＮ諸国における日本のプレゼンスの大きさを踏まえれば、明らかに努力不足である。

日本はＡＳＥＡＮにどう向き合うべきか。日本の影響力低下を嘆くだけではなにも始まらない。ＡＳＥＡＮ各国にとって中国は最大の貿易相手であり、対内直接投資においても順位を引き上げ、多くの国で最大の投資国となっている。ＡＳＥＡＮ各国が受け入れる観光客に占める中国の割合も上昇し、日本と同様にインバウンド消費を中国人観光客に依存している。これらの規模を中国と競っても勝てる見込みはない。

では、どうするか。単なるＯＤＡの拡大が答えでないことは明らかである。マレーシアは１９９４年に円借款を「卒業」し、タイも「卒業」が見込まれる。世界銀行の融資基準で３年間高所得国（high income countries：ＨＩＣｓ）に分類されると「卒業」と認定され、ＯＤＡを受け入れる国は、インドネシア、フィリピン、カンボジア、ラオス、ベトナムに限られる。日本は、プロジェクトの効果や効率性はもちろん、相手国とのパートナーシップを重視しながら経済協力を進めるため、中国のように無条件に借款を増やすことはできない。

日本政府には、日本企業がＡＳＥＡＮに展開するＧＶＣを支援するため、次の取り組みに注力することを期待したい。それは、日本だけでなく、ＡＳＥＡＮの経済発展にも寄与する、ウイン・ウインの取り組みであり、ＡＳＥＡＮ諸国における日本の存在感をより確かなものにするはずである。

第１は、市場統合に向けたＡＳＥＡＮ各国の取り組み支援である。ＡＳＥＡＮは、２０１５年にＡＳＥＡＮ経済共同体（ASEAN Economic Community：ＡＥＣ）を発足させ、市場統合に向け大きく前進した（三浦［2016］）。しかし、非関税障壁の撤廃は遅れており、市場統合が企業のニーズに合致する水準に達しているとはいい難い。ASEANも取り組みが遅れている課題を2025年までに解決するとしている。

2021年のASEAN10カ国のGDPを合わせた経済規模は3・4兆ドルと中国の17・5兆ドルの2割、人口は6・7億人と中国の14・1億人の4割にすぎない。ASEANは市場統合を積極的に進め、規模で劣るハンデを克服しなければならない。米中の通商摩擦や先進国における対中感情の悪化によって、ASEAN諸国に対する注目度は高まっており、直接投資誘致という点でかつてない好機を迎えている。ASEAN各国は日本にミッションを送るだけでなく、統合を進め、世界が注目する魅力的な市場に変わることで投資誘致を進める必要がある。

第2は、環太平洋経済連携協定（TPP11）への加盟促進である。日本は、米国の離脱により求心力が低下したTPP11を主導し、2018年3月、米国を除く全ての交渉参加国が署名するに至った。ASEAN10カ国のなかで、TPP11に参加しているのはシンガポール、マレーシア、ベトナムの3カ国である。マレーシアは国内手続きの遅れで協定は未発効であるが、参加国のなかで1人当たりGDPが最も低いベトナムが同年末に発行に至ったのは注目に値する。

TPP11は、貿易自由化の水準が高いだけでなく、知的財産権の保護や電子商取引、データ流通の透明性確保など、これまでの自由貿易協定（FTA）にない新しいルールを盛り込んでいるため、新しいかたちのグローバルな貿易自由化の起爆剤になり得る。英国が2022年中に加盟合意に至ると見込まれるほか、同年9月に中国と台湾が、12月にはエクアドルが加盟を申請した。

ASEANのなかでは、タイ、インドネシア、フィリピンが参加の可能性を探っているとされる。

日本政府は、この動きを後押しするとともに、ラオスとカンボジアなど、その他のＡＳＥＡＮ加盟国に広げていく必要がある。両国は発展水準が低く、参加のハードルは高いものの、主力輸出産業の繊維産業がベトナムに流出することを懸念しており、参加意欲がゼロというわけではない。

第３は、市場統合およびＴＰＰ11参加に向けたＡＳＥＡＮ各国の取り組みを個別に支援することである。支援は各国の実情を踏まえた政策立案といった知的支援が柱になる。ＴＰＰ11への参加がどのようなメリットとデメリットをもたらすか。競争力が弱い産業への影響をどのように緩和し、再編を通じて同産業をどのような方向に誘導するか。失敗例を含め、日本が支援できることは多いはずである。

米国の関与を歓迎

日本とＡＳＥＡＮ各国の関係は総じて良好であり、信頼関係も構築されている。しかし、ＡＳＥＡＮ諸国は各国ともに特定の大国に肩入れすることを回避しようとするため、日本からみるとやや心もとない。このことはＩＳＥＡＳの世論調査でも示されている。「東南アジアでリーダーシップを競う米中にどのように対応するのが最善か」という質問に対し、「ＡＳＥＡＮの適応力と団結力を高め、圧力をかわす」という回答が46・１％と最も多く、「どちらも選ばない伝統的なポジションを維持する」が26・６％でそれに続いた。

これは大国の思惑に翻弄されてきた経験に基づく知恵と呼べるもので、ＡＳＥＡＮ外交が一筋縄でいかないことを示す。南沙および西沙諸島の領有権を巡って中国と対立するベトナムが、中国が設立した国際開発金融機関アジアインフラ投資銀行（Asian Infrastructure Investment Bank：ＡＩＩＢ）の創設メンバーに加わったように、ＡＳＥＡＮ諸国には影響力を強める中国と全面的に対立するという選択肢はない。

しかし、ＩＳＥＡＳの世論調査からは、ＡＳＥＡＮ各国の市民はそうした政府レベルの思惑とは別の方向に動きはじめていることがわかる。例えば、民主主義、法の支配といった価値観を共有する日本、米国、オーストラリア、インドの４カ国の協力枠組みである「クアッド」（Ｑｕａｄ）については、その強化を肯定的に評価する見方が58・５％と最も多く、否定的な見方の13・０％を大きく上回る。米英豪による安全保障の新枠組み「オーカス」（ＡＵＫＵＳ）についても、「強まる中国の軍事力とのバランスに寄与する」と肯定的に評価する意見が36・６％と、「地域の軍拡競争を加速する」という否定的な意見の22・５％を上回った。

その一方、ＴＰＰ11については、米中両国の参加を期待する声が多い。中国の参加が「東南アジアの経済的緊張の緩和に資する」とする見方は31・０％と、「緊張を高める」の29・９％をわずかに上回った。米国がＴＰＰ11から離脱したことについては、「東南アジア地域における中国の影響力を高める」、「東南アジアの緊張を高める」とする見方がそれぞれ46・８％と32・２％と、否定的に捉えられている。

また、ブルネイ、タイ、マレーシア、インドネシア、フィリピン、シンガポール、ベトナムのＡＳＥＡＮ７カ国は、２０２２年６月、バイデン政権が日本、オーストラリア、韓国、インドなどと①貿易、②サプライチェーン、③インフラ・脱炭素、④税・反汚職の４分野で協力する「インド太平洋経済枠組み」（Indo-Pacific Economic Framework：ＩＰＥＦ）に参加するなど、米国が東南アジアへの関与を強めることを歓迎した。

対中強硬論が擡頭する米国と、中国の急速な影響力拡大を懸念するＡＳＥＡＮ諸国、双方の思惑は一致しているようにみえるが、ＡＳＥＡＮ諸国の多くは日本と同様に脱「中国依存」が現実的な解決策だとは考えていない。アジアのＧＶＣを踏まえ、米国とＡＳＥＡＮ諸国との間を取り持つ現実的な提案をすることで、この地域の安定性と成長性を高める。ＡＳＥＡＮ諸国の日本に対する期待は我々が想像する以上に大きく、産官学のオールジャパンで取り組むにふさわしい課題といえる。

あとがき

スマートフォンの普及によって、情報へのアクセスは格段に便利になり、情報量も増えた。一日は、スマートフォンで自動配信を設定している日々のニュースをチェックすることから始まる。混んだ通勤電車で周りに気を配りながら、新聞を広げる人は筆者も含めほとんどいなくなった。

しかし、日々、何気なく接している情報が、知りたい対象を客観的に捉えているのかを疑問に感じることが少なくない。2022年春、中国を巡る日本のニュースは、実質的な「軟禁」ともいえる上海市のロックダウン一色となった。テレビ局は街に出て取材することができないため、記者の自宅から食料調達もままならない惨状を紹介した。

嫌中感情の高まりと不確実性が増している中国経済については、損失を過大に評価する傾向、つまり、行動経済学のプロスペクト理論が働いているようにみえる。以前にも増して多角的にアプローチする必要性が高まったものの、ロックダウン＝ゼロコロナ政策の失敗＝中国経済の減速・サプライチェーンの混乱、というストーリーに反する情報は表に出にくくなり、明確な意思をもって探さない限り、多様な情報を目にすることはできない。

筆者を含め多くの人は、報道の自由が保障された日本では発信者と価値観の双方において多用な情報発信が保障されており、いつでもそれをみることができると信じている。だが、実際には知らないうちに一面的な情報しか目に入らない状況に陥っている。上海市のロックダウンでは、日中福祉プランニング代表の王青氏による同市を離れる日本人が少ないという記事（「上海封鎖で「軟禁」経験でも帰国しない日本人、逃げる中国人も多い中なぜ？」ダイヤモンド・オンライン、2022年6月28日）がロックダウンの影響を冷静に考える機会を提供してくれた。

中国という、影響力を高めながらも、他国の対中感情を意に介さない行動をとる国の経済を研究対象にしてつくづく痛感するのは、中国を否定することで安易に「溜飲を下げる」習慣を身に着けてはならないということである。これは、精神衛生上よくない。なにかを知りたいと思い情報を収集するのは、理解できたと安心感を得たいからである。しかし、中国経済については、消化不良を感じるくらいがちょうどいい。これは安全保障を米国に依存しながらも、経済はその米国と対立関係にある中国に依存する日本人の宿命と考えるよりほかない。

本書がなんとか出版に漕ぎつける内容になったのは、筆者が勤める日本総合研究所で長年にわたり論文指導をいただいた東京工業大学名誉教授・拓殖大学元総長で拓殖大学顧問の渡辺利夫先生、そして、その後を引き継いでくださった東京大学名誉教授の末廣昭先生によるところが大きい。あらためて感謝を申し上げたい。

渡辺先生と末廣先生は、筆者が日本貿易振興機構に就職した社会人なりたての頃、上司の紹介によりご挨拶をさせていただいたのが最初の出会いであった。素敵な笑顔で「よろしくお願いします」と言っていただいたことを今でも鮮明に覚えている。こんなに長い間、ご厚情をいただくことになろうとは思いもしなかった。また、筆者の原稿を丹念に読み込み、アドバイスをいただいた佐々木郷里さんにもお礼を申し上げたい。つくづく人に恵まれたことで今の自分があると感じる。

本書は、日本総合研究所の杢村秀樹調査部長に「(小職の)分析や主張をもっと知ってもらうため出版を考えてはどうか」という示唆を頂いたことに始まった。『ODA(政府開発援助)——日本に何ができるか』(中公新書)でお世話になった中央公論新社の吉田大作さんに相談したところ、「はじめに」と構成をみせてくれという次第になり、同社の小野一雄さんから周到なアドバイスをいただき、それらを斟酌することで、最終稿が仕上がった。ご懇篤に感謝したい。

もし、読者のなかに本書を通じて、中国経済が奥行を持つ対象として浮上し、情報の洪水に流されることなく、中国経済を俯瞰できるようになったと感じる人がいれば、筆者としては望外の喜びである。

令和4年葉月

三浦有史

注

【第1章】

1　具体的な計算式は、前方参加＝（中国の輸出に含まれる各国・地域の付加価値／各国の輸出）×１００、後方参加＝（各国の輸出に含まれる中国の付加価値／各国の輸出）×１００である。詳しくは、ＯＥＣＤ［2021］を参照。

2　「不測の時代、供給網柔軟に　新型コロナでリスク露呈」『日本経済新聞』２０２０年３月26日（https://www.nikkei.com/article/DGXMZO57222400V20C20A3MM8000/）。

【第2章】

3　ＩＭＦは、先進国以外の国々を「新興・途上国」（emerging market and developing economies）と表記するが、本書では「開発途上国」で統一する。

4　TiVAでは、①R&Dやマーケティングなど、生産の前段階と後段階で創造されている高い付加価値がどこに帰属するかが十分に補足できていないこと、②輸入した資本財を用いて製品を生産・輸出した場合の付加価値の一部を、資本財を輸出した国に配分することなく、全て生産・輸出国に帰属させることから、中国のような開発途上国の国内付加価値率が実態よりも高くなる傾向がある（内閣府［2019］）。

5　"China ousts Taiwan as Apple's biggest source of supplier", NIKKEI Asia, 2 June 2021. (https://asia.nikkei.com/Business/China-tech/China-ousts-Taiwan-as-Apple-s-biggest-source-of-suppliers）なお、サプライヤーの出資者がどの国かという資本構成別に分けると、中国（香港を含む）企業は50社とされ、台湾の51社より少ない。詳しくは、「アップルの部材調達リスト分析、中国が日本抜いてトップの台湾に肉薄」日経クロステック、２０２１年８月５日（https://xtech.nikkei.com/atcl/nxt/column/18/00001/05874/）。

【第3章】

6　具体的には、①財政規律の回復、②金利・為替自由化、③貿易自由化、④国有企業の民営化などを柱とする、新古典派経済学の理論を基盤とする経済政策のひな形と言える。こうした政策が提案されるようになった背景には、１９８０年代の中南米諸国の債務危機を経て、構造改革なしには経済の安定性や持続性を高めることはできず、支援の効果もあがらないと考えられたことがある。

7　カナダ、英国、オランダ、ドイツ、スウェーデン、フランス、ハンガリー、スペイン、イタリア、ギリシャ、ポーランド、ロシア、フィリピン、オーストラリア、韓国、インドネシア、日本、チュニジア、イスラエル、ナイジェリア、ケニア、南アフリカ、アルゼンチン、メキシコ、ブラジルの25カ国。

【第4章】
8 「中共中央　国務院印発《知識産権強国建設綱要（２０２１－２０３５年）》」中国政府網、２０２１年９月23日（https://www.cnipa.gov.cn/art/2021/9/23/art_2742_170305.html）。
9 "Chinese Companies Hold Only 4% of Global IC Marketshare", IC Insight, 25 April 2022.（https://www.icinsights.com/news/bulletins/Chinese-Companies-Hold-Only-4-Of-Global-IC-Marketshare/）
10 「中国半導体の躍進はない、ただ１つの可能性を除けば」日経クロステック、２０１６年５月24日（https://xtech.nikkei.com/dm/atcl/column/15/425600/051300099/）。
11 「iPhoneを分解して分かったアップルにとって重要なサプライヤー」36Kr Japan、２０２１年７月６日（https://36kr.jp/139987/）。
12 「曹和平：新常態是従超高速向中高速増長区間転変」毎経網、２０１４年12月６日（http://www.nbd.com.cn/articles/2014-12-06/881440.html）。
13 中国の鉱工業分野における所有形態別の企業分類については、三浦［2017］を参照。
14 「数字経済迎来満園春——従《数字中国建設発展報告（２０１８年）》展望数字中国発展前景」国家互聯網信息弁公室、２０１９年５月８日（http://www.cac.gov.cn/2019-05/08/c_1124465277.htm）。

【第5章】
15 "China targets debt sustainability over economic growth as Evergrande reels", S&P Global Market Intelligence, 7 October 2021.（https://www.spglobal.com/marketintelligence/en/news-insights/latest-news-headlines/china-targets-debt-sustainability-over-economic-growth-as-evergrande-reels-66857651）
16 "More downside expected for steel as Evergrande liquidity crisis impact persists", S&P Global Market Intelligence, 2 January 2022.（https://www.spglobal.com/marketintelligence/en/news-insights/latest-news-headlines/more-downside-expected-for-steel-as-evergrande-liquidity-crisis-impact-persists-67602083）
17 「COVID－19：中国のゼロコロナ戦略の解除はオミクロン株感染拡大の引き金となる可能性がある」Nature Medicine、２０２２年５月11日（https://www.natureasia.com/ja-jp/research/highlight/14082）。
18 「郭樹清：押注房価永遠不会下跌的人最終会付出沈重代価」観察者、２０２１年６月10日（https://www.guancha.cn/politics/2021_06_10_593932.shtml）。
19 「住建部印発《関于規範商品房預售資金監管的意見》」２０２２年４月25日 商業新知（https://www.shangyexinzhi.com/article/4789917.html）。
20 「全国人民代表大会常務委員会関于修改《中華人民共和国人口与計劃生育法》的決定（主席令第四十一号）」中国政府網、２０１５年12月28日（http://www.gov.cn/zhengce/2015-12/28/content_5029897.htm）。
21 「中共中央　国務院関于優化生育政策促進人口長期均衡発展的決定」中国政府網、２０２１年７月20日（http://www.gov.cn/xinwen/2021-07/20/content_5626190.htm）。
22 「未婚城市青年婚恋意願調査」網易、２０２１年10月８日（https://3g.163.com/dy/article/GLQIB7JL0514D10F.html）。
23 「中国大陸部の若い女性「結婚前に家を買うべき」が６割以上」人民網日本語版、２０２１年５月21日（http://j.people.com.cn/n3/2021/0521/c94476-9852545.html）。
24 中国の都市を１線から５線に分類する方法は政府によるものではなく、「第一財経」が毎年行う都市商業魅力ランキングに基づくものである。分類の対象となるのは、省・直轄市・自治区という1級行政レベルの下にある2級行政レベルの地級市である。地級市は約300ある。

25 「中共中央弁公庁　国務院弁公庁印発《関于促進労働力和人才社会性流動体制機制改革的意見》」中国政府網、2019年12月25日（http://www.gov.cn/xinwen/2019-12/25/content_5463978.htm）。

26 「国家発展改革委関于印発《2021年　新型城鎮化和城郷融合発展重点任務》的通知」国家発展改革委員会、2021年4月8日（https://www.ndrc.gov.cn/xxgk/zcfb/tz/202104/t20210413_1272200_ext.html）。

27 新疆ウイグル自治区やチベット自治区も同様の位置にあるが、これは小数民族が「一人っ子政策」の例外とされてきたことによるもので、流動人口の受け入れに成功した結果ではない。

【第6章】

28 「関于進一歩做好〝僵屍企業〟及去産能企業債務処置工作的通知」中国政府網、2018年12月4日（http://www.gov.cn/xinwen/2018-12/04/content_5345675.htm）。

29 「習近平主持中共中央政治局会議」中国政府網、2019年7月30日（http://www.gov.cn/xinwen/2019-07/30/content_5417282.htm）。

30 「習近平：警惕〝黒天鵝〟　防範〝灰犀牛〟」人民網、2019年1月22日（http://money.people.com.cn/n1/2019/0122/c42877-30583468.html）。

31 「違約債券後来怎麼様了?.」騰訊網、2021年7月11日（https://new.qq.com/rain/a/ 20210711A05WAD00）。

32 「申万宏源債券：2020年信用債違約率有多高?.」金融界、2021年1月11日（http://bond.jrj.com.cn/2021/01/11093831668299.shtml）。

33 “China's dodgy-debt double act”, The Economist, 4 September 2021.（https://www.economist.com/leaders/2021/09/04/chinas-dodgy-debt-double-act）

34 中国人民銀行は、2017年から国債と地方政府債を社会融資規模統計に取り込んだ。詳しくは、「2019年社会融資規模残量統計表」（http://www.pbc.gov.cn/diaochatongjisi/resource/cms/2020/02/2020022816314672104.htm）を参照。

35 「次級」は担保を執行しても一定の損失が発生する債権、「可疑」は担保を執行しても比較的大きな損失が発生する債権、「損失」は文字どおり回収が不可能な債権を指す。また、「関注」は「正常」と不良債権の間にあり、不良債権には当たらないものの、不良債権化する恐れのある債権を指す。

36 「上半年中小銀行二級資本債、永続債発行規模大増　利率分化下亟待政策支持」21世紀経済報道、2021年6月30日（http://www.21jingji.com/2021/6-30/5MMDEzODBfMTYyNTU5Mw.html）。

【第7章】

37 「習近平主持召開中央財経委員会第十次会議」共産党員網、2021年8月17日（https://www.12371.cn/2021/08/17/ARTI1629209819193968.shtml）。

38 「紮実推動共同富裕」求是網、2021年10月15日（http://www.qstheory.cn/dukan/qs/2021-10/15/c_1127959365.htm）。

39 「2020年56%的家庭有31万億房貸没還：居民越来越富、越来越有能力」網易、2021年11月25日（https://www.163.com/dy/article/GPM7POJM0552NSSC.html）。

40 「2017年最新数拠：季度住房負担能力進一歩悪化」捜狐網、2017年9月6日（http://www.sohu.com/a/190144717_99921060）。

41　「中共中央弁公庁　国務院弁公庁印発《関于進一歩減軽義務教育階段学生作業負担和校外培訓負担的意見》」中国政府網、２０２１年７月24日（http://www.gov.cn/zhengce/2021-07/24/content_5627132.htm）。
42　「第七次全国人口普査公報（第五号）」国家統計局、２０２１年５月11日（http://www.stats.gov.cn/ztjc/zdtjgz/zgrkpc/dqcrkpc/ggl/202105/t20210519_1817698.html）。
43　「中国「共同富裕」への異議削除　北京大教授が公表、当局の逆鱗か」共同通信、２０２１年９月６日（https://nordot.app/807548524646793216?c=39546741839462401）。
44　「新華社重磅文章：十問中国経済」新華社、２０２１年10月24日（http://www.xinhuanet.com/2021-10/24/c_1127991028.htm）。
45　「住房擁有率96％！　中国家庭資産負債大起底」捜狐網、２０２０年５月７日（https://www.sohu.com/a/393470253_120341284）。
46　「上海、北京、深圳青少年教育培訓消費調査報告」騰訊網、２０２０年３月19日（https://page.om.qq.com/page/O_czuNgfjVqvOGbPSpkMJ1TA0）。
47　「アントが史上最大ＩＰＯを延期「情報開示基準満たせず」」The Wall Street Journal, 4 November 2020.（https://jp.wsj.com/articles/SB10403626603646713504804587076452744632354）"China's President Xi Jinping Personally Scuttled Jack Ma's Ant IPO", The Wall Street Journal, 12 November 2020.（https://www.wsj.com/articles/china-president-xi-jinping-halted-jack-ma-ant-ipo-11605203556）「焦点：舌禍が招いたアント上場延期、ジャック・マー氏の大誤算」ロイター、２０２０年11月７日（https://jp.reuters.com/article/ant-group-ipo-suspension-regulators-idJPKBN27M0MT）。
48　「中華人民共和国反壟断法」商務部、２００８年11月27日（http://fldj.mofcom.gov.cn/article/c/200811/20081105917420.shtml）。
49　「平台経済領域反壟断指南発布」中国政府網、２０２１年２月７日（http://www.gov.cn/xinwen/2021-02/07/content_5585764.htm）。日本語としては、「"聖域"はなぜ崩れたのか　中国「アリババ規制」の真意「ＩＴプラットフォーム企業に対する独占禁止ガイドライン」が施行」WEDGE Report、２０２１年３月29日（https://wedge.ismedia.jp/articles/-/22494）。
50　「巨大ＩＴ産業時代の終焉なのか――中国で重大な地殻変動が起きつつある」現代ビジネス、２０２０年12月20日（https://gendai.ismedia.jp/articles/-/78455）。
51　「中華人民共和国網絡安全法」中国政府網、２０１６年11月７日（http://www.gov.cn/xinwen/2016-11/07/content_5129723.htm）。
52　「中華人民共和国数拠安全法」中国政府網、２０２１年６月11日（http://www.gov.cn/xinwen/2021-06/11/content_5616919.htm）。
53　「中華人民共和国密碼法」中国政府網、２０１９年10月27日（http://www.gov.cn/xinwen/2019-10/27/content_5445395.htm）。
54　「中華人民共和国個人信息保護法」中国政府網、２０２１年８月20日（http://www.gov.cn/xinwen/2021-08/20/content_5632486.htm）。
55　「禁止網絡不正当競争行為規定（公開征求意見稿）」司法部、２０２１年８月17日（http://www.moj.gov.cn/pub/sfbgw/zlk/202108/t20210817_434868.html）。
56　「国家互聯網信息弁公室関于《網絡安全審査弁法（修訂草案征求意見稿）》公開征求意見的通知」国家互聯網信息弁公室、２０２１年７月10日（http://www.cac.gov.cn/2021-07/

10/c_1627503724456684.htm)。

57 「市場監管総局等七部門聯合印発《関于落実網絡餐飲平台責任切実維護外売送餐員権益的指導意見》」中国政府網、２０２１年７月26日（http://www.gov.cn/xinwen/2021-07/26/content_5627462.htm)。

58 「国家新聞出版署関于進一歩厳格管理　切実防止未成年人沈迷網絡遊戯的通知」中国政府網、２０２１年８月30日（http://www.gov.cn/zhengce/zhengceku/2021-09/01/content_5634661.htm)。

59 「〝精神鴉片〟本是懶惰者的〝精神鴉片〟」捜狐網、２０２１年８月３日（https://www.sohu.com/a/481237410_121124832)。

60 「２０１９年一季度家庭資産指数報告発布：総資産減少金融資産変動受股市影響」和訊網、２０１９年５月６日（https://money.hexun.com/2019-05-06/197084145.html)。

61 「２０１６年農民工監測調査報告」国家統計局、２０１７年４月28日（http://www.stats.gov.cn/tjsj/zxfb/201704/t20170428_1489334.html)。

62 「２０２０年農民工監測調査報告」国家統計局、２０２１年４月30日（http://www.stats.gov.cn/tjsj/zxfb/202104/t20210430_1816933.html)。

63 「２０２１意才・胡潤財富報告」胡潤研究院、２０２２年４月14日（https://www.hurun.net/zh-CN/Info/Detail?num=3CQSR1IT63H8)。

64 「２０２０年全国一般公共預算支出決算表」財政部（http://yss.mof.gov.cn/2020zyjs/202109/t20210917_3753571.htm、２０２１年11月11日アクセス)。

65 「上海重慶房産税試点４年：対房価影響不大」中国網、２０１５年８月10日（http://finance.china.com.cn/industry/estate/20150810/3280491.shtml)。

66 「国家発展改革委有関負責同志就《関于加強義務教育階段学科類校外培訓収費監管的通知》答記者問」国家発展改革委員会、２０２１年９月６日（https://www.ndrc.gov.cn/xxgk/jd/jd/202109/t20210906_1296141.html)。

67 「教育部弁公庁関于堅決査処変相違規開展学科類校外培訓問題的通知」中国政府網、２０２１年９月３日（http://www.gov.cn/zhengce/zhengceku/2021-09/09/content_5636367.htm)。

68 "China's New Power Play: More Control of Tech Companies' Troves of Data", The Wall Street Journal, 12 June 2021.（https://www.wsj.com/articles/chinas-new-power-play-more-control-of-tech-companies-troves-of-data-11623470478)

69 「資本集団炒作的節日、応全部禁止和廃除」紅歌会、２０２１年11月12日（http://www.szhgh.com/Article/wsds/culture/2021-11-12/283741.html)。

70 「(受権発布）中共中央関于党的百年奮闘重大成就和歴史経験的決議」２０２１年11月16日（http://www.news.cn/politics/2021-11/16/c_1128069706.htm)。なお、ネット上の情報の重要性については、社会科学院の郭万超氏が２０１７年に指摘したことが採用されたとみられる。詳細は、「互聯網已経成為輿論闘争的主戦場主陣地最前沿」紅色文化網、２０１７年１月９日（http://www.hswh.org.cn/wzzx/llyd/zz/2017-01-08/42033.html)。

71 競争に対する寛容度は、「競争はいいことだ」（スコア１）と「競争は有害だ」（スコア10）の尺度を示すことで計測されている。

【第８章】

72 「《中国的対外援助（２０１１）》白皮書（全文）」商務部、２０１１年５月１日（http://fec.mofcom.gov.cn/article/ywzn/dwyz/zcfg/201911/20191102911291.shtml)。「中国的対外援助（２０１４）」中国政府網、２０１４年７月10日（http://

www.gov.cn/zhengce/2014-07/10/content_2715467.htm）。

73　政府ないし政策金融機関による国家間の融資は、民間企業の融資と区別するため「借款」と呼ぶことが多い。しかし、「借款」には譲許的融資というイメージがあるため、本稿では「融資」とする。

74　一部メディアは「最貧国」と表記するが、本書では「低所得国」とする。低所得国は、１人当たりＧＮＩ（国民総所得）の水準をもとにした世界銀行の分類による。２０２０年時点における低所得国の定義は、１人当たりＧＮＩが１０８５ドル以下の国、下位中所得国は同１０８６〜４２５５ドルの国、上位中所得国は同４２５６〜１万３２０５ドルの国、高所得国は同１万３２０５ドル以上の国を指す。

75　「胡耀邦在中国共産党十二大上的報告」共産党員網（http://fuwu.12371.cn/2012/09/27/ARTI1348712095996447_all.shtml、２０２０年11月16日アクセス）。

76　「深入学習貫徹習近平新時代中国特色社会主義思想　更加堅定推動構建人類命運共同体」人民網、２０２０年９月１日（http://theory.people.com.cn/n1/2020/0901/c40531-31844280.html）。

77　世界銀行は、"emerging markets and developing economies (EMDEs)"（新興国・開発途上国）とするが、本稿では開発途上国とする。

78　「財政部部長劉昆就二十国集団（Ｇ20）債務議程接受記者採訪」財政部、２０２０年11月20日（http://wjb.mof.gov.cn/gongzuodongtai/202011/t20201120_3626461.htm）。

79　"Ghanaian finance minister: Africa deserves more Covid help", Financial Times, 12 October 2020.（https://www.ft.com/content/fff9c354-dde5-4a4c-ab48-f11f289c2da9）

80　「中国暫停向77国収取債務、但不会減免利息、更不会減免本金」網易、２０２０年６月10日（https://dy.163.com/article/FENK9HS80545DN8M.html）。

81　「戴旭：対美国４箇想不到和10点認識」新浪財経網、２０２０年５月８日（https://cj.sina.com.cn/articles/view/5395803974/1419d6f4601900yoga?from=finance）。邦訳としては「中国タカ派の米国論「４つの誤認と10の新認識」戴旭教授」JCNet、２０２０年７月24日（https://n-seikei.jp/2020/07/post-68889.html）。

82　「中国のアフリカ支援「無駄遣いだ」ネットで批判噴出」『朝日新聞』２０１８年９月６日（https://www.asahi.com/articles/ASL9552KXL95UHBI01P.html）。

83　正式には、「環太平洋パートナーシップに関する包括的及び先進的な協定」(Comprehensive and Progressive Agreement for Trans-Pacific Partnership：ＣＰＴＰＰ）であるが、読者に馴染みがある「ＴＰＰ11」と表記する。

【終章】

84　全法人ベースの海外生産比率＝現地法人（製造業）売上高／(現地法人（製造業）売上高＋国内法人（製造業）売上高)×１００・０。

85　国際収支発展段階説の「発展段階」は１人当たりＧＤＰに象徴される発展段階と同じではない。オーストラリアなどの資源輸出国がⅠ未成熟債務国に分類されるなど（経済産業省[2002]）、ここでいう「発展段階」は輸出産業の競争力を表すと考える必要がある。

経済産業省［2017］.『平成29年版　通商白書』.（https://www.meti.go.jp/report/tsuhaku2017/pdf/2017_00-all.pdf）
経済産業省［2021］.「半導体戦略（概略）」.（https://www.meti.go.jp/press/2021/06/20210604008/20210603008-4.pdf）
経済産業省［2022］.「第51回海外事業活動基本調査」.（https://www.meti.go.jp/statistics/tyo/kaigaizi/index.html）
電子情報技術産業協会［2021］.「調査ガイドブック2021-2022」.（https://www.jeita.or.jp/japanese/stat/pdf/executive_summary_2021_2022.pdf）
日本銀行［2013］.「国際収支統計の見直しについて」.（https://www.boj.or.jp/research/brp/ron_2013/data/ron131008a.pdf）
三浦有史［2016］.「ASEAN経済共同体（AEC）の行方――日中の狭間で揺れる6億人市場の帰趨」日本総合研究所『JRIレビュー』Vol. 3, No. 33.（https://www.jri.co.jp/MediaLibrary/file/report/jrireview/pdf/8720.pdf）
Crowther, G. [1957]. *Balances and Imbalances of Payments*, Harvard University.
Kindleberger, C. P. [1953]. *International Economics*, R. D. Irwin.
EIA [2019]. "International Energy Outlook 2019 with projections to 2050". (https://www.eia.gov/outlooks/ieo/pdf/ieo2019.pdf)
ISEAS (Yusof Ishak Institute) [2022]. "The State of Southeast Asia: 2022 Survey Report". (https://www.iseas.edu.sg/articles-commentaries/state-of-southeast-asia-survey/the-state-of-southeast-asia-2022-survey-report/)

No. 66.（https://www.jri.co.jp/MediaLibrary/file/report/rim/pdf/10062.pdf）
渡辺利夫・三浦有史［2003］.『ODA（政府開発援助）――日本に何ができるか』中公新書.
Afrobarometer [2016]. “China's growing presence in Africa wins largely positive popular reviews”, Afrobarometer Round 6.（https://afrobarometer.org/wp-content/uploads/migrated/files/publications/Dispatches/ab_r6_dispatchno122_perceptions_of_china_in_africa1.pdf）
Bräutigam, D. and K. P. Gallagher [2014]. “Bartering Globalization: China's Commodity-backed Finance in Africa and Latin America”. Global Policy, Vol. 5, Isuue 3, September 2014.（https://deborahbrautigam.files.wordpress.com/2014/02/gp_brautigamgallagher.pdf）
Corkin, L. [2008]. “AERC scoping exercise on China-Africa relations: The case of Angola”, AERC Scoping Studies on China-Africa Economic Relations, African Economic Research Consortium (AERC).（https://www.econstor.eu/bitstream/10419/93159/1/587547863.pdf）
Horn, S., C. M. Reinhart and C. Trebesch [2019]. “China's Overseas Lending”, KIEL WORKING PAPER, Kiel Institute for the World Economy.（https://www.ifw-kiel.de/fileadmin/Dateiverwaltung/IfW-Publications/Christoph_Trebesch/KWP_2132.pdf）
Kitano, N. and Y. Harada [2014]. “Estimating China's Foreign Aid 2001-2013”, JICA-RI working Paper, JICA Ogata Sadako Research Institute.（https://www.jica.go.jp/jica-ri/publication/workingpaper/estimating_chinas_foreign_aid_2001-2013.html）
Kratz. A., M. Mingey and D. D'Alelio [2020]. “Seeking Relief: China's Overseas Debt After COVID-19”, Rhodium Group.（https://rhg.com/wp-content/uploads/2020/10/RHG_SeekingRelief_8Oct2020_Final.pdf）
Morris, S., B. Parks and A. Gardner [2020]. “Chinese and World Bank Lending Terms: A Systematic Comparison Across 157 Countries and 15 Years”, CGD Policy Paper 170, Center for Global Development, April 2020.（https://www.cgdev.org/publication/chinese-and-world-bank-lending-terms-systematic-comparison）
OECD [2020]. “COVID-19 and global capital flows”, OECD Policy Responses to Coronavirus (COVID-19), OECD.（http://www.oecd.org/coronavirus/policy-responses/covid-19-and-global-capital-flows-2dc69002/）
Selormey, E. [2020]. “Africans' perceptions about China: A sneak peek from 18 countries”.（https://www.afrobarometer.org/wp-content/uploads/migrated/files/africa-china_relations-3sept20.pdf）
Trebesch, C. [2020]. “Data on Chinese lending and debt”, My Google Scholar page.（https://sites.google.com/site/christophtrebesch/data）

【終章】

大泉啓一郎［2018］.『新貿易立国論』文春新書.
外務省［2022］.「令和3年度ASEANにおける対日世論調査結果」.（https://www.mofa.go.jp/mofaj/files/100348512.pdf）
経済企画庁［1984］.「昭和59年　年次経済報告――新たな国際化に対応する日本経済」.（https://www5.cao.go.jp/keizai3/keizaiwp/wp-je84/wp-je84-000m1.html）
経済産業省［2002］.『通商白書　2002』.

人，堀正訳，NTT出版.
申雪梅［2013］.「中国の個人所得税改革――税額控除適用によるシミュレーションをもとに」横浜国立大学『横浜国際社会学研究』第17巻第6号.（https://ynu.repo.nii.ac.jp/?action=repository_uri&item_id=3147&file_id=20&file_no=1）
翟学偉［2019］.『現代中国の社会と行動原理――関係・面子・権力』朱安新，小嶋華津子編訳，岩波書店.
三浦有史［2012］.「中国の社会不安定化のリスクをどう評価するか」日本総合研究所『アジア・マンスリー』2012年2月号.（https://www.jri.co.jp/page.jsp?id=20778）
三浦有史［2014］.「中国の貯蓄率はなぜ高いのか――中国リスクのもうひとつの見方」日本総合研究所『環太平洋ビジネス情報 RIM』Vol. 14，No. 53.（https://www.jri.co.jp/MediaLibrary/file/report/rim/pdf/7395.pdf）
IMF [2017]. "Global Financial Stability Report October 2017: Is Growth at Risk?" (https://www.imf.org/en/Publications/GFSR/Issues/2017/09/27/global-financial-stability-report-october-2017)
IMF [2020]. "People's Republic of China: 2020 Article IV Consultation-Press Release; Staff Report; and Statement by the Executive Director for the People's Republic of China". *op.cit.*
PWC [2020]. "The People's Republic of China Tax Facts and Figures 2020" (https://taxsummaries.pwc.com/peoples-republic-of-china/individual/income-determination)
RSPH [2017]. "Social media and young people's mental health and wellbeing". (https://www.rsph.org.uk/statics /uploaded/d125b27c-0b62-41c5-a2c0155a8887cd01.pdf)
Svirydzenka, K. [2016]. "Introducing a New Broad-based Index of Financial Development", IMF Working Paper, WP/16/5. (https://www.imf.org/external/pubs/ft/wp/2016/wp1605.pdf)
王芸璇［2019］.「網絡化時代社交文化的社会倫理」社会科学院.（http://www.cssn.cn/sf/201904/t20190404_4860162.shtml）
甘犁，魏昆，路曉蒙，趙雨培，趙雨培，王香［2017］.『中国工薪階層信貸発展報告』西南財経大学中国家庭金融調査研究中心.（https://chfs.swufe.edu.cn/Upload/研究成果/研究报告/中国工薪阶层信贷发展报告详版.pdf）
審計署［2013］.「全国政府性債務審計結果（2013年12月30日公告）」.
田国強，黄暁東，寧磊，王玉琴［2018］.「警惕家庭債務危機及其可能引発的系統性金融風険」上海財経大学高等学院『政策研究報告』2018年第3期（総第58期）.（http://iar.shufe.edu.cn/kindeditor4.1.10/attached/file/20181007/20181007102610_86163.pdf）
中国人民銀行［2018］.『中国金融穏定報告2018』.（http://www.pbc.gov.cn/jinrongwendingju/146766/146772/3656006/2018110716123679821.pdf）
李彩娜，馬田雨，張豪［2020］.「社交網絡中的社会比較――研究現状及展望」社会科学院.（http://www.cssn.cn/kxk/202007/t20200722_5158771.shtml）

【第8章】
明日香壽川［2001］.「CDM／ODA／公的資金問題について」東北大学北東アジア研究センター.（http://www.cneas.tohoku.ac.jp/labs/china/asuka/_src/sc386/odacdm.pdf）
三浦有史［2017］.「理想と現実のギャップが鮮明となる中国の一帯一路――走出去はリスク回避の安全運転へ」日本総合研究所『環太平洋ビジネス情報 RIM』Vol. 17,

続税の本格導入が鍵に」日本総合研究所『Research Report』No. 2021-015.（https://www.jri.co.jp/MediaLibrary/file/report/researchreport/pdf/12931.pdf）
Fitch Ratings [2021]. "Global Housing & Mortgage Outlook".（https://www.fitchratings.com/campaigns/outlooks/global-housing-and-mortgage#global-home-price-growth-to-slow-in-2022）
Rogoff, K. S. and Y. Yang [2020]. "Peak China Housing", NBER Working Paper Series.（https://www.nber.org/papers/w27697）
陳浩・徐瑞慧・唐滔・高宏［2021］.「関于我国人口転型的認識和応対之策」中国人民銀行『央行研究』2021年第２号.（http://www.pbc.gov.cn/redianzhuanti/118742/4122386/4122692/4214189/4215394/index.html）

【第６章】

加茂具樹［2021］.「対外強硬，背後に「国内不安定」 中国共産党100年」『日本経済新聞』2021年６月27日.（https://www.nikkei.com/article/DGXZQOCD1818O0Y1A610C2000000/）
シン，ウイリアム［2021］.「急成長を遂げる中国オンショア社債市場」イーストスプリング・インベストメンツ.（https://www.eastspring.co.jp/docs/default-source/perspective/special-report/special_report_20210428.pdf）
チェン，デイビッド［2021］.「中国債券投資――グローバル・ポートフォリオにクッションとインカムを」シュローダー・グローバル・インサイト，2021年１月19日.（https://www.schroders.com/ja-JP/sysglobalassets/schroders/sites/japan/pdf/economic-market/202101_china_fixed_income_investing_in_resilience.pdf）
三浦有史［2015］.「中国の国有企業はどこに向かうのか――成長の持続性を左右する改革の暫定評価」日本総合研究所『環太平洋ビジネス情報 RIM』Vol. 15, No. 58.（https://www.jri.co.jp/MediaLibrary/file/report/rim/pdf/8337.pdf）
三浦有史［2017］.「中国ゾンビ企業の市場退出は進むか――習近平政権を待ち受ける試練」日本総合研究所『JRIレビュー』Vol. 4, No. 43.（https://www.jri.co.jp/MediaLibrary/file/report/jrireview/pdf/9808.pdf）
BIS [2016]. "International banking and financial market development", BIS Quarterly Review, September 2016.（https://www.bis.org/publ/qtrpdf/r_qt1609.pdf）
IMF [2020]. "People's Republic of China: 2020 Article IV Consultation-Press Release; Staff Report; and Statement by the Executive Director for the People's Republic of China".（https://www.imf.org/en/Publications/CR/Issues/2021/01/06/Peoples-Republic-of-China-2020-Article-IV-Consultation-Press-Release-Staff-Report-and-49992）
IMF [2021]. "Global Financial Stability Report, April 2021: Preempting a Legacy of Vulnerabilities".（https://www.imf.org/en/Publications/GFSR/Issues/2021/04/06/global-financial-stability-report-april-2021）
Kauko, K. [2020]. "The vanishing interest income of Chinese banks as an indicator of loan quality problems", Vox EU.（https://cepr.org/voxeu/columns/vanishing-interest-income-chinese-banks-indicator-loan-quality-problems）
中国人民銀行［2020］.「中国金融穏定報告（2020）」.（http://www.gov.cn/xinwen/2020-11/07/5558567/files/d7ba5445e5204c83b37e3f5e07140638.pdf）

【第７章】

ウォレス，パトリシア［2018］.『インターネットの心理学』新版，川浦康至，和田正

Staff Report; and Statement by the Executive Director for the People's Republic of China". (https://www.imf.org/en/Publications/CR/Issues/2022/01/26/Peoples-Republic-of-China-2021-Article-IV-Consultation-Press-Release-Staff-Report-and-512248)

Ipsos [2022]. "Seven in ten Americans say the country is in crisis, at risk of failing". (https://www.ipsos.com/sites/default/files/ct/news/documents/2022-01/Topline-NPR-Ipsos-poll.pdf)

Kuijs, L. [2009]. "China through 2020—a macroeconomic scenario", World Bank China office research working paper, No. 9. (http://documents.worldbank.org/curated/en/181461468242964739/China-through-2020-a-macroeconomic-scenario)

Lekorwae, M., A. Chingwete, M. Okuru and R. Samson [2016]. "China's growing presence in Africa wins largely positive popular reviews", Afrobarometer Dispatch, No. 122. (https://www.afrobarometer.org/wp-content/uploads/migrated/files/publications/Dispatches/ab_r6_dispatchno122_perceptions_of_china_in_africa1.pdf)

Ramo, J. C. [2004]. "The Beijing Consensus", The Foreign Policy Center. (https://fpc.org.uk/wp-content/uploads/2006/09/244.pdf)

White House [2017]. "National Security Strategy of the United States of America". (https://trumpwhitehouse.archives.gov/wp-content/uploads/2017/12/NSS-Final-12-18-2017-0905.pdf)

Williamson, J. [2004]. "The Washington Consensus as Policy Prescription for Development", Peterson Institute for International Economics. (https://www.piie.com/publications/papers/williamson0204.pdf)

World Bank and DRC (Development Research Center of State Council), "Innovative China New Drivers of Growth". (http://documents.worldbank.org/curated/en/833871568732137448/pdf/Innovative-China-New-Drivers-of-Growth.pdf)

【第 4 章】

アリソン，グレアム［2017］.『米中戦争前夜——新旧大国を衝突させる歴史の法則と回避のシナリオ』藤原朝子訳，ダイヤモンド社.

松本晋一［2014］.「アップルやグーグルにやられっぱなしはもう嫌だ！　技術で勝って，事業にも勝とう！「Think Forest」」ダイヤモンド・オンライン，2014年 7 月 2 日.（https://diamond.jp/articles/-/55415）

OECD [2007]. "III. MAKING THE MOST OF GLOBALISATION", OECD Economic Outlook. (http://www.oecd.org/economy/outlook/38628438.pdf)

Ortiz-Ospina, E., D. Beltekian and M. Roser [2018]. "Trade and Globalization", Our World in Data. (https://ourworldindata.org/trade-and-globalization)

【第 5 章】

土屋剛俊［2022］.「「習近平氏ですら打つ手なし」中国の不動産バブル崩壊が避けられない〝これだけの理由〟」プレジデント・オンライン，2022年 1 月25日.（https://president.jp/articles/-/54086）

真壁昭夫［2022］.「習近平もお手上げ…34億人分の在庫を抱えた「中国のマンションバブル」の行き着く先」プレジデント・オンライン，2022年 1 月31日.（https://president.jp/articles/-/54210）

三浦有史［2014］.「中国「城鎮化」の実現可能性を検証する」前掲.

三浦有史［2021］.「恒大集団が示す中国成長パターンの行き詰まり——不動産税と相

の伸び率鈍化」日本銀行「BOJ Reports & Research Papers」.（https://www.boj.or.jp/research/brp/ron_2016/data/ron161020a.pdf）
内閣府［2019］.『世界経済の潮流　2018年II　中国輸出の高度化と米中貿易摩擦』.（https://www5.cao.go.jp/j-j/sekai_chouryuu/sa18-02/index-pdf.html）
三浦有史［2011］.「不足と余剰が同居する中国の労働市場」日本総合研究所『アジア・マンスリー』Vol. 11, No. 122.（https://www.jri.co.jp/MediaLibrary/file/report/asia/pdf/5473.pdf）
Altomonte, C., F. Di Mauro, G. Ottaviano, A. Rungi and V. Vicard [2012]. "Global Value Chains during the Great Trade Collapse: A Bullwhip Effect?", Center for Economic Performance, CEP Discussion Paper No. 1131. (https://cep.lse.ac.uk/pubs/download/dp1131.pdf)
Balassa, B. [1965]. "Trade Liberalization and 'Revealed' Comparative Advantage", The Manchester School, Vol. 33, Issue 2, pp. 99-123.
Bems, R., R. C. Johnson and Kei-Mu, Yi. [2012]. "The Great Trade Collapse", NBER Working Paper Series No. 18632. (https://www.nber.org/system/files/working_papers/w18632/w18632.pdf)

【第３章】
飛鳥田麻生［2016］.「対中協力と価値観の相克――オバマ政権の落とし所」日本国際問題研究所『米中関係と米中をめぐる国際関係』所収.（https://www.jiia.or.jp/pdf/research/H28_US-China/）
経済産業省［2019］.『2019年版ものづくり白書』（https://www.meti.go.jp/report/whitepaper/mono/2019/honbun.pdf/index.html）
スティグリッツ，ジョセフ・E［2002］.『世界を不幸にしたグローバリズムの正体』鈴木主税訳，徳間書店.
ブレマー，イアン［2011］.『自由市場の終焉――国家資本主義とどう闘うか』有賀裕子訳，日本経済新聞出版社.
丸川知雄［2021］.「中国経済事情　米中GDP逆転を目前に下手に出てきた中国」ニューズウィーク日本版，2021年３月17日.（https://www.newsweekjapan.jp/marukawa/2021/03/gdp-2.php）
三浦有史［2012］.「「中国モデル」をめぐる議論とその背景」21世紀政策研究所『シンポジウム　中国の政治経済体制の現在――「中国モデル」はあるか』21世紀政策研究所新書29所収.（http://www.21ppi.org/pocket/pdf/29.pdf）
三浦有史［2017］.「国家資本による支配強化を図る習近平政権――混合所有制改革のシナリオを検証する」日本総合研究所『環太平洋ビジネス情報 RIM』Vol. 17, No. 67.（https://www.jri.co.jp/MediaLibrary/file/report/rim/pdf/10184.pdf）
Devlin, K. [2018]. "5 charts on global views of China", Pew Research Center. (https://www.pewresearch.org/fact-tank/2018/10/19/5-charts-on-global-views-of-china/)
Freedom House [2022]. "FREEDOM IN THE WORLD 2022". (https://freedomhouse.org/sites/default/files/2022-02/FIW_2022_PDF_Booklet_Digital_Final_Web.pdf)
Huang, C., L. Silver and L. Clancy [2022]. "China's Partnership with Russia Seen as Serious Problem for the U. S.", Pew Research Center, 28 April 2022. (https://www.pewresearch.org/global/wp-content/uploads/sites/2/2022/04/PG_2022.04.28_U.S.-Views-China_FINAL.pdf)
IMF [2022]. "People's Republic of China: 2021 Article IV Consultation-Press Release;

参考文献

【はじめに】
日本貿易振興機構［2022］.「中国依存の日本の輸入，ベトナムなどASEANへの代替は限定的」2022年１月18日.（https://www.jetro.go.jp/biz/areareports/2022/1e2a4902dbb2dd55.html）

【第１章】
経済産業省［2022］.「第51回海外事業活動基本調査」.（https://www.meti.go.jp/statistics/tyo/kaigaizi/index.html）
内閣府［2012］.「平成24年度　年次経済財政報告——日本経済の復興から発展的創造へ」.（https://www5.cao.go.jp/j-j/wp/wp-je12/index.html）
三浦有史［2014］.「中国「城鎮化」の実現可能性を検証する」日本総合研究所『JRIレビュー』Vol. 3, No. 13.（https://www.jri.co.jp/MediaLibrary/file/report/jrireview/pdf/7280.pdf）
三浦有史［2019］.「米中対立とアジアのサプライチェーン再編」日本総合研究所シンポジウム「米中対立にどう向き合うか——世界新秩序とわが国の対応」.（https://www.jri.co.jp/MediaLibrary/file/report/jrireview/pdf/11595.pdf）
Chopra, S. and M. S. Sodhi [2014]. "Reducing the Risk of Supply Chain Disruptions", MIT Sloan Management Review, March 2014. (https://www.researchgate.net/profile/Manmohan_Sodhi/publication/271853432_Reducing_the_Risk_of_Supply_Chain_Disruptions/links/54d53d6f0cf24647580735db/Reducing-the-Risk-of-Supply-Chain-Disruptions.pdf)
DeAngelis, S. [2018]. "Supply Chain Risk in the Age of Big Data", Enterra solutions, 20 August 2018. (https://www.enterrasolutions.com/supply-chain-risk-in-the-age-of-big-data/)
Javorsek, M. and I. Camacho [2015]. "Trade in Value Added: Concepts, Estimation and Analysis", Working Paper, UNESCAP. (https://www.unescap.org/resources/trade-value-added-concepts-estimation-and-analysis)
Lund, S., J. Manyika, J. Woetzel, E. Barriball, M. Krishnan, K. Alicke, M. Birshan, K. George, S. Smit, D. Swan and K. Hutzler [2020]. "Risk, resilience, and rebalancing in global value chains", McKinsey & Company, August 6 2020. (https://www.mckinsey.com/capabilities/operations/our-insights/risk-resilience-and-rebalancing-in-global-value-chains)
OECD [2021]. "Guide to OECD's Trade in Value Added Indicators 2021 Edition".（https://stats.oecd.org/wbos/fileview2.aspx?IDFile=eefca001-71ab-497e-9abd-5e0c58c27ed4）
World Economic Forum [2020]. "What past disruptions can teach us about reviving supply chains after COVID-19", 27 March 2020. (https://www.weforum.org/agenda/2020/03/covid-19-coronavirus-lessons-past-supply-chain-disruptions/)

【第２章】
高富康介，中島上智，森知子，大山慎介［2016］.「スロー・トレード——世界貿易量

三浦有史

日本総合研究所調査部上席主任研究員。1964年、島根県に生まれる。早稲田大学社会科学部卒業。日本貿易振興会（JETRO）入会、初代ハノイ事務所所長などを経て、現職。著書に『ODA（政府開発援助）――日本に何ができるか』（中公新書、渡辺利夫氏との共著）、『不安定化する中国――成長の持続性を揺るがす格差の構造』（東洋経済新報社、第6回樫山純三賞受賞）などがある。

脱《だつ》「中国依存《ちゅうごくいぞん》」は可能《かのう》か
――中国経済《ちゅうごくけいざい》の虚実《きょじつ》

〈中公選書 132〉

著　者　三浦有史《みうらゆうじ》

2023年1月10日　初版発行

発行者　安部順一

発行所　中央公論新社
〒100-8152　東京都千代田区大手町1-7-1
電話　03-5299-1730（販売）
03-5299-1740（編集）
URL　https://www.chuko.co.jp/

DTP　今井明子
印刷・製本　大日本印刷

Published by CHUOKORON-SHINSHA, INC.
Printed in Japan　ISBN978-4-12-110133-4 C1333
定価はカバーに表示してあります。

中公選書　好評既刊

111 新版「生きるに値しない命」とは誰のことか
――ナチス安楽死思想の原典からの考察

森下直貴
佐野　誠　編著

障碍者施設殺傷事件、安楽死論争、パンデミック・トリアージ。「役に立つ／立たない」で命を選別できるのか。ナチス安楽死政策を支えた著作に批判的考察を加え、超高齢社会の命を問う。

112 非国民な女たち
――戦時下のパーマとモンペ

飯田未希著

「石を投げられてもパーマをかけたい」。戦時期に非難の的となりながらパーマが大流行したのはなぜか。統制と流行と近代化の狭間で大きな社会問題となった女性たちの「お洒落」とは。

113 後藤新平の台湾
――人類もまた生物の一つなり

渡辺利夫著

後藤の素質と思想が最大に活かされ、力量が発揮されたのは四十代の台湾総督府民政長官時代であった。「アヘンの島」を植民地経営の成功例としたものは何か。開発経済学の泰斗が描く。

114 和　算――江戸の数学文化

小川　束著

江戸時代、数学は日本独自の高度な発展を見せた。関孝和や建部賢弘の業績は多岐にわたり、庶民の間でも広く楽しみとして定着した。最新の研究に基づき、豊かな数学文化を繙く決定版。

115
ベネズエラ
溶解する民主主義、破綻する経済
坂口安紀著
チャベスの大統領就任以降、四〇〇万人以上が難民に。かつて二大政党制を長期間維持し「民主主義の模範」とされた豊かな産油国に何が起こったのか。経済破綻に向かう二〇年の軌跡。

116
大航海時代の日本人奴隷 増補新版
――アジア・新大陸・ヨーロッパ
ルシオ・デ・ソウザ
岡 美穂子著
異端審問記録に残された奴隷本人の証言。歴史のダークサイドとして省みられることのなかった日本人奴隷の実相を広い視野から紹介し、アジアにおける人身売買を新たな視角で検討する。

117
「敦煌」と日本人
――シルクロードにたどる戦後の日中関係
榎本泰子著
NHK特集「シルクロード」、平山郁夫の展覧会、井上靖『敦煌』の映画化……。八〇年代を席捲した、あの熱狂は何だったのか。日本人の大陸ロマンを検証し、日中関係の未来を考える。

118
究極の俳句
髙柳克弘著
俳諧を芸術へと高めた芭蕉以降の名句を味わいながら、その根底にはつねに常識への批評精神にもとづく新しい価値の創造があったことを明らかにする。俊英による創見に満ちた俳句論。

119 ストックホルムの旭日
——文明としてのオリンピックと明治日本
牛村　圭著
明治日本はスポーツという「洋学」をどう受容したのか。漱石『三四郎』から競技指導書まであらゆるテクストを精読、「文明の頂点」とされたオリンピックに二選手が挑むまでを描く。

120 日本の私立大学はなぜ生き残るのか
——人口減少社会と同族経営：1992-2030
ジェレミー・ブレーデン
ロジャー・グッドマン　著
石澤麻子訳
十八歳人口の減少によって、次々と経営破綻すると予想された日本の弱小私立大学。しかし今、その数は増えている。フィールドワークとデータ分析で導き出された日本社会の本質とは何か。

121 「感染」の社会史
——科学と呪術のヨーロッパ近代
村上宏昭著
病気をもたらす不可視の微生物への恐怖と不安は、呪術的思考と絡み合い、人と人とのつながりや社会のあり方を一変させた。十九世紀末の「細菌学革命」以後のヨーロッパの激動を追う。

122 戦後日本の中国観
——アジアと近代をめぐる葛藤
小野寺史郎著
文化大革命や天安門事件は日本でどう理解されたか。敗戦、日中国交樹立、反日デモ……変わる日中関係は、日本の中国研究にどう影響したか。膨張を続ける隣国を冷静に見つめるために。

123
写真論
――距離・他者・歴史

港 千尋著

実験成功から二百年、常時接続されたカメラが見つめる日常は刻一刻と「写真化」している。撮られる世界のほうが撮る人間のことを知っている画像の世紀に撮るべきものは残っているか。

124
謎の海洋王国 ディルムン
――メソポタミア文明を支えた交易国家の勃興と崩壊

安倍雅史著

バハレーンに残る世界最大の古墳群。四〇〇〇年前これらを築いた人々は、いかにして繁栄をきわめ、なぜ歴史の表舞台から去ったのか。謎につつまれていた王国の歴史の解明に挑む。

125
脳とＡＩ
――言語と思考へのアプローチ

酒井邦嘉編著
合原一幸／辻子美保子
鶴岡慶雅／羽生善治著
福井直樹

ＡＩは人間の脳を超えられるのか（シンギュラリティは来るのか）。学問的な背景と現在地を確認し、未来像を得るために、脳科学・工学・言語学・将棋のエキスパート達が縦横に論じ合う。

126
「戦後」が終わるとき
――日本は外交の言葉を取りもどせるか

坂元一哉著

内外情勢の激動するなかで国際政治学者が書き続けた人気コラム「世界のかたち、日本のかたち」の、二〇〇八年から二一年まで一三年分を集成。米中の狭間における日本の指針を探る。

127
聯合艦隊　「海軍の象徴」の実像

木村　聡著

日清戦争時の臨時組織に過ぎなかった聯合艦隊は日露戦争の栄光を引っ提げ、常置されるものとなったが――。これまで海軍史の一部分でしかなかった聯合艦隊を中心に据えた初の通史。

128
分断の克服 1989-1990　統一をめぐる西ドイツ外交の挑戦

板橋拓己著

「ベルリンの壁」は崩れた。だがソ連は統一に反対、英仏が大国ドイツ復活を警戒する中、新生ドイツと新しい国際秩序はいかに創られたか。最新史料を駆使し描く。大佛次郎論壇賞受賞作。

129
人類史の精神革命　――ソクラテス、孔子、ブッダ、イエスの生涯と思想

伊東俊太郎著

前五世紀以降、ソクラテス、孔子、ブッダ、イエスの思索と行動により、哲学と普遍宗教が生まれた。なぜ東西の地で並行して精神革命が起きたのか。平易な筆致で人類史の謎を解明する。

130
矢部貞治　――知識人と政治

井上寿一著

戦争の時代、東大で政治学講座を担い、近衛文麿のブレーンとして現実政治で実践を試みた矢部。敗戦後は、よりよき民主主義を模索。言論を通じ変革を求め続けた。ある政治学者の生涯。